JEAN-CHRISTOPHE SHIGETOMI

Tamari'i Volontaires

LES TAHITIENS DANS LA SECONDE GUERRE MONDIALE

VOLUME 2

À Lucien, mon Père

ILLUSTRATIONS JEAN-LOUIS SAQUET

ÉDITION ET DIFFUSION 'API TAHITI

Sujets traités dans le volume 1

Introduction

Je *fais partie de cette génération d'après-guerre, dont l'enfance fut bercée de récits de batailles et de résistance. Passionné d'histoire, j'ai longtemps considéré que ce conflit mondial n'avait plus de secrets pour moi. Fin 2011, à la faveur d'une conversation avec John Martin, ami de mes parents et porte-parole du Bataillon du Pacifique, j'ai commencé à m'interroger sur l'aventure méconnue des Polynésiens volontaires de la Seconde Guerre.*

Parcourant par curiosité les bibliothèques, j'ai rapidement été confronté à une réalité : l'histoire des engagés tahitiens n'avait pas suscité d'ouvrages de référence en Polynésie[1]. Mes recherches sur le sujet ne faisaient apparaître que quelques auteurs :

- Émile de Curton (Tahiti 40) et Henri Weill (Le ralliement des E.F.O. au général de Gaulle), qui nous imprègnent de l'histoire du ralliement des E.F.O.,

- François Broche (le bataillon des guitaristes, l'épopée inconnue des F.F.L. de Tahiti à Bir-Hakeim, 1940-1942) qui nous dépeint, avec force et âme, son père, le capitaine Félix Broche, qui emmène les « Tamari'i Volontaires » et leurs camarades néo-calédoniens poursuivre la lutte aux côtés des Britanniques. Son récit s'arrête malheureusement à Bir Hakeim avec la mort du Père, alors que les « guitaristes » vont poursuivre leur route vers les théâtres d'opérations de Tripolitaine, de Tunisie, d'Italie et de France,

- le Mémorial polynésien (Volumes Cinq 1914-1939 et Six 1940-1961) de Philippe Mazelier, qui se Fonde en grande partie sur le témoignage et le fond photographique de John Martin. L'histoire des marins tahitiens (F.N.F.L.) n'est que très brièvement évoquée,

- l'Encyclopédie de la Polynésie qui consacre deux de ses pages à Tahiti dans la Seconde Guerre mondiale,

- quelques articles du Journal de la Société des Océanistes complétaient cette bibliographie.

Il était surprenant de constater qu'aucun des anciens combattants tahitiens n'avait témoigné par écrit de son épopée. S'ils l'avaient fait, cela était resté confidentiel ou strictement familial. Ainsi, John Martin a rédigé pour la postérité quelques pages sur son épopée au sein du Bataillon du Pacifique, comme Gérald Coppenrath avait écrit pour ses enfants un journal autobiographique sur son engagement dans la résistance française. Ce sont, à peu près, les seuls témoignages que j'avais pu répertorier.[2]

1 Les travaux sur les Tahitiens dans la Première Guerre mondiale sont plus nombreux avec le mémoire de Marie-Noëlle Fremy, *Héros de la Grande Guerre dans les E.F.O., 1914-1918, Tahiti pendant la Première Guerre mondiale* de Maire Sidolle, les *E.F.O. pendant la Première Guerre mondiale* de Corinne Raybaud, la publication des travaux de l'association des historiens et géographes de Polynésie française, le Cahier des archives de la Polynésie *la guerre de 14-18 vue de Tahiti* et tout récemment le livre de Michel Gasse *Tahiti 1914, Vent de guerre.*

2 Leurs camarades néo-calédoniens ont été plus prolifiques : Roger Ludeau *Les Carnets de route d'un combattant du Bataillon du Pacifique* et Paul Robineau *Paras calédoniens de la France libre* ont publié leurs récits ; certains ont déposé leurs journaux de guerre aux archives (Raoul Michel-Villlaz, Édouard Magnier, Adolphe Unger), Le SAS Paul Klein a, quant à lui, fait l'objet d'un travail biographique (« Paul Klein, un Calédonien de choc » de Jean-Maurice Clerc).

John Martin m'avait cependant indiqué, pendant l'une de nos nombreuses conversations,
que son compagnon d'armes Jean-Roy Bambridge (dit Jeannot) avait tenu un journal de guerre.
Je l'ai cherché auprès de ses enfants mais sans résultats.
Alors que je consolidais mon manuscrit, j'ai finalement retrouvé fortuitement l'original du journal
de route du caporal-chef Jean-Roy Bambridge, matricule 133.
Qui étaient-ils ? Que furent leurs parcours ? Qu'avaient-ils vécu ? Avaient-ils été de bons soldats ?
Devant si peu d'éléments de réponse, je compris que les Tamari'i Volontaires risquaient de tomber
dans l'oubli dès lors que John nous quitterait. Ce constat affligeant éveilla alors un projet d'écriture.
Empreint d'un profond respect de mes héroïques aînés, j'étais enthousiaste de mettre à jour
un pan méconnu de notre histoire. John perçut immédiatement la passion qui m'animait et m'accorda
sa confiance : au fil des jours, il me livra ses souvenirs.
Néanmoins, le sujet était vaste et John ne savait pas tout, il me fallait donc développer mes travaux,
sans pouvoir compter sur les volontaires du bataillon, tous disparus. Je ne devais pas non plus oublier
ceux qui avaient rejoint d'autres unités et corps d'armées de la France libre et alliés.
Ni universitaire, ni journaliste, ni écrivain,
j'entrepris de créer une association de mémoire
destinée à réunir des enfants et amis des
anciens du bataillon, ainsi que
d'autres férus d'Histoire.

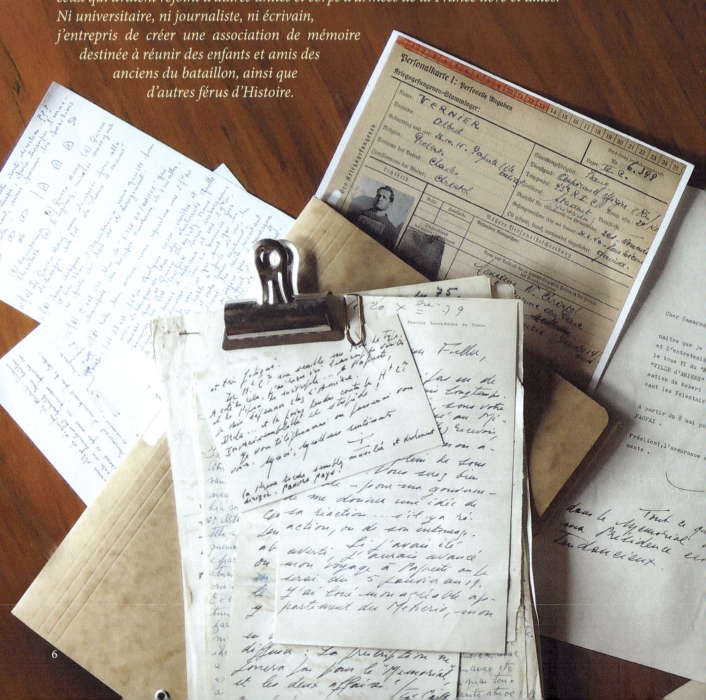

Un site internet [3] fut créé pour la collecte et le partage d'informations. Hors la publication du présent livre, nous nous sommes fixé pour objectif ultime l'ouverture d'un espace muséal sur les Tahitiens dans la guerre. L'association s'est rapidement fait connaître via les réseaux sociaux, les articles de journaux, et les reportages de la télévision locale.

Ce livre est le fruit de trois ans de recherches ininterrompues.

Dans ma quête de mémoire, j'ai bénéficié de l'apport de documents et photos inédits. Le projet de livre a, en effet, rapidement rencontré l'adhésion et le soutien de celles et ceux qui, enfants, adolescents ou étudiants me racontaient leur papa, leur feti'i (membre de leur famille), anciens combattants. Ainsi, lorsque encore adolescent, j'échangeais quelques notes de guitare avec la fille d'un Tamari'i volontaire, sa rythmique jazz manouche ne lui venait-elle pas directement de son père, ami de Django (Reinhart) ? Étudiant à Aix en Provence, inséparable du neveu d'Ari Wong Kim, quel privilège avais-je eu de l'écouter revivre, avec émotion, sa sortie de vive force !

Je mesurai alors très vite combien ces relations étaient essentielles à ma démarche.

Je suis parti à la rencontre de toutes ces personnes. Les portes se sont peu à peu ouvertes sur les trésors conservés au sein des familles.

Il a fallu longuement consulter les fonds d'archives néo-zélandais, australiens, français, néo-calédoniens, ceux du service du patrimoine archivistique et audiovisuel de Polynésie française et du centre du service national de Tahiti. Cinquante ans étant passés, j'ai eu accès aux fichiers matriculaires de centaines de Tamari'i Volontaires, somme fabuleuse d'informations sur leurs parcours individuels. Je me suis également plongé dans les livres de marche des bataillons et de ceux de la Marine et des escadrilles de la France libre (groupes Lorraine, Berry, Île de France).

Je me suis procuré les enregistrements des émissions de Michèle de Chazeaux, journaliste sur les ondes de Radio Tahiti, qui ayant bien compris la tradition orale des Polynésiens, avait pendant de nombreuses années recueilli les témoignages des « matahiapo » (anciens).

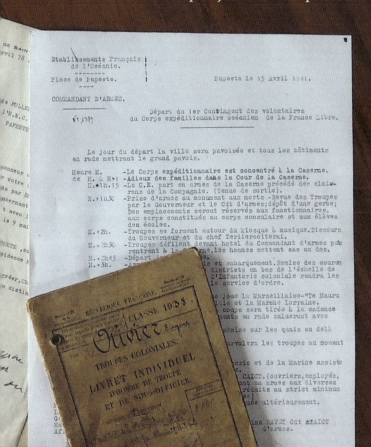

Le journaliste écrivain François Broche, les chercheurs reconnus David Portier, spécialiste des parachutistes S.A.S., et Frédéric Bruyelle, auteur de Gusto - le Groupe de chasse Île de France - 1941-1945, et l'association Acomar-Acoram m'ont apporté leur bienveillant concours.

Un partenariat s'est établi avec la Maison de la France libre et l'amicale de la 1ère division française libre, qui ont édité en 2012 des ouvrages de commémoration des soixante-dix ans de la bataille de Bir Hakeim.

Des liens chaleureux se sont noués avec mes interlocutrices du Musée de Nouméa et du Auckland War Memorial Museum.

J'ai souhaité rassembler dans Tamari'i Volontaires un maximum de témoignages,

3 www.lestahitiensdanslaguerre.com

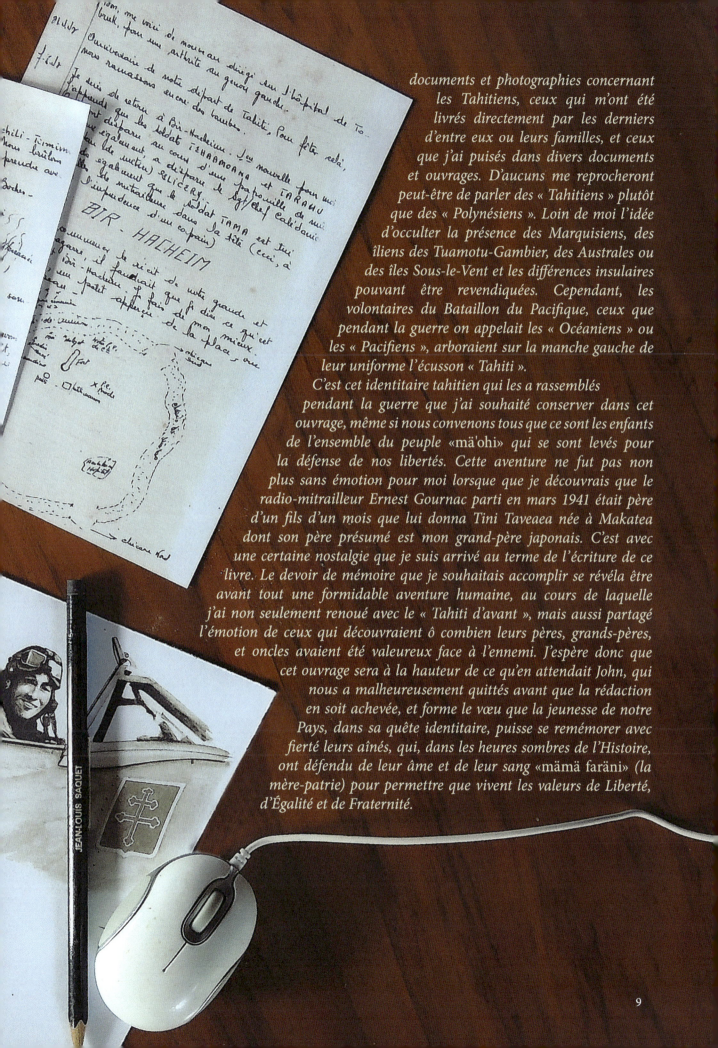

documents et photographies concernant les Tahitiens, ceux qui m'ont été livrés directement par les derniers d'entre eux ou leurs familles, et ceux que j'ai puisés dans divers documents et ouvrages. D'aucuns me reprocheront peut-être de parler des « Tahitiens » plutôt que des « Polynésiens ». Loin de moi l'idée d'occulter la présence des Marquisiens, des îliens des Tuamotu-Gambier, des Australes ou des îles Sous-le-Vent et les différences insulaires pouvant être revendiquées. Cependant, les volontaires du Bataillon du Pacifique, ceux que pendant la guerre on appelait les « Océaniens » ou les « Pacifiens », arboraient sur la manche gauche de leur uniforme l'écusson « Tahiti ».

C'est cet identitaire tahitien qui les a rassemblés pendant la guerre que j'ai souhaité conserver dans cet ouvrage, même si nous convenons tous que ce sont les enfants de l'ensemble du peuple «mä'ohi» qui se sont levés pour la défense de nos libertés. Cette aventure ne fut pas non plus sans émotion pour moi lorsque je découvrais que le radio-mitrailleur Ernest Gournac parti en mars 1941 était père d'un fils d'un mois que lui donna Tini Taveaea née à Makatea dont son père présumé est mon grand-père japonais. C'est avec une certaine nostalgie que je suis arrivé au terme de l'écriture de ce livre. Le devoir de mémoire que je souhaitais accomplir se révéla être avant tout une formidable aventure humaine, au cours de laquelle j'ai non seulement renoué avec le « Tahiti d'avant », mais aussi partagé l'émotion de ceux qui découvraient ô combien leurs pères, grands-pères, et oncles avaient été valeureux face à l'ennemi. J'espère donc que cet ouvrage sera à la hauteur de ce qu'en attendait John, qui nous a malheureusement quittés avant que la rédaction en soit achevée, et forme le vœu que la jeunesse de notre Pays, dans sa quête identitaire, puisse se remémorer avec fierté leurs aînés, qui, dans les heures sombres de l'Histoire, ont défendu de leur âme et de leur sang «mämä faräni» (la mère-patrie) pour permettre que vivent les valeurs de Liberté, d'Égalité et de Fraternité.

Table des matières

L'Épopée du Bataillon du Pacifique

Escale aux Fidji

Parti de Tahiti, le *Monowai* fait escale à Suva aux îles Fidji après six jours de mer.

Le bataillon est consigné à bord.

Jean-Roy Bambridge[1] : *Nous avons eu une permission spéciale en qualité de fetii[2] de Charles Spitz dit Talo pour l'accompagner voir sa femme résidant à Suva. Avec moi, Bébé Frogier, Raymond Lehartel dit «Tehui[3]» et Thomas (Bambridge). Inutile de dire la joie que nous ressentions d'être à nouveau à terre et surtout de pouvoir manger encore une fois taro[4], poisson cru et poe[5]. Nous devions revenir à vingt-deux heures, nous sommes rentrés au bateau à quatre heures du matin. Desprès, ancien légionnaire, nous attendait à la coupée du bateau et a menacé de nous mettre aux fers.*

Le corps expéditionnaire tahitien a finalement débarqué aussi. Il défile et rend les honneurs à la demande des autorités locales.

À six heures du matin, le *Monowai* quitte Suva. La femme de Talo et ses enfants sont sur le quai et lui font de derniers signes d'adieux.

Jean-Roy Bambridge : *Quand Talo a aperçu sa femme et ses deux filles (Mila et Loma Spitz), il s'est mis à pleurer. C'était la dernière fois qu'il les voyait.*

Nouméa

Le séjour à Nouméa fut très court : quatre jours, sans éviter quelques débordements consécutifs aux rivalités historiques entre Tahitiens et Calédoniens. Deux mondes distincts s'opposent, d'autant que le contingent calédonien est exclusivement blanc.

Jean-Roy Bambridge : *Nous n'avons pas eu un accueil chaleureux à Nouméa. Nous avons été logés à l'Intendance de la marine où nous avons dormi sur de la paille. Nous avons défilé, impeccables dans nos tenues beige clair taillées par la communauté chinoise de Tahiti, shorts gris foncé, molletières, chaussures et calot bleu. Les Calédoniens eux sont encore équipés avec les uniformes de la Première Guerre mondiale. Ils font peine à voir.*

Robert Hervé indique pour sa part que son séjour à Nouméa fut exceptionnel et l'accueil enthousiaste.

À quelques heures de son embarquement pour Suva, prise d'armes sur l'avenue Bruat, du bataillon dont la perspective fuit vers la vallée de Ste-Amelie. Un jour historique d'un départ pour un tour du monde cahotique qui s'achèvera cinq ans plus tard.
FONDS BAMBRIDGE

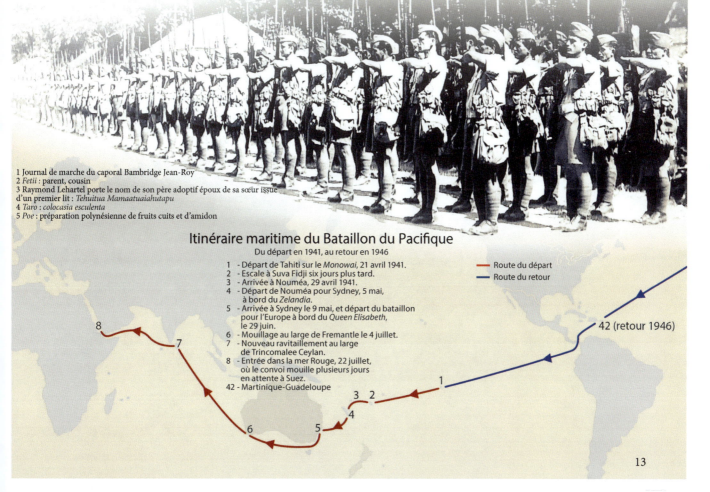

1 Journal de marche du caporal Bambridge Jean-Roy
2 *Fetii* : parent, cousin
3 Raymond Lehartel porte le nom de son père adoptif époux de sa sœur issue d'un premier lit : *Tehuitua Mamaatuaiahutapu*
4 *Taro* : *colocasia esculenta*
5 *Poe* : préparation polynésienne de fruits cuits et d'amidon

Itinéraire maritime du Bataillon du Pacifique
Du départ en 1941, au retour en 1946

1 - Départ de Tahiti sur le *Monowai*, 21 avril 1941.
2 - Escale à Suva Fidji six jours plus tard.
3 - Arrivée à Nouméa, 29 avril 1941.
4 - Départ de Nouméa pour Sydney, 5 mai, à bord du *Zelandia*.
5 - Arrivée à Sydney le 9 mai, et départ du bataillon pour l'Europe à bord du *Queen Elisabeth*, le 29 juin.
6 - Mouillage au large de Fremantle le 4 juillet.
7 - Nouveau ravitaillement au large de Trincomalee Ceylan.
8 - Entrée dans la mer Rouge, 22 juillet, où le convoi mouille plusieurs jours en attente à Suez.
42 - Martinique-Guadeloupe

— Route du départ
— Route du retour

42 (retour 1946)

Le 5 mai 1941, deux cent quatre-vingt-trois Néo-Calédoniens et environ trois cents Tahitiens quittent la place d'armes en colonne pour les quais. Dans le contingent tahitien, en tête, à gauche, le sergent Walter Grand, les caporaux John Martin, Taero Taerea et le sergent Teira Vahirua.
FONDS JOHN MARTIN

Cela est certainement dû à son statut d'officier, Robert se liant par ailleurs rapidement d'amitié avec Perraud, avocat de Nouméa. John Martin loge dans la famille de Paul Robineau qui rejoint en 1943 les parachutistes SAS.

Lors du départ, il est remis au corps expéditionnaire un fanion à croix de Lorraine.

Raoul Michel Villaz[6] : *Le 5 mai 1941, après avoir touché un complet de deux chemises et une paire de souliers, nous nous rassemblons sur la place d'Armes où est procédé à un appel de tous les volontaires, deux cent quatre-vingt-trois Néo-Calédoniens et environ trois cents Tahitiens. En colonne par quatre, nous traversons Nouméa pour les quais. À quinze heures, le Zélandia quitte le port au son de la Marseillaise et le Chant du départ.*

6 Le Journal de guerre et livret militaire de Raoul Michel-Villaz
Archives de Nouvelle-Calédonie

Le gouverneur Sautot et le docteur Rollin lors du départ de Nouméa le 5 mai 1941.
FONDS ROLLIN

À quinze heures, le corps expéditionnaire du Pacifique embarqué sur le *Zélandia* quitte le port de Nouméa au son de la *Marseillaise* et le *Chant du départ*.
FONDS LEHARTEL

14

Le corps expéditionnaire quitte Nouméa sur le *Zélandia*. Après quatre jours de mer, les volontaires arrivent à Sydney le 9 mai 1941. Les *Tamari'i Volontaires* découvrent leur première grande métropole urbaine, fascinés par la baie de Sydney et son pont suspendu.

John Martin[7] : *L'Australie est le premier grand pays civilisé que nous découvrons. Tous ne cachent pas leur étonnement devant une architecture aussi colossale.* Le *Zélandia* accoste au quai Piermont où se tiennent quelques re-présentants des autorités australiennes.

Un train les attend.

Le bataillon est rapidement dirigé vers Liverpool au camp d'accueil des *Free French,* où ont transité les F.N.F.L. Une garde d'honneur australienne et une section de marins calédoniens présentent les armes au son de la *Marseillaise.*

Robert Hervé[8] : *Liverpool Camp est un camp désaffecté de la Première Guerre mondiale situé dans une cuvette humide et froide à quarante kilomètres de Sydney. Les baraquements sont sales et malgré l'hiver austral beaucoup de moustiques. Il y a aussi beaucoup de lapins autour du camp que les Tahitiens et les Calédoniens chassent lors des manœuvres.*

Les volontaires touchent habillement et équipements : costumes de drap, chemises et souliers.

Raoul Michel-Villaz : *Les Australiens riaient des tenues des volontaires avec leurs pantalons un peu* justes, parfois décousus ou déchirés car faits d'une étoffe peu robuste.

Le commandant Broche écrit à son ami Yves Malardé[9] : *Je vous écris du camp de Liverpool, distant de la ville d'une heure de train électrique (…), ces pauvres Tahitiens, vous le devinez, souffrent terriblement de cet hiver australien et quatre couvertures sur eux la nuit, plus tous les effets de draps ou de laines possibles n'y font pas grand-chose. Beaucoup sont grippés mais rien de grave.*

Max Noble[10] : *À Liverpool Camp, nous étions comme installés dans des glacières.*

7 Entretiens 2011-2012
8 Notes 1969 François Broche
9 *Le bataillon des guitaristes* François Broche
10 Notes 1969 François Broche

Les *Tamari'i Volontaires* en manœuvres en Australie. De gauche à droite, Teira Vahirua tué lors de la sortie de vive force à Bir Hakeim, Benjamin Colombani, Tepua Tematafaarere blessé lors de la sortie de vive force et fait prisonnier, décède dans le camp italien de prisonniers de Benghazi le 11 juin 1942, Taero Taerea, Ariitiitea Maopi, John Martin et Henri Paiatua.
FONDS JOHN MARTIN

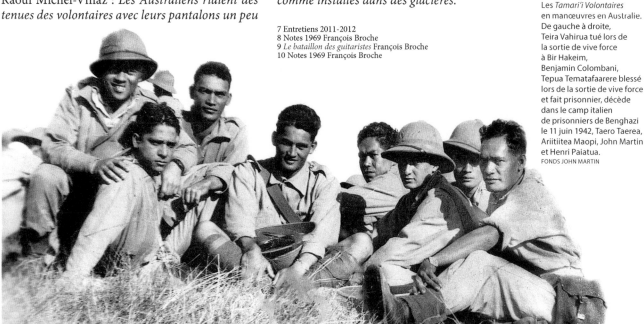

Raoul Michel-Villaz : *Nous n'avons pas de lit, simplement un matelas par terre avec chacun deux couvertures.*

Les entraînements des *Tamari'i Volontaires* débutent à grand renfort de culture physique, de marches et de manœuvres.

Programme [11]

Lever 5.oo AM

Toilettes 5.15 à 5.30 AM

Café 6.00 AM

Rassemblement 7.00 AM

École du soldat jusqu'à 10.30 AM

Rapport 11.00 AM

Sieste jusqu'à 3.00 PM

Manœuvres

Quartier libre 5.00 PM

Le commandant Broche fait traverser aux «Pacifie s» de grands marais avec parfois de l'eau jusqu'au ventre ; ils eff ctuent de longues marches de quarante kilomètres ponctuées d'exercices de combat.

John Martin : *À Liverpool Camp, lorsque nous commençons les entraînements, ils sont durs car il fait froid. Nous sommes arrivés en plein hiver.*

Les *Tamari'i Volontaires* maîtrisent peu les langues française et anglaise. Seuls certains caporaux-chefs comme Asmus ou Spitz, et les sergents, parlent les deux langues. Ces sous-officiers, principalement *demi*, qui sont chargés de la formation des Tahitiens, vont user de métaphores diverses pour décrire les armes et les équipements, expliquer leur maniement. Un de ces sous-officiers instructeurs, John Martin, membre de l'Académie tahitienne, nous donne un aperçu des mots les plus usuels qui seront utilisés pendant sa période militaire.

Lexique

Général : **Tenerara**

Colonel : **Tapa'o pae** (*Tapa'o : signe, symbole, Pae : chiffre cinq*)

Lieutenant-Colonel : **Mono Tapa'o Pae** (*Mono : adjoint*)

Commandant : **Tomana**

Capitaine : **Tapa'o toru** (*Toru : chiffre trois*)

Lieutenant : **Tapa'o piti** (*Piti : chiffre deux*)

Adjudant : (**on employait le nom en français**)

Sergent : **Tapa'o 'ana'ana** (*'ana'ana : qui brille*)

Caporal : **Tapa'o 'ute'ute** (*'ute'ute : rouge (le galon est de couleur rouge)* ou **le mot français**

1ère classe : **Fa'ehau 'aravihi** (*'aravihi : expérience*)

2ème classe : **Fa'ehau**

Ennemi : **'Enemi**

Allemand : **Purutia**

Italien : **'Itaria**

Caserne : **'Aua fa'ehau** (*'aua : cour*)

Tente : **Fare 'ie** (*'ie : toile*)

Fantassin : **Fa'ehau nu'u fenua** (*nu'u : corps, troupe*)

Artilleur : **Fa'ehau nu'u pupuhi fenua** (*fenua : terre*)

Fusilier : **Fa'ehau nu'u moana** (*Moana : océan*)

Canon : **Pupuhi fenua** (*Fusil sur terre*)

Obus : **'Ofa'i pupuhi fenua** (*'Ofa'i : caillou*)

Mines : Pas de mot tahitien. On emploie le mot français.

Mitrailleuse : **Pupuhi ha'apurara** (*ha'apurara : répartir*)

Bandes de mitrailleuse : **'Ofa'i pupuhi ha'apurara**

Mortier : **Pupuhi 'ofe** (*'ofe : bambou. Les mortiers ressemblaient à des bambous*)

Fusil : **Pupuhi'**

Revolver, pistolet : **Pupuhi tiri'imu** (*tiri : lancer*)

Balle (de fusil) : **'Ofa'i pupuhi**

Bombe : **Tupita**

Grenade : **Tupita taora** (*taora : jeter*)

Explosifs : **Mauiha'a haruru** (*Mauiha'a : armes, haruru : exploser avec fracas*)

Baïonnette : **'O'e poto** (*'o'e : épée, poto : petit*)

Poignard : **Tipi patia** (*patia : piquer*)

Camion : **Pereo'o tari rau** (*tari : transporter, rau : divers*)

Moto : Le tahitien emploie le vocable français

Ambulance : **Pereo'o uta ma'i**

Tank : **Pereo'o pa 'auri** (*pa : rempart, 'auri : fer*)

Brenn Carrier : Le nom anglais est utilisé

Bombarder : **Tupita** (*Tupita : bombe*)

Tirer : **Pupuhi** (*Pupuhi : faire le feu, allumer*)

Viser : **Fa'atano** (*tano : juste, ajuster*)

Attaquer : **Fa'au** (*faire cogner, faire corps-à-corps*)

Tuer : **Taparahi pohe** (*taparahi : frapper, pohe : mort*)

Blesser : **Ha'apepe**

Être blessé : **Ua pepe**

Enterrer : **Huna i te tino** (*Huna : cacher, tino : corps*)

Secourir : **Utuutu** (*Utuutu : assister*)

Infirmier : **Tuati ma'i** (*Tuati : vient du mot anglais steward , ma'i : malade*)

Brancard : **Ro'i 'ie 'afa'ifa'i ma'i** (*Ro'i : lit, 'ie : toile, 'afa'ifa'i : transporter d'un point à un autre*)

Pansement : **Vavai tapahi** (*Vavai : coton, tapahi : lange*)

Jumelles : **Hi'o atea** (*Hi'o : voir, atea : loin*)

Boussole : **'Avei'a** (*'avei'a : guide*)

Compas solaire : **'Avei'a mahana** (*mahana : soleil*)

Les armes

John Martin [12] : *Nous n'avions jamais vu de chars, de canons. Nous sommes alors équipés avec le fusil anglais Lee-Enfield, des fusils anti-char qui sont de petits canons avec des balles perforantes de 13-2. Au Moyen-Orient, en tant que chef de section, je reçois, comme dotation, une mitraillette Thompson et un revolver d'intendance à barillet le 92 (pistolet 1892) que je garde toute la guerre.*

L'Australie fournit cent fusils et cent mille cartouches. Ces armes ne sont pas emportées au Moyen-Orient car il est essentiel de ne pas introduire de nouveaux calibres dans l'armement des français libres.

11 Journal de route du caporal Bambridge Thomas
12 Entretiens 2011-2012

De gauche à droite Mo Teriitehau, Tefafanau Mauri. Accroupis, Calixte Jouette, Taarii Maitere et Wilfred Teamo fait prisonnier à Bir Hakeim et survivant du torpillage du *Nino Bixio* en Méditerranée.
FONDS JOHN MARTIN

Le Polynesian Club

Lors de leurs quartiers libres, les volontaires prennent le train pour Sydney ; ils arrivent en gare centrale après deux heures de trajet car le train s'arrête à plusieurs stations.

Le gouvernement australien a mis gratuitement à disposition du contingent tous moyens de transports : trains, ferry-boats, tramways.

Les volontaires sont un peu perdus dans cette grande ville. Ils ne savent pas lire l'anglais mais usant de gestes pour se faire comprendre, ils prennent rapidement leurs marques.

Ils visitent le zoo et les jardins, vont au cinéma et au théâtre. Certains d'entre eux prennent de petits bateaux pour visiter Manly. Leurs lieux de prédilection vont être rapidement le Tivoli et le Polynesian Club. Le Polynesian Club de Sydney naît en 1915 lorsqu'un Australien parlant français avec quelques rudiments de langue tahitienne rencontre des volontaires tahitiens du bataillon mixte du Pacifique perdus dans les rues de Sydney. Il les invite dans la maison de ses parents à Woollahra.

Ces premiers soldats tahitiens repartent pour la Nouvelle-Calédonie afin de soutenir les autorités françaises confrontées à une révolte canaque, mais d'autres natifs de Tahiti ou d'îles du Pacifique vont leur succéder à Woollahra.

Quand le club trouve son local à Sydney dans Georges Street, seul un piano est loué, le reste du mobilier venant directement de la maison de Woollahra.

Le Club[13] accueille pendant toute la guerre les marins et les soldats du grand Pacifique ; il leur offre un peu d'hospitalité polynésienne mais aussi de la musique *live* trois fois par semaine ainsi que des spectacles, des *Hula* hawaiiens.

Les Tahitiens vont particulièrement aff ctionner ce petit cabaret sans dévergondage ni saoulerie, mais où il y a des filles et une certaine ambiance. Thomas Bambridge, au piano du Polynesian Club est particulièrement apprécié de la gente féminine.

Jean-Roy Bambridge : *Mon frère Thomas est un garçon très calme. Il n'a jamais beaucoup aimé les bagarres. C'est pourquoi tout le monde a été étonné de le voir s'engager. Son violon d'Ingres, c'est le piano. Il en joue beaucoup, c'est un grand pianiste. Il joue du blues et du jazz, peu de classiques.*

Comme Thomas, Jeannot est musicien. Il aime particulièrement l'accordéon et la guitare et, plus rarement, il compose de petites chansons.

Les Tahitiens dansent presque tous les soirs au club. Parfois, ils ne rentrent pas à Liverpool Camp[14] :

> *- Punitions : Quatre jours de prison au caporal Spitz et première classe Bambridge Thomas par ordre du sous-lieutenant commandant la 4ème compagnie.*
>
> *- Motif : absence irrégulière de onze heures. Punitions portées à huit jours de prison par le chef de bataillon.*

Les défilés

Les Tahitiens participent à de grandes cérémonies et parades, comme celles qui marquent l'Empire Day et le jour de la Croix-Rouge[15] :

- Le 11 mai, une délégation de cent hommes représente le bataillon à une cérémonie religieuse à la cathédrale Saint-Patrick de Sydney ;

- Le 24 mai, le bataillon participe aux cérémonies de l'Empire Day et défile dans Sydney ;

Raoul Michel-Villaz[16] : *Le 23 mai, nous nous rassemblons en armes et en tenue de drap pour prendre le train pour Sydney où tout le bataillon défile sur les grandes rives.*

13 *Sydney Morning Herald July 1946* Lenard Moran
14 *Le bataillon des guitaristes* François Broche
15 *Journal de marche de Marcel Drémon*
16 Le Journal de guerre et livret militaire de Raoul Michel-Villaz Archives de Nouvelle-Calédonie

Image de gauche, *Liverpool Camp 1941*. De gauche à droite second rang Henri Poihavaitape, Henri Langlois dit Coco, André Doucet, Marurai Teriitehau, Ari Wong Kim (engagé sous le nom de son frère Tetuahira Teaupahere). Accroupis, Octave Neri et Calixte Jouette. FONDS JOHN MARTIN

Ticket de transport. Le gouvernement australien a mis gratuitement à disposition du contingent tous moyens de transports : trains, ferry-boats, tramways FONDS PRIVÉ

Le fusil britannique Lee-Enfield 303 British, fièrement arboré par Jean Teae Rataro. Plus tard, ce Marquisien fut sévèrement blessé par un éclat de mortier qui lui laboura le dos et la fesse gauche.

Mme Elvy Moore, présidente de l'Association des Amis de la France, remet sur la place Martin un drapeau au bataillon. Une gerbe est déposée au Monument aux morts.

- *Le 25 mai*, le bataillon participe à une parade militaire à Liverpool pour venir en aide au *Conforts Funds* ;

Raoul Michel-Villaz : *Le dimanche 25 mai, nous défilons dans les rues de Liverpool avec un bataillon australien, musique, engins blindés, chars et automitrailleuses en tête.*

- *Le 5 juin*, le bataillon participe à une cérémonie militaire à Botany Bay à la mémoire du débarquement du navigateur explorateur français La Pérouse. Une section de trente hommes du bataillon rend les honneurs.

Le commandant Broche remet une plaque commémorative du corps expéditionnaire aux autorités de la ville. Elle est scellée à côté de la plaque dédiée aux poilus du bataillon mixte du Pacifiq e.

- *Le 20 juin*, le bataillon défile dans Sydney.

11 mai 1941. Fête de Jeanne d'Arc. Une délégation du C.E.F.P. (100 hommes), se rend à la cathédrale St. Patrick de Sydney.
Au premier rang, le Caporal chef Daumas, le caporal Ariihoro, le sergent Bonnet.
Au 2ème rang, le 1ère classe Faufau, 2ème classe John Tetoae et le sergent Grand.
FONDS FRANÇOIS BROCHE

Au premier rang de gauche à droite
Albert Nimau, Jean Tutu Tumahai
FONDS TUMAHAI

Cette photo culte incarne le Bataillon du Pacifique en Australie. Mais qui sont ces *Tamari'i Volontaires* qui défilent sur plus de huit kilomètres dans les rues de Sydney. Le soldat tahitien au premier plan est Teariki Titioro né le 6 février 1915 à Papetoai, tué à Hyères le 24 août 1944 et inhumé à la Nécropole militaire de Boulouris (Var) Tombe K 50. Il est suivi d'Amaru Teahotoa né le 4 octobre 1918 à Vairao, décédé le 17 août 1982 à Afaahiti et de Mato Teriitaria, né le 26 septembre 1915 à Afaahiti, décédé après son retour. Au second plan, entre Amaru et Teariki, Maruhi Henri né le 14 Juin 1916 à Papara, fait prisonnier lors de la sortie de vive force à Bir Hakeim et disparu en mer méditerranée le 17 août 1942 lors du torpillage du navire italien *Nino Bixio*.

Le départ pour la guerre

Raoul Michel-Villaz : *Le 27 juin, dès cinq heures du matin, les hommes et leurs paquetages sont prêts. Ils montent dans le train pour gagner le grand quai de Sydney.*

Le service cinématographique australien aux armées couvre par la caméra l'enthousiasme de l'embarquement des volontaires tahitiens et néo-calédoniens.

Un train spécial les conduit directement au quai

Piermont où une grande foule les acclame.

Certains volontaires tahitiens ne font déjà plus partie du voyage. Dix-huit hommes sont hospitalisés, deux ont déserté. Ainsi, Jean Tefaafana, malade, a été hospitalisé à Sydney. Il rejoindra néanmoins le bataillon à Alep le 2 novembre 1941, embarquant de Sydney pour Port-Saïd le 22 août 1941. T.P. est porté déserteur. Le tribunal militaire le condamne à six mois de prison. Le *Cap des Palmes* le ramène à Nouméa où il purge sa peine au camp Est. Les volontaires embarquent à bord de ferry-boats pour regagner un paquebot.

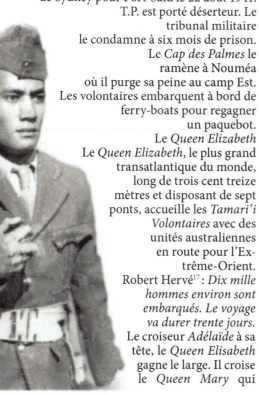

Le *Queen Elizabeth*

Le *Queen Elizabeth*, le plus grand transatlantique du monde, long de trois cent treize mètres et disposant de sept ponts, accueille les *Tamari'i Volontaires* avec des unités australiennes en route pour l'Extrême-Orient.

Robert Hervé[17] : *Dix mille hommes environ sont embarqués. Le voyage va durer trente jours.*

Le croiseur *Adélaïde* à sa tête, le *Queen Elisabeth* gagne le large. Il croise le *Queen Mary* qui rentre à son tour dans le port de Sydney.

Le 29 juin, le *Queen Elisabeth* emporte le bataillon. Le convoi se complète du *Queen Mary* ainsi que de l'*Aquitania*, protégés par les croiseurs *Sydney* et *Australia* de la marine australienne qui ont relevé l'*Adelaïde*.

Le 4 juillet, après six jours de mer, le convoi mouille au large de Fremantle, port de la ville de Perth sur la côte ouest australienne. Le convoi stationne environ quarante-huit heures sans que les Pacifie s puissent débarquer.

Le convoi reprend la mer le 9 juillet.

> Robert Hervé : *Nous étions bien logés, car passagers des cabines luxueuses de première classe avec lambris, soie, baignoires. Il nous fallait porter en permanence notre gilet de sauvetage avec interdiction absolue de fumer ou de jeter quoi que ce soit par-dessus bord.*
>
> Raoul Michel-Villaz : *Nous avions six couchettes par cabine avec un petit compartiment où se trouvait une baignoire avec robinets d'eau chaude et d'eau froide, une autre d'eau douce. Nous avions aussi couverture de grande propreté et armoire pour nos vêtements.*
>
> Jean-Roy Bambridge : *J'étais dans une cabine avec deux autres Tahitiens. Nous avions une baignoire dans laquelle nous nous délassions à tour de rôle des heures durant, surtout pendant la traversée de la mer Rouge.*

Pendant la traversée, les troupes embarquées se détendent au cinéma, au théâtre du bord où les Tahitiens, par leurs chants, leurs spectacles de danse ainsi que les compositions de Thomas Bambridge, de Frédéric Tefaafana, des deux frères Puairau et de Charles Spitz dit Taro, sont les favoris.

Deux années de guerre après, le navire peint aux couleurs de guerre n'est plus le luxueux transatlantique : *Ce navire splendide est vidé de toute parure, uniformément peint en gris, encombré de sentinelles, de panneaux indicateurs, bruyant de cliquetis et de sonneries. Ce n'est plus un navire mais une caserne ! Tout luxe a disparu et tout confort naturellement*[18].

17 Notes 1969 François Broche
18 *Paras calédoniens de la France libre* 1989 Paul Robineau

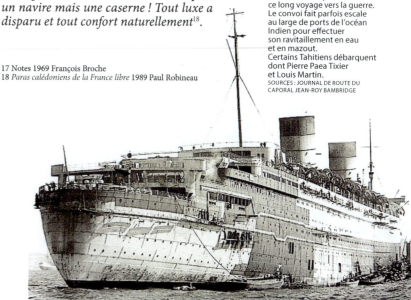

Le grandiose et élégant paquebot *Queen Elizabeth* devient alors, sous ses peintures « brise lignes », un simple transport de troupes de grande capacité. Dix mille hommes sont en effet à bord pour ce long voyage vers la guerre. Le convoi fait parfois escale au large de ports de l'océan Indien pour effectuer son ravitaillement en eau et en mazout. Certains Tahitiens débarquent dont Pierre Paea Tixier et Louis Martin.
SOURCES : JOURNAL DE ROUTE DU CAPORAL JEAN-ROY BAMBRIDGE

14.7.41 Nous reprenons notre route, direction ??? De temps en temps, pour tromper l'ennemi sûrement, nous prenons les positions suivantes -

(1) Aquitania (2) Queen Mary (3) Queen Elisabeth (4) le Sydney, cuirassé convoyeur

Le *Queen Mary* fait ensuite escale au large du port de guerre de Trincomalee à Ceylan pour se ravitailler en eau et en mazout. Certains Tahitiens débarquent, dont Pierre Paea Tixier et Louis Martin.

John Martin[19] : *Après avoir esquivé des torpilles japonaises dans l'océan Indien, nous avons fait une courte escale à Ceylan pour nous ravitailler en carburant (…), nous ne connaissions pas notre destination : nous pensions gagner la Birmanie en renfort des troupes australiennes qui s'y battaient, mais la victoire des Japonais et la reddition des Australiens ont fait que nous avons été finalement dirigés sur le Moyen-Orient.*

Le Moyen-Orient

Le 22 juillet, le contre-torpilleur *Caledon* relève l'*Australia* et précède le convoi qui quitte l'océan-indien pour rentrer dans la mer Rouge.
Le 25 juillet, la terre égyptienne se profile.
Le navire *Île de France* se joint au convoi.
Le *Queen Elisabeth* entre dans le canal de Suez où il va mouiller pendant plusieurs jours. Port Suez a été bombardé. Le navire *Géorgie* est échoué.
Roger Ludeau[20] : *Le voyage dure un mois environ*

pour arriver à Suez (…), un bateau est en train de brûler. La guerre est là (…), l'aviation ennemie étant active, l'épave calcinée (…), flottante du Géorgie en était le sinistre témoignage.

Deux officiers des forces françaises remettent au commandant Broche deux télégrammes, transmis respectivement par le général de Gaulle et le général Catroux, qui souhaitent la bienvenue au bataillon.

Robert Hervé[21] : *À Port-Tewfik, nous prenons le train pour une gare de transit. Le train avait été exposé en plein soleil, c'était une vraie fournaise. Les Anglais nous avaient préparé du thé, les hommes auraient préféré du vin. Il y avait une grande pagaille, ponctuée d'insultes et d'interjections entre les unités mélangées. On entendait passer au-dessus de nous les avions qui venaient de Grèce vers Suez.*

Le train emmène le corps expéditionnaire du Pacifiq e pour Kantara. Dans la nuit du 31 juillet 1941, le bataillon traverse le canal sur un bac avant de remonter dans un train à destination de la Palestine.

Le voyage est difficile, les hommes sont entassés dans des wagons à bestiaux.

Raoul Michel-Villaz[22] : *Nous avons traversé tout un désert en train pour arriver tard de nuit à Kantara. Nous remontons dans un train à bestiaux, serrés comme des sardines (…). À trois heures, alerte. Le train s'arrête (…), personne*

19 Entretiens 2011-2012
20 Les *Carnets de route d'un combattant du bataillon du Pacifique* Roger Ludeau
21 Notes dactylographiées 1969 François Broche
22 Le Journal de guerre et livret militaire de Raoul Michel-Villaz Archives de Nouvelle-Calédonie

Le train pour Qastina.
FONDS JEAN TRAN APE

ne descend sur instructions des officiers pour ne pas se perdre dans le désert. Nous entendons alors pour la première fois des bombes exploser à plusieurs kilomètres de nous. Le train repart pour arriver vers midi au camp d'Aïfa. À treize heures, nous partons en camion pour la Palestine, la Ville sainte puis Qastina.

Le commandant Broche fait suivre un premier télégramme[23] pour rassurer les populations tahitiennes.

Inward Telegram From the acting prime Minister of New Zealand

Dated August 19th 1941 n° 93 245

Following telegram has been received from General Headquarters Middle East Begins

Received from Major Broche - Battalion arrived well in Palestine - Will move to Damascus - Health and Moral Excellent - Send mails for Pacific Battalion to free French Forces Middle East.

Le télégramme est alors diffusé par le gouverneur des E.F.O. : *Le gouverneur a le plaisir d'informer la population qu'il vient de recevoir par l'intermédiaire des autorités britanniques le télégramme arrivant du commandant Broche. Le bataillon est bien arrivé en Palestine. Nous partons sur Damas. Santé et moral excellents. Envoyez lettre pour le Bataillon du Pacifique aux Forces françaises libres au Moyen-Orient.*

Le bataillon cantonne avec la Légion et le bataillon d'Infanterie de marine (B.I.M.) qui ont participé à la guerre de Syrie dans le camp de Qastina, situé à quarante kilomètres à l'est de Tel-Aviv. Il reste à Qastina une quinzaine de jours. L'aumônier Jean-Baptiste Podevigne fait visiter à une délégation les lieux saints de Jérusalem.

Raoul Michel-Villaz[24] : *La 1ère compagnie est désignée pour aller visiter Jérusalem et Bethléem. Nous sommes environ cent vingt. Nous partons en camion, deux heures de parcours... du désert, quelques montagnes caillouteuses, des villages arabes... des plantations d'orangers. Trois kilomètres avant Jérusalem, une petite ville neuve, nommée Tel Aviv. Les maisons sont luxueuses. Enfin, nous arrivons à Jérusalem. Des pères s'offrent de nous faire visiter la Ville Sainte, où Jésus est né. Nous achetons chacun un souvenir que l'on fait bénir sur le tombeau de Jésus.*

Jean-Roy Bambridge, très pieux, n'hésite pas à dépenser cinquante des soixante-dix piastres qu'il a en poche pour les accompagner.

Jean-Roy Bambridge[25] : *Nous gagnons les lieux de la nativité (Bethléem) où nous accédons à la crèche par de toutes petites portes de l'église Sainte-Catherine. Les séminaristes du Sacré-Cœur de Bethléem nous accueillent en nous offrant du vin et des grappes de raisin de leurs vignes. Quittant le séminaire, nous nous arrêtons au tombeau de Rachel, pour gagner les forteresses des croisés, la mer Morte et le lieu de l'ascension où l'on nous donne une feuille d'olivier en souvenir. Nous nous recueillons et prions. Nous gagnons le tombeau de Marie près d'un puits où elle venait puiser son eau. Nous buvons son eau claire et fraîche.*

Les visiteurs vont suivre le Chemin de Croix, passer le *Cédron*, visiter la basilique Sainte-Anne bâtie par les croisés sur la terre de naissance de la Sainte Vierge.

23 Fonds W 48 SPAA
24 Le Journal de guerre et livret militaire de Raoul Michel-Villaz Archives de Nouvelle-Calédonie
25 Journal de marche du caporal Bambridge Jean-Roy

La ville de Tel Aviv, située à quarante kilomètres de Qastina.
FONDS JEAN TRAN APE

À l'entrée, des titres évangéliques en cent trente-cinq langues y compris le *maori*, deux piscines, l'une pour guérir les malades et l'autre pour purifier les brebis offertes en sacrifice. Ils passent par le palais de Ponce Pilate, situé à dix mètres de profondeur, par la cour où Jésus fut martyrisé, puis par l'endroit où la croix fut imposée à Simon. Le parcours les conduit au au Saint Sépulcre, à la Pierre de l'Onction, au Tombeau du Christ, au Calvaire, à la Chapelle de Sainte Hélène, puis au mur des lamentations.

Le 19 août 1941, le bataillon traverse Soueida, le *djebel druze* puis arrive à Damas en Syrie où il stationne deux jours à la caserne Hamedieh. Louis Urarore, soldat de 2ème classe originaire de Raiatea, décède de dysenterie le 28 août 1941 à l'hôpital   n° 23 de Palestine.

Raoul Michel-Villaz : *À Damas, capitale de la Syrie, il y avait très peu de Français. Les quartiers sont infects...des millions de mouches, des enfants mourant sur les trottoirs, faute de soins... beaucoup sont aveugles ou borgnes. Des maisons à plusieurs étages sont effondrées, détruites par les bombardements.*

Jean-Roy Bambridge[26] : *À la caserne Hamidieh à Damas, je retrouve le lieutenant Yves Martin[27] marié à ma cousine germaine et engagé dans le génie.*

Après la caserne Hamedieh, le corps stationne sous la tente dans la périphérie de Damas à Katana, joli jardin d'abricotiers, de figuiers et d'amandiers.

Jean-Roy Bambridge[28] : *Nous sommes malheureusement stationnés en plein soleil sur une colline dépourvue d'arbres alors que plus bas se trouve un joli petit bois à travers lequel coule une petite rivière. Nous ne gagnons finalement qu'après plusieurs semaines l'ombre de la petite forêt d'oliviers dite le «bivouac des bergers».*

Le bataillon fait une rencontre inattendue :

John Martin[29] : *À Damas, sur la place située en bas de la caserne, un soldat en uniforme du Levant lavait la voiture d'un officier. Je vais boire à la fontaine, et je dis en tahitien à mes camarades que l'eau est bien fraîche. Je vois alors le militaire lâcher son tuyau. C'était un Tahitien surnommé «Pakere[30]» de Papenoo, engagé en 1939.*

Il s'est retrouvé avec l'armée d'Afrique, après la campagne de France. Il était chauffeur et lavait la voiture de son commandant. Il ignorait qu'il y avait un Bataillon du Pacifique... quand il a entendu parler en tahitien, il est devenu fou ! Il a demandé à être intégré dans le bataillon et trois jours plus tard, il était avec nous.

Le général de Larminat ordonne que le bataillon soit opérationnel pour le mois d'octobre. Il devient le bataillon moto-mécanisé de la 2ème brigade de la 1ère division. Il comprend un peloton de reconnaissance, une compagnie de chars de treize Renault 35, une compagnie de soutien de six automitrailleuses, une compagnie lourde d'accompagnement, une compagnie de soutien portée et une compagnie de commandement.

Noël Suhas dit Nono, Alphonse Suhas dit Tote, Thomas et Jean-Roy Bambridge et une douzaine de Tahitiens sont affectés dans le 505ème régiment de chars[31]. Maitere Taarii et Antoine Brémond font également partie des conducteurs de chars. Ils seront par la suite conducteurs de Brenn Carrier à Bir Hakeim.

Robert Hervé commande le peloton de reconnaissance avec de grosses Dodge transformées en automitrailleuses et armées de canons de 25 tournant sur pivot appelés *derviches*.

La puissance de feu du bataillon moto-mécanisé est assez exceptionnelle. Son armement est

26 Notes 1969 François Broche
27 Yves Louis Maurice Nariimaeva Martin, né le 17 novembre 1908 à Papeete. À l'âge de treize ans, il part faire des études en France. Devenu ingénieur électricien, il revient à Tahiti en 1933. Artisan du ralliement avec son père Émile Martin, il s'engage en novembre 1941 dans le génie. Promu sous-lieutenant, il sert en Syrie.
28 Journal de route du caporal Bambridge Jean-Roy
29 Entretiens 2011-2012
30 Paihura Mouaura.
31 Chars M 35.

L'insigne du bataillon vient d'être créé pour figurer sur les cartes de vœux de Noël 1941.

JOYEUX NOEL ET BONNE ANNEE

22

constitué de trois cent quatre-vingt mousquetons, cent quarante-huit pistolets, quatorze mitraillettes, vingt-huit fusils mitrailleurs, douze mitrailleuses, douze fusils antitanks, deux mortiers de 81 mm, sept canons de 25 mm dont trois sur voitures, quatre canons de 75.

Le parc de véhicules comprend cinq voitures de liaison, huit pick-up, six automitrailleuses, trente et une Morris, vingt-deux camionnettes d'une tonnes cinq, treize camions de trois tonnes cinq, quatre camions de cinq tonnes, un tracteur pour les canons de 25 mm, treize chars, vingt-huit motos, six Brenn Carrier et deux voitures sanitaires.

Des entraînements sont réalisés au gré des étapes et se renforcent : instruction sur canon de 75, sur canon de 25 anti-char, sur fusil-mitrailleur, exercices à la baïonnette, tir à la grenade, combats, etc.

Le 8 octobre, le bataillon quitte Katana pour faire mouvement sur Alep, la métropole syrienne du nord, proche de la frontière turque, où le commandant Broche est promu lieutenant-colonel.

Le BP 1, dénomination abrégée du Bataillon du Pacifique, est incorporé à la 1ère Brigade française libre sous les ordres du général Koenig et sous le commandement du général de Larminat. Il sera renforcé fin novembre par de jeunes aspirants comme Jean Bellec, André Salvat et du lieutenant

Benjamin Favreau.

John Martin[32] : *Le commandement de notre section est confié à un ancien des troupes d'Érythrée. Il m'a manqué quelques points pour devenir officier. L'aspirant André Salvat, élève-officier dans ma promotion de l'École des officiers de Damas me choisit comme adjoint au chef de section. J'avais quarante-sept hommes sous mes ordres dont trois sergents chefs de groupe. La section comprenait trois groupes de combat de douze voltigeurs, respectivement commandés par le sergent Marcel Allaume, le sergent Henri Vidal et le caporal-chef Calixte Jouette.*

La caserne turque d'Alep.
FONDS TRAN APE

Le bataillon s'installe dans l'ancienne caserne turque d'Alep qui surplombe la ville. Cette caserne ressemble à une prison et les Tahitiens y dorment sur le plancher sur des couvertures déroulées.

Le sergent Vaihirua se blesse accidentellement en manipulant son arme de service : la balle lui traverse les deux cuisses.

Des logements sont réquisitionnés pour les officiers dans le quartier arménien de la ville. Les volontaires se fondent harmonieusement dans la communauté franco-syrienne d'Alep. En fin d'après-midi, les volontaires se désaltèrent sur les terrasses de verres d'*arak* (boisson au goût anisé proche de l'*ouzo* grec).

Au centre, Tetoea John, Calixte Jouette et John Martin visitant Damas en arabadji en 1941.
FONDS JOHN MARTIN

Les volontaires tahitiens et néo-calédoniens n'ont pas toujours eu les égards attendus pour les populations locales.

Raoul Michel-Villaz[33] : *Lorsque nous traversions le désert, à chaque arrêt du train dans quelques villages arabes…, ces derniers nous vendaient des pastèques. Comme paiement, les trois quarts reçoivent une volée. Nous profitons qu'il fasse noir pour les corriger et leur prendre leur marchandise à bon compte.*

Max Noble[34] : *Les populations musulmanes locales ne nous aimaient pas beaucoup. Il faut dire que nous allions nous ravitailler en leur volant leurs moutons. Il y a donc eu beaucoup d'accrochages musclés. Ils nous appelaient les juifs. Comme les Tahitiens sont circoncis et que nous fréquentions leurs maisons de plaisir, le bruit a vite couru qu'un bataillon de juifs s'était constitué.*

Benjamin Favreau[35] : *Ces Tahitiens que j'avais trouvés timides à Katana s'enhardissent de jour en jour(…)*

32 Entretiens 2011-2012
33 Le Journal de guerre et livret militaire de Raoul Michel Villaz Archives de Nouvelle-Calédonie
34 Notes 1969 François Broche
35 *Compagnon de la libération* Témoignages 2011 Benjamin Favreau

Tel Aviv juillet 1941.
En fin d'après-midi,
les volontaires aiment à se
désaltérer de verres d'*arak*,
boisson au goût anisé
proche de l'*ouzo* grec.
À gauche, John Martin,
Brix Etilage, Marcel Tirao
fait prisonnier à Bir Hakeim
lors de la sortie de vive force
et victime du *Nino Bixio*
en août 1942,
et Tetaua Faufau.
FONDS JOHN MARTIN

En haut à droite,
des rencontres avec
l'équipe locale de football
sont organisées.
L'équipe du BP 1 compte
dans ses rangs les Tahitiens
Philippe Bernardino,
Charles Bernardino et
Raymond Tehui Lehartel.
Alep est battue
cinq buts à deux.
FONDS JEAN TRAN APE

La nuit, nos garçons en bordée s'emparaient parfois d'une voiture (L'arabadji est une carriole tirée par un attelage avec cocher), jetaient le bonhomme au caniveau et, fouette cocher ! grimpaient ventre à terre jusqu'à la caserne.

Les *Tamari'i Volontaires* s'adonnent souvent à l'alcool et ont tendance à l'insubordination ; ils provoquent ainsi scandales et rixes, et commettent des vols.

Dans une lettre[36] adressée à son ami Yves Malardé, Félix Broche avait exprimé sa déception quant à certains des éléments du corps expéditionnaire tahitien : *Mon cher, vieil et fidèle ami, jugez quelle a été ma joie immense en retrouvant, il y a trois semaines, à Nouméa, mes Tahitiens. Hélas, certains de ceux que je comptais revoir n'étaient pas là, et je l'ai bien regretté. Néanmoins, presque tous ceux qui sont venus ont bon esprit, du cœur et se souviennent de moi avec plaisir, je pense (…). Malheureusement, certains, parmi eux, sont de belles crapules. D'où les a-t-on sortis, grands dieux ! Leurs camarades tahitiens en sont eux-mêmes écœurés, et je crois que j'aurais du mal pour les ramener à de bons sentiments.*

Édouard Magnier[37] : *Quartier libre. Nos hommes, principalement les Tahitiens prennent des cuites royales.*

Les exemples sont alors légion en rétrogradations et peines de prison.

Extraits[38] :

Le 2ème classe H.H. *rudoie des officiers dans leur mess. En état d'ivresse n'a pas assuré son service, (…) a endommagé son véhicule parce que sa permission a été remise au lendemain.*

Le caporal-chef A.N. *a été ramassé ivre-mort par la police militaire.*

Le 1ère classe T.T. *a été trouvé le 23 courant au cercle des combattants en état d'ivresse et causant du scandale. A menacé de tout casser si on ne lui servait pas à boire.*

Le 16 février[39] : *(…) j'ai vu près du cinéma du camp, le 1ère classe T.T. en état d'ivresse qui était engagé dans une rixe avec trois soldats britanniques. Ce soldat n'est pas d'ordinaire un bien mauvais sujet*

mais est violent lorsqu'il est pris de boisson.

M.T. *prend part avec deux de ses camarades tahitiens à une rixe grave au cercle des anciens combattants d'Alexandrie, au cours de laquelle il agresse sans motif sérieux deux soldats britanniques qui furent violemment malmenés et sévèrement blessés. A nécessité l'intervention énergique de la police militaire.*

En état d'ivresse, le soldat L. *s'est blessé involontairement en essayant de mettre son révolver dans son étui. La balle lui a traversé la cuisse droite.*

Le 2ème classe M.J. *est puni de quinze jours de prison avec demande de traduction devant un conseil de guerre pour injures et coups envers un officier.*

Le 1ère classe H.A. *au moment de l'embarquement de la compagnie s'est disputé avec un autre soldat de son unité, l'a frappé avec la crosse de son fusil lui occasionnant une forte blessure à l'œil.*

Jean-Roy Bambridge[40] : *Nous allions quitter Alep pour Lattaquié, mon frère Thomas avec l'adjudant Lucien Parent, empruntent un camion, quittent le camp et partent du côté de la frontière. Ils ont tellement fait la «bringue», qu'au retour ils ont eu un accrochage et le camion a été complètement détruit. Lucien Parent a été cassé.*

L'adjudant Lucien Parent, Tahitien résidant à Nouméa, est né le 7 octobre 1916 à Opoa aux Îles Sous-le-Vent. Blessé dans l'accident et souffrant d'un traumatisme crânien, il est hospitalisé à Lattaquié. Rétrogradé, il ne rejoint son unité qu'à El Alamein (côte 92) où il est blessé par un éclat de mortier au genou gauche, la déflagration lui perforant par ailleurs le tympan gauche. En mai 1943, il se distingue lors d'une opération de nuit contre un poste allemand.

Des rencontres avec l'équipe locale de football sont organisées. L'équipe du BP 1 compte dans ses rangs les Tahitiens Philippe Bernardino, Charles

36 *Le bataillon des guitaristes.* François Broche
37 *Livre de guerre d'Édouard Magnier* Archives de Nouvelle-Calédonie
38 *Fichiers matriculaires individuels* Fonds W 48 SPAA
39 *Compte-rendu de l'adjudant-chef Maruhi* Fonds W 48 SPAA
40 *Notes 1969* François Broche

Bernardino et Raymond Tehui Lehartel. Alep est battue cinq buts à deux.

Le sergent Georges Champion dit Jojo originaire de l'île de Maré, champion de boxe d'Australie et du Pacifique dans la catégorie mi-lourd, affronte le champion poids lourd syrien Ahmed Kheir qui pèse vingt kilos de plus que lui. L'arbitre prononce le match nul, évitant ainsi le lynchage du boxeur égyptien par les soldats australiens survoltés.

Jojo est né le 16 janvier 1917 à Roh dans l'île de Maré, fils unique de Waten, petit-fils de Tiga et d'une métisse maréenne qui tenait son nom Champion d'un ancêtre aventurier anglais. Enfant, il gagne la Grande Terre à Nouméa et grandit dans l'odeur de la farine et du pain chaud, sa mère étant employée comme servante dans la boulangerie Milliard-Lafleur de la vallée du Tir. Il devient le porteur de pain de la maison. À quatorze ans, il assiste au combat de boxe de son oncle Albert Peyras qui pratique le noble art avec succès. Jojo pratique la boxe à son tour dans le club *L'Olympique*, sous la conduite de Lolo Charbonnet, ancien champion de la salle néo-calédonienne. Lors du stationnement du *B.I.M.P.* à Tunis, il fut question d'un combat avec un marin de Casablanca, Marcel Cerdan. Lors du retour du corps expéditionnaire calédonien sur le *Sagittaire* et son escale à Tahiti, Jojo affrontera le boxeur tahitien Atoni.

La 1ère Brigade française libre est désormais sur le pied de guerre. Elle doit se regrouper à Lattaquié sur la côte des Alaouites, débouché maritime de Syrie, petit port d'eau bleue où se reflètent les orangers.

Max Noble[41] : *Certains de nos sous-officiers nous quittent : Solari[42], Hollande et Ardant qui est affecté à l'administration de la justice.*

Benjamin Favreau[43] : *Le bataillon quitta Alep. Plus d'une fille de la colonie franco-syrienne pleura.*

Le 28 décembre 1941, les Français libres se forment en un convoi de plus de cent véhicules peints en jaune sable qui franchit, à raison de trois cents kilomètres par jour, un parcours de mille quatre cents kilomètres[44]. Le bataillon est désormais doté de matériels neufs : camions Chevrolet et Ford, camionnettes Fordson, canons de 25 mm dits *derviches tourneurs*, 75 antichars tractés, pick-up Dodge, motos Norton et Indian.

Benjamin Favreau : *Au moment de quitter la zone côtière, le groupe de Lehartel eut un accident. Le convoi roulait vite et, dans la file, l'ordre était de suivre à tout prix à distance réglemen-taire de cinquante mètres ; las d'attendre pour rejoindre son champ qu'un intervalle suffisant se présentât entre deux véhicules, un bédouin poussa sa charrue antique en travers de la route, et mourut sur le coup, car le chauffeur de Lehartel ne put l'éviter. Le lourd camion culbuta dans le fossé, puis s'immobilisa roues en l'air, hommes en dessous. Les arceaux soutenant la bâche furent tordus, mais ils sauvèrent mes gars de l'écrasement.*

La 1ère Brigade française traverse le 28 décembre la Palestine et arrive en Égypte le soir de la Saint-Sylvestre de l'année 1941.

Robert Hervé[45], sur sa moto Terrot, veille à maintenir la cohésion du convoi : *Nous roulions de nuit, tous feux éteints. Le convoi était énorme. Les motards tahitiens de la colonne faisaient la liaison entre la tête et la queue de la colonne. Ces motards paniquaient car ils accusaient panne sur panne. Ils avaient sur eux des boîtes d'allumettes pour incendier leurs motos si elles étaient irré-cupérables. Je ramassais tous les traînards et les motos si elles étaient encore en état.*

Les motards tahitiens faisaient la liaison entre la tête et la queue de la colonne. Ici, Émile Lequerre et André doucet.
FONDS DOUCET

Le 28 janvier 1942, le motard René Drollet dit Ka est sévèrement blessé au cou, au thorax et au bras droit qui est fracturé en essayant de récupérer une motocyclette qui était piégée.
FONDS DROLLET

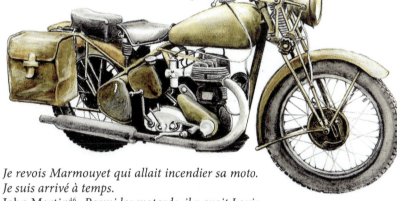

Je revois Marmouyet qui allait incendier sa moto. Je suis arrivé à temps.

John Martin[46] : *Parmi les motards, il y avait Louis Martin, dit Tamure, fils d'Émile Martin, particu-lièrement confirmé et terriblement adroit. Il faisait des acrobaties sur sa moto.*

Le volontaire tahitien Marcel Oopa Marcantoni est resté en Égypte. Le 30 décembre 1942, il regagne son unité qu'il suit en Tunisie, puis à Nabeul avant d'être renvoyé vers le Caire le 26 décembre 1943 et rapatrié pour raisons médicales sur Tahiti en août 1944.

À l'instar de la quasi-totalité des équipements dont étaient dotés les volontaires de la France libre, la Norton 16H fut choisie par les militaires britanniques, comme unique marque de moto, y compris pour la R.A.F. Ses emplois principaux étaient la reconnaissance, le contrôle et l'escorte de convois.
JLS

41 Notes 1969 François Broche
42 René Solari, commerçant, né à Nouméa le 21 avril 1902. Il est venu à Tahiti en 1923. Après son service militaire il monte une affaire d'importations et d'exportations. Engagé volontaire dans le BP1, il sera rapatrié sanitaire en 1944.
43 *Compagnon de la libération* Témoignages 2011 Benjamin Favreau
44 Lattaquié-Banias-Tartous-Tripoli-Beyrouth-Haiffa-désert palestinien-désert égyptien-Ismaïlia-Le Caire-Les Pyramides-Alexandrie-El Daba. Sources : journal de route du caporal Bambridge Jean-Roy
45 Notes 1969 François Broche
46 Entretiens 2011 -2012

Moohono Barff a été évacué sanitaire lors de son stationnement au camp de Katana à Damas.

Il est réformé par la commission de Beyrouth en décembre 1942 dans l'attente de son rapatriement sur Tahiti.

Fortuné Tuaiva, malade, est évacué sur Lattaquié le 26 décembre 1941. La commission de réforme de Beyrouth statue sur son renvoi vers ses foyers. Il quitte Suez le 1er mars 1943 pour arriver à Tahiti le 5 juin 1943.

Tetuaunauna Uravini engagé à dix-sept ans sous le nom de son frère, sera évacué sanitaire de Bir Hakeim vers l'hôpital de Tobrouk le 19 mars 1942, l'hôpital d'Alexandrie, le 23 mars, l'hôpital de Beyrouth, le 20 mai 1942, enfin le sanatorium de Damas, le 24 juin 1942. Il est rapatrié sur un navire hôpital anglais vers Marseille le 7 novembre 1945, où il est admis à l'hôpital Labadie. Il retrouve ses frères d'armes sur le *Sagittaire* en partance pour Tahiti, où il finira sa vie à la léproserie d'Orofara[47].

Le docteur Louis Rollin, qui s'est embarqué avec le corps expéditionnaire tahitien, est hospitalisé à Damas le 21 août 1941 pour dysenterie amibienne. Le 18 décembre 1941, il est nommé médecin-chef des territoires de l'Est Syrien à Deir-ez-Zor. Il subit à nouveau deux évacuations sanitaires sur Alep pour urémie et hyperglycémie. Il est nommé Officier du mérite syrien pour les soins donnés aux bédouins pendant les sévères épidémies de typhus et de variole en 1942 et en 1943.

Affcté en mai 1943 à l'hôpital de Damas, il est victime d'un empoisonnement en juin 1943.

Marie - Louise Rollin[48] : *Mon père, au retour d'une tournée médicale dans les camps de nomades, pioche dans un panier de cerises destiné à l'hôpital qui est placé sur le rebord d'une fenêtre ouverte sur la rue.*

Il murmure à l'infirmier qui l'accompagne :

« amande amère », avant de sombrer dans le coma. Les cerises ont été empoisonnées avec de l'arsenic. Grâce à son diabète, il est réanimé, sauvé par les 45 cc de coramine qu'il avait ingéré. Il gardera néanmoins des séquelles de cet empoisonnement.

Il revient à Tahiti le 24 août 1944 pour assister le médecin-chef du service de santé des E.F.O.

La 1ère division libre franchit le canal de Suez à Ismaïlia, traverse le Caire et se rassemble le 1er janvier 1942 à El Daba, camp de rassemblement et d'entraînement, situé à deux cents kilomètres d'Alexandrie, qui s'ouvre sur le plateau libyque.

Benjamin Favreau[49] : *Enfin, on trouva le deuxième pont et l'allée des flamboyants qui mènent aux pyramides (...). De lui-même, Pétis a ralenti, les Tahitiens médusés se taisent, toutes émotions livresques écartées je demeure saisi.*

Édouard Magnier[50] : *Le convoi passe à côté des Pyramides que j'admire, jamais je n'avais pensé qu'un jour je passerais au pied des Pyramides (...), c'est un spectacle grandiose.*

John Martin[51] : *Les noms des rues en Égypte sont en français, le français est usuellement parlé.*

Édouard Magnier : *Nous sommes étonnés que les panneaux de signalisation soient en français, que la langue française soit communément répandue.*

Les Tahitiens de la 1ère Brigade française libre vont désormais s'initier au combat et à la survie dans les immensités de sable, mais aussi à la navigation à la boussole et au compas solaire dans le désert.

À El-Daba, Mauritua est monté sur un char italien abandonné. La grenade trouvée dans le char a explosé, lui arrachant un poignet et trois doigts de l'autre main. Mauritua était un des guitaristes du bataillon. Après son accident, il utilise un verre posé sur son moignon et le fait glisser sur les cordes du manche de la guitare à la façon hawaïenne.

Les unités du Pacifique sont livrées sans exception aux instructeurs britanniques[52] :

Secret-Subject : Training - Free French Bde HQ NZ div - Copy to Spear's Mission Requirements : (i) An officer to instruct in desert navigation by day and by night, also in MT dispersion discipline and convoy discipline.

(...) 4. Instructors need not have knowledge of French, though, of course, this would be helpful.

Le BP 1 doit rapidement s'aligner sur le modèle

Les célèbres pyramides, très visitées par
les troupes alliées dont les Tahitiens.
DR

47 Côte est de Tahiti
48 Témoignage 2014
49 *Compagnon de la libération* Témoignages 2011 Benjamin Favreau
50 Journal de guerre d'Édouard Magnier Archives de Nouvelle-Calédonie
51 Entretiens 2011-2012
52 Archives nationales de Nouvelle-Zélande

les lunettes aussi étanches soient-elles, on en a plein les yeux, les narines, les oreilles. Il n'est pas une partie de corps qui n'en soit pas saturée (…), si on reste sans bouger, on est recouvert d'au moins deux centimètres de poussière et cela malgré le vent. Le ciel une teinte livide, parfois il devient presque rouge sang. Les Anglais ont délivré Tobrouk et ont atteint El Agheila en Syrie. Le col d'Halfaya immobilise cependant leurs troupes et tient la route Alexandrie-De-na-Benghazi-Tobrouk. Les Français libres avec la 4e brigade sud-africaine du général Pool doivent prendre le col.

Halfaya

16 janvier 1942, la Brigade prend position dans le dispositif anglais d'attaque la falaise d'Halfaya. Plusieurs bataillons Allemands et italiens bien armés s'y sont retranchés lors de l'offe sive britannique du mois de décembre. Le terrain est truffé de mines et d'obstacles, balayé par un vent de sable.

Raoul Michel-Villaz[56] : *Je touche un fusil mitrailleur, vingt-cinq chargeurs, six grenades, un révolver et deux jours de vivres. Les copains sont comme moi. Nous sommes dans une vallée à environ cinq kilomètres des lignes et les sections se dispersent dans la vallée. Nous marchons lentement sans bruit, défense de parler, de fumer. Nous relevons les sections sud-africaines en première ligne. Les Boches sont à cent mètres. Je m'enterre. Le Tahitien Teriitahi qui me sert de ravitailleur est à quelques mètres de moi.*

La préparation d'artillerie pour l'attaque est prévue pour le 17 janvier au matin. Mais la situation des défenseurs italo-Allemands de la poche de Sollum est désormais très précaire, coupée de la Tripolitaine où Rommel s'est retranché.

La garnison se rend finalement. Une longue colonne de six mille hommes à découvert descend de la montagne.

Benjamin Favreau[57] : *Les Tahitiens jetaient leur casque en l'air, trépignant de joie (…) Plus tard, je gravis l'escarpement dénudé : Halfaya était imprenable par la falaise qui nous était opposée.*

britannique afin de devenir un bataillon opérationnel léger porté, totalement indépendant sur le plan logistique, et pourvu de son propre soutien d'artillerie.

Le Bataillon est intégré dans la demi-brigade du lieutenant-colonel Robert de Roux.

Il quitte l'Égypte le 5 janvier 1942 pour la Libye. Les Tahitiens connaissent leurs premières tempêtes de sable, la chaleur et la rigueur des nuits du désert.

Robert Hervé[53] : *Le désert pour les Tahitiens, c'était quelque chose de nouveau… Le vent de sable était parfois si violent que l'on se demandait si on allait pouvoir respirer. On se protégeait le visage, on se bouchait le nez. Gibert qui était emphysémateux étouffait littéralement. Il a dû être évacué. La température montait de quinze degrés à trente-cinq degrés en l'espace de quinze minutes.*

Jean-Roy Bambridge[54]: *Lorsque nous nous sommes repliés sur Sollum, nous avons essuyé pendant plus de deux heures, une tempête de sable mémorable : on ne se voyait plus, des secousses électriques parcouraient les pièces de métal. Tahiti, c'était bien le paradis par rapport à cet enfer de sable.*

Édouard Magnier[55] : *La route dans le désert est monotone : des lignes droites à perte de vue sur des dizaines de kilomètres, et du sable, toujours du sable (…). Pour ceux qui n'ont pas connu ou ne se faisaient pas une idée de ce qu'une tempête de sable était : le convoi doit s'immobiliser, on ne voit pas un camion à dix mètres (…), le sable pénètre partout,*

53 Notes 1969 François Broche
54 Journal de route de Jean-Roy Bambridge
55 Journal de guerre d'Édouard Magnier Archives de Nouvelle-Calédonie

56 Journal de guerre et livret militaire de Michel Villaz Raoul Archives de Nouvelle-Calédonie
57 *Compagnon de la libération* Témoignages 2011 Benjamin Favreau

d'armes automatiques. Ils se sont rendus. Les Tahitiens sont à la fête. Ils démontent les moteurs, fouillent les chars, accaparent armes et munitions.

John Martin : *Les Allemands étaient surnommés «Jerry», par rapport aux cartoons[61] de Tom et Jerry. À Halfaya, nous découvrons leurs bidons d'une capacité de vingt litres avec un bec verseur. Les Anglais ont reproduit ce bidon et leur ont donné le nom de «jerrycan».*

Benjamin Favreau :

L'un des redoutables canons antichars du second conflit mondial, le 88 allemand.
FONDS PRIVÉ

John Martin[58] : *À Halfaya, ce fut le baptême du feu. La guerre, nous ne savions pas ce que c'était. À Halfaya les Italiens se sont rendus sans coup férir : c'est ça la guerre ? Avons nous dit avec amusement (…). On a visité les retranchements ennemis et on a pu imaginer le carnage que cela aurait été dans nos rangs.*

Yves Gras[59] : *Pendant plusieurs jours, les cadres de la brigade visitent la position abandonnée. Ils admirent l'art avec lequel les Allemands ont réalisé leurs organisations défensives, la puissance de la défense antichars assurée par des canons de 88 qu'ils voient pour la première fois, ainsi que le remarquable équipement de leurs troupes.*

Jean-Roy Bambridge[60] : *Les Allemands tenaient le col. Il y a eu des échanges d'artillerie et*

Alors que j'observais, avec mes jumelles, un Tahitien en mal de récupération dans l'ancien no man's land, je reconnus mon caporal Teiho[62]. Il retournait et inspectait tous les objets rencontrés. Comme cela pouvait être un piège recouvrant une grenade ou une mine, il la taquinait d'abord avec un bâton, puis si l'intérêt se confirmait, il fermait les yeux, serrait les mâchoires, se recroquevillait et d'un geste brusque le projetait au loin. Si rien ne se produisait (…) il s'en emparait.

Il y eut inéluctablement des accidents. Félix Broche menace de punir les officiers dont tout soldat est tué ou blessé dans des opérations de razzia.

Jean-Roy Bambridge[63] : *Drollet et Mariassoucé qui étaient motards ont été blessés en essayant de récupérer une motocyclette qui était piégée[64].*

Le 21 janvier 1942, la 1ère Brigade française regagne la zone côtière de Tobrouk, puis Gazala, El Adem et Tmimi avec pour mission de retarder l'avance de Rommel qui a attaqué les positions avancées en Cyrénaïque.

Le jerrycan fut inventé pour l'armée allemande, puis copié par toutes les puissances engagée dans la guerre.
FONDS PRIVÉ

58 Entretiens 2011-2012
59 *La 1ère DFL, les Français libres au combat* Yves Gras
60 Notes 1969 François Broche
61 *Dessins animés*
62 Le caporal Raphaël Teiho sera blessé au genou lors de l'installation du BP1 à Rotonda Signali et évacué avec les blessés de Bir Hakeim lors de la sortie de vive force. Réformé, il est renvoyé sur Tahiti en juin 1943.
63 Notes 1969 François Broche
64 Le 28 janvier 1942, René Drollet, dit Ka est sévèrement blessé au cou, au thorax et au bras droit qui est fracturé. Il est rapidement dirigé sur le General Hospital d'Alexandrie qu'il quittera le 25 mai 1942. Il retrouve son unité le 11 juin 1942, au lendemain de la sortie de vive force de Bir Hakeim.

Le 3 février 1942, l'ennemi a percé à Bengazi. La 1ère B.F.L. est renforcée de la brigade polonaise du général Anders. Elle se déploie à Mechili afin de couvrir les Anglais qui se replient à l'est vers Gazala. Le terrain est dangereux car miné : les véhicules de Perraud et d'Ardant sautent sur une mine, heureusement sans mal pour leurs occupants. Après quatre jours, la mission de retardement eff ctuée, le bataillon se replie à son tour.

Robert Hervé[65] : *Le point extrême atteint fut Mechili où nous avons stationné avec nos voisins polonais de la brigade Anders. Nous ne nous sommes pas étalés, prêts à reprendre le mouvement dans un sens ou dans un autre. Les avant-gardes de Rommel se faisant menaçantes, nous nous sommes dirigés vers Chott el Guelf où nous avons occupé des tranchées italiennes hâtivement abandonnées, un ou deux jours, pour atteindre par étapes à la mi-février la position de Bir Hakeim.*

Le 9 février, deux camions sont mitraillés par des Messerschmitt, occasionnant la destruction d'un camion et blessant légèrement les deux Tahitiens Manihiki[66] et Louis Martin[67].

Édouard Magnier : *Lorsque j'ai vu piquer les avions je croyais que c'était pour la tente atelier. Un seul camion fut touché, le conducteur, un Tahitien, fut blessé légèrement, un autre Tahitien, un caporal-chef aussi. Une chance que le camion n'ait pas sauté car il était plein de munitions. Il n'a eu que le radiateur percé et deux pneus crevés. Le chauffeur d'un autre camion qui venait en sens inverse après l'avoir mis au point mort plongea à plat ventre. Le premier instant de peur passé, il laissa échapper des rires nerveux à la vue du Tahitien resté dans le camion terrassé par la peur et qui répétait inlassablement : Aue, aue !*

À Chott el Guelf, les Tahitiens écument les tranchées abandonnées par les troupes italiennes. Elles contiennent des équipements et des objets de toute sorte en parfait état : armes, casques, toiles de tentes, couvertures, gamelles et conserves.

Heimata Hirshon[68] : *Mon père Lewis Hirshon a créé dans les années trente à Papeete une usine de conserves de thon dont les productions étaient aussi tournées vers l'export. Après la guerre, Jean-Roy Bambridge a ramené deux ou trois de ces boîtes de conserve à l'étiquette rouge « Auhopu »[69] trouvées dans une tranchée italienne.*

Lewis Hirshon est né à New York City le 11 décembre 1905. Il se fixe à Tahiti en 1934 lors d'un voyage autour du monde. Il ouvre une fabrique de conserves de thon, de bonites et d'ananas.

Pendant la guerre, Tahiti se mit aussi à produire du tabac local, des cigarettes de marque Tahiti, de l'eau de Cologne tahitienne de marque Avion, de l'huile de table Arafine à base d'arachide et Cocofine à base de coprah, du savon comme celui de Marseille mais de couleur blanche ou bleu clair. C'est aussi dans un abri italien que Jean-Roy Bambridge trouvera son célèbre accordéon.

John Martin[70] : *Cet instrument a une histoire. Il a été récupéré par les soldats de Jean-Roy dans un abri italien abandonné après la bataille de Himeimat (cote 92) secteur d'El Alamein. Les éléments de la Compagnie Lourde à laquelle appartenait Jean-Roy avaient le privilège d'être peu nombreux, cinq au plus dans leur véhicule, à cause de la taille de leurs armes. Ils avaient donc la possibilité d'amener avec eux des objets personnels encombrants comme cet accordéon ou des guitares. C'est aussi la raison de la préférence de Jean-Roy pour le képi plus traditionnellement républicain qui ne saurait être comprimé au fond d'un sac de marin.*

Le repli du BP 1 s'eff ctue de nuit, le jour étant soumis à des bombardements aériens intenses par vagues de quinze à vingt avions avec passages en rase-mottes.

L'accordéon Italien de Jeannot (Jean-Roy Bambridge).
JLS

65 Notes 1969 François Broche
66 Édouard Magnier cite « Manihiki », il doit s'agir de Manihiti Tetoia.
67 Registre de constatation de blessures de Louis Martin : éclats multiples, tête, thorax et fesses.
68 Entretiens 2013
69 'Auhopu : bonite
70 Entretiens 2011-2013

Bir Hakeim
Le front du désert

est stabilisé sur une ligne dénommée Ain El Gazala qui tient la bande côtière et qui s'étend vers l'extrême sud jusqu'à un croisement que les nomades appellent Bir Hakeim (« le puits du vieillard »). Le terrain est plat, désertique à l'exception de deux petites collines artificielles que l'on appelle les Mamelles, en réalité deux vieilles citernes sans eau. Un petit fortin italien fait de quelques bouts de murailles émerge du terrain aride.

Robert Hervé[1] : *Une légère bosse, un monticule de deux mètres sur trois, dans l'immensité d'un désert de cailloux et de sable, avec les ruines d'un muret en pierres sèches à proximité d'une antique citerne. Devant nous un no man's land de cent kilomètres. La position occupe environ quatre kilomètres sur quatre.*

1 Notes 1969 François Broche

Jean-Roy Bambridge[2] : *La place n'est pas grande et contrairement à ce que l'on peut croire, le puits ne contient aucune goutte d'eau. Du sable, toujours du sable. Lorsque nous creusons nos tranchées, trente centimètres de sable et du roc.*

Le 15 février 1942, la 1ère Brigade française libre relève la 150e Brigade indienne du général Haydon en position à Bir Hakeim avec pour mission de maintenir l'intégrité du champ de mines en V qui sépare la botte de Got El Oualeb tenue par les Britanniques et Bir Hakeim.

Trois mille sept cents Français libres vont occuper la position. Aux côtés du Bataillon du Pacifique vont combattre :

- les 2ème et 3ème bataillons de la 13ème demi-brigade de la Légion étrangère ;
- le bataillon colonial de marche formé en Oubangui et au Tchad (B.M.2) ;
- le bataillon d'infanterie de marine (B.I.M.) ;
- le 1er régiment d'artillerie colonial, équipé de canons français de 75 mm sur pneus, tractés ou montés sur de simples camions : il y avait au total soixante-dix pièces de 75 dans la défense antichars des bataillons et dans les batteries du 1er régiment d'artillerie ;
- des unités du train, du génie, des transmissions, d'intendance et de santé avec une ambulance chirurgicale ;
- un bataillon de fusiliers marins, spécialisé dans la défense contre les avions, équipé de douze canons de 40 mm automatiques Bofors et renforcé d'éléments de la 43ème batterie de défense anti-aérienne anglaise ;

2 Journal de route du caporal Jean-Roy Bambridge

Gaspard Coppenrath, second-maître sur le croiseur *Suffren* a rallié les F.N.F.L. à Alexandrie le 13 juillet 1940. Il sert à Bir Hakeim dans le 1er bataillon de fusiliers marins et suivra l'ensemble des campagnes du Bataillon du Pacifique.

Le 17 juillet 1940, le 1er bataillon de fusiliers marins est créé à l'initiative de l'amiral Muselier. Son commandement est confié au lieutenant de vaisseau Robert Détroyat. À l'issue de son entraînement à Aldershot, le bataillon embarque pour participer à l'attaque sur Dakar en septembre 1940.

Le 1er B.F.M. est jumelé au bataillon d'infanterie de marine de Chypre et participe aux opérations de Syrie. À la mort de son chef, en juin 1941, le 1er B.F.M. est menacé de dissolution mais son nouveau commandant, le lieutenant de vaisseau Hubert Amyot d'Inville, parvient à s'y opposer.

Transformé en unité de D.C.A. et rattaché à la 1ère brigade française libre, le 1er B.F.M. participe aux opérations de Lybie et de Tunisie (1942-1943). Il se distingue au cours des combats de Bir Hakeim. Réformé et réarmé à Beyrouth, le 1er B.F.M. repart pour la Lybie et suit la progression des alliés à la poursuite des troupes italo-allemandes en retraite vers la Tunisie.

Pose déjeuner au soleil du désert pour les fusiliers marins servant des canons anti-aériens mobiles.

Plaque d'identité militaire de Gaspard Coppenrath.
FONDS COPPENRATH

Devenu 1er régiment de Fusiliers marins, il est incorporé à la 1ère division motorisée d'infanterie qui deviendra au début de 1943 la 1ère division française libre (D.F.L.) et prend part à la campagne d'Italie puis à la campagne de France (Toulon, Vosges, Alsace), et termine la guerre dans les Alpes. Le 1er régiment de Fusiliers marins est dissous à la fin des hostilités.

Émile Gaspard Tamanu Coppenrath, fils de Takaua Marere, est né le 5 mars 1917 à Tiputa, atoll de Rangiroa, dans l'archipel des Tuamotu. Il est incorporé le 21 mars 1936 et s'engage pour trois ans dans la Marine. Il est d'abord matelot au dépôt des équipages de Lorient puis intègre jusqu'en 1937 l'école des fusiliers marins. Il sert sur les bâtiments *Montcalm* en 1937, *Argus* en 1938, *Tamure* en mars 1939, *Suffren* en 1940 et le *Félix Roussel* jusqu'en novembre 1941 avant d'être versé au 1er bataillon de fusiliers marins le 18 novembre 1941.

Il participe aux opérations en Lybie et retrouve ses frères d'armes tahitiens du Bataillon du Pacifique à Bir Hakeim, alors qu'il est servant de pièce de défense contre avions (D.C.A.) de type Bofors. Gaspard Coppenrath se bat à leurs côtés dans les blindés en Italie et en France. Soldat valeureux et audacieux, il est sérieusement blessé deux fois. Il est cité trois fois, respectivement à Bir Hakeim (*servant de pièce de D.C.A. remarqué par son calme et son courage. Pendant toutes les opérations de Bir Hacheim (Libye du 27 mai au 11 juin 1942), a contribué énergiquement par ses paroles et son absolu mépris du danger à entraîner ses camarades Signé Capitaine de corvette De Morsier)* et dans les combats de Garigliano et de Giromagny.

L'intérieur de la position est divisé en quartiers :
- au nord-ouest, le quartier des Mamelles, occupé par le bataillon de marche n° 2 ainsi que par les 1ère et 2ème batteries du 1er Régiment d'artillerie ;
- à l'est, le 2ème bataillon de la Légion étrangère soutenu par la 4ème batterie du 1er Régiment d'artillerie ;
- au centre, l'état-major de Koenig, le service de santé, le 3ème bataillon de Légion étrangère, la 3ème compagnie du B.I.M. et le 22ème nord-africain ;
- le Bataillon du Pacifique hérite de la position sud-ouest avec le fortin italien.

Les batteries de D.C.A. (Bofors) du 1er Régiment de fusiliers marins sont disséminées sur l'ensemble de la position.

Une femme, l'Anglaise Susan Travers, chauffur de Koenig, complète les rangs de la 1ère brigade française libre. Elle sera la seule femme titulaire d'un matricule dans la Légion étrangère.

John Martin[3] : *J'ai souvent entendu Koenig s'exprimer assez autoritairement et rudement à l'égard de son chauffeur. J'ignorais alors qu'il s'agissait d'une femme.*

Susan Travers, l'unique femme de Bir Hakeim.
JLS

Lorsque les éléments féminins de santé de l'ambulance *Hadfield-Spears*[4] sont évacués avant l'assaut final de Bir Hakeim, l'une d'entre elles, Susan Travers, revint. Pied au plancher, lors de la sortie de vive force, au volant de sa Morris sous les impacts de balles, elle sort Koenig et Amilakvari sains et saufs de Bir Hakeim.

Le Bataillon du Pacifique en position autour du fortin italien est divisé en trois compagnies. Une compagnie comprend cent hommes environ qui est répartie en trois sections d'une quarantaine d'hommes divisées en trois groupes, un groupe comprenant environ douze hommes :
- La 1ère compagnie est sous les ordres du capitaine Raymond Perraud, avocat à Nouméa.
- La section tahitienne est conduite par l'aspirant André Salvat et son second John Martin.
- La section calédonienne est commandée par l'aspirant Jean Bellec.

À gauche, l'adjudant André Salvat à El Amaza Héliopolis en septembre 1942.
FONDS JEAN TRAN APE

3 Entretiens 2011-2012
4 L'*ambulance Hadfield-Spears* créée par Lady Hadfield et Lady Spears, épouse du général anglais Spears, offre ses services au général de Gaulle pour assurer les soins nécessaires aux blessés. L'unité rejoint en Égypte le 31 décembre 1941 la 1ère Brigade française libre qu'elle suit jusqu'à Bir Hakeim.

Philippe Bernardino
FONDS BERNARDINO

Dans la section tahitienne de la 1ère compagnie, figurent Marcel Allaume, Calixte Jouette, Teira Vahirua, Henri Vidal, René Hintze, Tavae Vahine, Taua Punu, Tepua Tematafararere.

La deuxième compagnie sous les ordres de Moret, puis de Blanchet, comprend la section tahitienne du lieutenant Benjamin Favreau et la section lourde.

Robert Hervé[5] : *Moret a été rappelé, Blanchet l'a remplacé. Tous deux étaient d'anciens policiers en poste à Shanghai[6].*

Les Tahitiens François Nicolas, Louis Graff, Daniel Prosper Pétis, Robert Asmus, Raymond Lehartel, Temauri Fuller, Pierre Marmouillet, Manea Teriihopuare Noho, Siméon Maratai, Raphaël Teiho, Tefautero Teriitehau, François Teremate, Max Noble, Louis Tutea Lucas relèvent notamment de la section tahitienne de Favreau. Jean-Roy Bambridge livre la composition[7] de sa section et de son groupe à Bir Hakeim.

Chef de section : lieutenant Robert Hervé, ordonnance : Faaehau
Adjoint : Sergent-chef Philippe Bernardino
- 1er groupe
Chef • sergent-chef Philippe Bernardino
Adjoint • caporal Thomas Bambridge
• Noël Suhas
• Nahenahe (*Tahua*)
• Taupua
• Taihoropua (*Marama dit « Mahai »*)
- 2ème groupe
Chef • Francis Bredin di Coco
Adjoint • Claude Hugon
• Marcel Lucas
• (*Mervin*) Ariti (mitrailleur)
• Tiriiroa (*Aue*) Nuu (mitrailleur)
- 3ème groupe
Chef • Louis Holozet

Louis Holozet
FONDS HOLOZET

Adjoint • Jean-Roy Bambridge (mitrailleur)
• Maere a Tufarii (mitrailleur)
• Émile Lequerre
• Teroaitehoa Patii (FM)
• Van Bastolaer
• Tino (*Paroa Teretina*) Fiu

Dans la section lourde, se trouvent aussi quelques figures emblématiques du bataillon : Raymond Varney, Albert Ariihoro Manutahi dit Pae Pae, Fareaiti Tuiho, Patua Taputu de Maupiti, Teuira Zelubapela, Arai Ponotua.

La responsabilité des canons du bataillon a été confi e à l'adjudant Walter Grand, qui avec son équipe de servants tahitiens arrête et détruit plusieurs chars italiens lors de l'assaut du 27 mai.

Le BP 1 compte un peloton de Brenn Carrier[8] : Alphonse Suhas dit Toti est chef de Brenn. Le peloton compte quelques conducteurs chevronnés comme Antoine Brémond, Teiho Tehei et Maitere Taarii.

Jacques Bourdis, sous-lieutenant au 2ème bataillon de la 13ème demi-brigade de la légion étrangère[9] : *Conçu par les Anglais, cet engin de transport légèrement blindé avait pour fonction de déplacer sous le feu une équipe de fusiliers ou de voltigeurs. Dans le désert, notre brigade avait peu d'automi-trailleuses pour des patrouilles ou des reconnais-sances armées profondes. Avec un peu d'ingé-niosité, nous avons armé nos Brenn Carrier. Les chenillettes furent aménagées et se hérissèrent d'armes les plus diverses dont des canons de vingt-cinq millimètres.*

Le BP 1 est aussi renommé pour la qualité de ses mécanos tahitiens comme Paul Prospere Pietri, Georges Elis, mécaniciens de métier, et de ses chauff urs, comme Pierre Faufaari ou Ruanuu

5 Notes 1969 François Broche
6 La France a eu concession territoriale à Shanghai de 1849 à 1946.
7 Journal de route du caporal Jean-Roy Bambridge
8 Le Bren carrier est une chenillette armée de support d'infanterie
9 Notes manuscrites Sources Jacques Roumeguère

Sous la protection d'une pièce antiaérienne légère, des convois quasi quotidiens de citernes d'eau parcourent les cents kilomètres qui séparent Bir Hakeim du littoral.

Teipo (ancien chauffur de De Bricourt, second de Félix Broche).

Édouard Smith, le boxeur du bataillon, est à l'atelier de réparations (ou Life Aid Detachment L.A.D.).

Certains Tahitiens sont parfois affctés dans d'autres unités. Ainsi, le caporal-chef Charles Spitz dit *Taro* est détaché à la compagnie lourde du bataillon de marche n° 2.

Robert Hervé[10] : *Nous étions ravitaillés en eau par des camions-citernes qui venaient assez régulièrement. Nous les surnommions les « tonnes » parce qu'elles faisaient mille litres. L'eau était saumâtre mais nous nous y sommes rapidement faits.*

Olivier Van Bastolaer est un des chauffurs de la citerne. Il est par ailleurs chargé de son entretien, tâche qu'il effctue avec zèle.

Avec le ravitaillement en eau, il y avait aussi les cantines roulantes de la N.A.A.F.I. (Navy, Army and Air Force Institutes) qui venaient vendre de temps à autre du whisky aux soldats de Bir Hakeim.

John Martin[11] : *Nous recevions de l'eau de Tobrouk avant l'encerclement. Je touchais régulièrement l'eau pour ma section. Un jour, Bernut, un Calédonien qui avait fait la première guerre, préposé à la citerne, m'apporte une ration*

journalière d'eau douce d'un puits du désert. Quelques semaines plus tard, Bernut me donne à nouveau de l'eau saumâtre. Il m'explique que lorsqu'il a jeté le seau dans le puits, un bras est venu, d'un cadavre italien qui était là depuis plusieurs mois.

Le général Koenig, ancien de la Grande Guerre, sait l'importance de positions enterrées : *Un homme dans un trou est un seigneur.*

Alors que les Calédoniens rechignent un peu à la corvée de terrassement, les Tahitiens entreprennent de creuser, sur l'ensemble de la position, des trous de renard, de courtes tranchées, des abris pour les véhicules, des observatoires et des emplacements de combat. Ainsi, les hommes se terrent dans des trous individuels espacés de deux à trois mètres. Seul un coup au but peut les atteindre.

Benjamin Favreau[12] : *Chaque homme devait creuser son propre segment et se ménager sur le côté un emplacement pour tireur debout, ainsi que le côté opposé une étroite galerie menant à une cellule d'habitation pour deux (…). En cas d'attaque ennemie à terre, chacun occuperait*

10 Notes 1969 François Broche
11 Entretiens 2011-2012
12 *Compagnon de la libération* Témoignages 2011 Benjamin Favreau

Benjamin Favreau
FONDS GENEVIÈVE FAVREAU

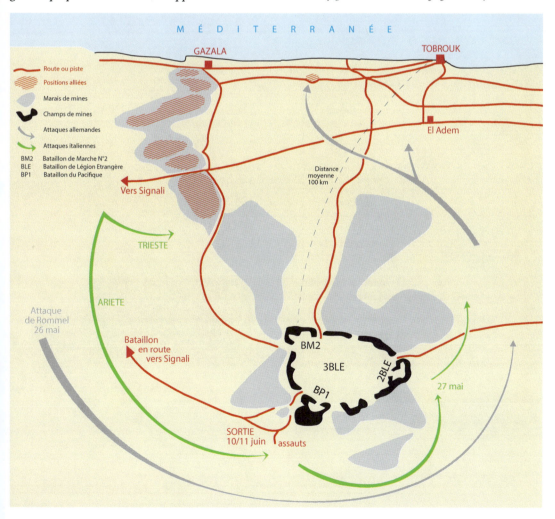

son emplacement debout, et si des avions bombardaient, il s'allongerait dans son étroit boyau personnel.

Robert Hervé[13] : *Nous nous sommes installés. Nous avons creusé des tranchées, un travail dur et ingrat car c'était de la rocaille difficile à percer au pic et à la pioche. Il n'y avait pas de plan d'installation préétabli. Les tranchées n'étaient pas continues, chaque compagnie ayant son petit secteur fait de trous de renard presque individuels ou à deux, protégés par un parapet de sacs de sable.*

Ari Wong Kim creuse lui-même son terrier. Il se rappelle que cette tâche n'a pas été trop pénible car ils étaient « bien équipés pour ça ». Le Calédonien Jean Tran Ape indique qu'ils avaient recours aux explosifs lorsque le sol était trop difficile à creuser. La qualité des tranchées des Pacifie s est

reconnue. Ainsi, lorsqu'au retour de Rotonda Signali le B.P.1 retrouve ses tranchées, la 1ère compagnie du bataillon d'infanterie de marine les occupe[14]. Sous les explosions de l'offe sive de Rommel, les hommes du B.I.M. refusent de les rendre, car il s'agit de tranchées particulièrement protectrices comparées aux trous individuels de leur secteur des Mamelles. Ils devront néanmoins regagner leurs abris sommaires pour permettre au B.P.1 de reprendre ses positions. Les 2ème et 3ème groupes sont dans le même corridor avec, au milieu, le P.C. de Hervé.

Une première ligne de défense est positionnée, renforcée à l'arrière d'une seconde ligne située à deux cents mètres, près du fortin. Ari Wong

13 F.B. B.P.1 1969
14 Le B.I.M. est installé à côté des positions de la compagnie n° 2 du B.P.1

Interprétation de l'abri pour camion porteur de canon de 75, d'après un croquis de Roger Ludeau.
JLS

36

Kim se tient à quelques mètres du capitaine Perraud. Robert Asmus est enterré à proximité du P.C. d'Hervé avec deux pièces en défense près de la chicane. Robert Asmus est aussi bon tireur au fusil qu'à l'arme automatique. Il participe à de nombreux coups de mains exécutés de nuit à l'intérieur des lignes ennemies et livre parfois de durs combats au corps-à-corps.

Benjamin Favreau[15] : *Salvat échoua entre Bellec et moi, légèrement en retrait (…). À cent mètres de la chicane, je mis Lehartel, puis Asmus (il était d'un commerce difficile, mais c'était aussi un dur à cuire), en soutien le long de la piste menant au P.C. de la compagnie. Enfin, sur la pente jouxtant la compagnie Morel, j'établis Fuller pour qu'il pût croiser ses feux sur le passage franchissant le champ de mines.*

Le P.C. du bataillon occupé par Félix Broche et par son adjoint Gaston Duché de Bricourt se compose d'un trou de trois mètres sur trois, profond d'une hauteur de moins de deux mètres, auquel on accède par un escalier fait de ferraille et de sacs de sable. Une embrasure s'ouvre sur l'ouest. À l'intérieur, deux lits de camp, une table et des cartes d'état-major.

Les Pacifies sont assez bien armés. Ils disposent de mousquetons, pistolets, mitraillettes et de soixante fusils mitrailleurs de tous calibres. Ils disposent en outre de seize mitrailleuses de type Hotchkiss de 8 mm, neuf fusils antitanks, six canons antichars de 75 et quatre de 25 mm, quatre mortiers de 81 et six de 60, soit une puissance de feu assez considérable.

Jean-Roy Bambridge, le mousqueton en bandoulière, est servant de mitrailleuse, protégé à sa gauche par un fusil mitrailleur et un canon anglais de six pouces. Le groupe de mitrailleurs de Jean-Roy Bambridge comprend huit hommes.

15 *Compagnon de la libération* Témoignages 2011 Benjamin Favreau

Armement en avril 1942 à Bir Hakeim

Au premier plan, fusil antichar britannique Boy, calibre Kynoch & RG 55 boys (13,9 mm), de première version adoptée en 1937 avec frein de bouche circulaire, cadence de tir de dix coups minute. On distingue la poignée en bois de guidage et de retenue en partie cachée par le biceps du tireur. Les tirs, très puissants, occasionnaient souvent des blessures aux épaules des tireurs. La munition perçait environ vingt millimètres de blindage à mille mètres. Le chargeur contenait cinq cartouches. Au deuxième plan, fusil mitrailleur britannique *Bren* (*BR/ono et EN/field*) développé à partir du fusil mitrailleur tchèque *ZB26* de calibre 303 (7.7 mm) alimenté par boîtier chargeur de trente cartouches, arme fiable et très efficace. Arme emblématique collective des groupes de combat britanniques adoptée en 1938. Au troisième plan, fusil semi automatique britannique *Lee Enfield SMLE MK III MOD* 1907, calibre 303 (7.7 mm) alimenté par 2 lames chargeurs de deux fois cinq cartouches. Au quatrième plan, un pistolet mitrailleur *Thomson M 1928 A1 -USA* de calibre 45 (11.43 mm), alimenté par chargeur droit de vingt ou trente-deux cartouches ou chargeur tambours de cinquante cartouches. En dernier plan, une mitrailleuse lourde tchèque *ZB37* (deux cônes opposés au bout du canon, bout du corps de canon et cache-flamme) de calibre 7.92 mm alimenté par bande métallique de quatre cent cinquante à sept cent cinquante coups minute, adopté par l'armée britannique sous le nom de *BESA* - fabriqué sous licence par *BSA*.

Jean Tran Ape : *J'ai pris cette photo au cours d'un exercice avec ma section. Au moment de l'attaque, nous étions à nos postes à peu près comme sur la photo. Notre secteur était relativement calme car nous n'étions pas directement attaqués par les Italiens. Les efforts de ces derniers se sont portés sur les Tahitiens qui étaient à environ trois cents ou quatre cents mètres sur notre gauche. Nous avions pour instructions de ne pas tirer afin de ne pas dévoiler notre position par la poussière qui aurait été générée par nos tirs. Nous ne devions tirer qu'à la dernière minute. Nous avons assisté à toute l'attaque : il y avait soixante-dix chars dont une trentaine furent détruits par l'artillerie et par les champs de mines.*

De gauche à droite :
- cartouche antichar fusil *Boys*,
- clips de cartouche de 303 pour le *Lee Enfield*, même cartouche pour le *FM BREN*,
- cartouche de 11.43 mitraillette *Thomson*,
- cartouche de 7.92 pour la mitrailleuse tchèque (la cartouche est allemande et perforante, pointe noire).
FONDS PRIVÉ

FONDS LEHARTEL

Ari Wong Kim est armé d'un fusil anglais Lee-Enfi ld chambré en 303 British.

John Martin a par ailleurs récupéré un canon italien de 45 mm, pouvant tirer des obus perforants et traçants, servi par quatre hommes positionnés dans un même trou.

John Martin[16] : *Nous avions des munitions et nous avons appris par nous-mêmes à nous en servir.*

Il n'y avait pas de lunette de visée, les Italiens l'avaient fichue en l'air. J'en ai fabriqué une avec un obus et on a soudé un croisillon à l'avant. Le seul jour où nous aurions pu régler le sort d'une automitrailleuse placée dans notre ligne de mire à environ cent cinquante mètres, l'ordre de destruction n'est pas venu à temps.

Les pièces d'artillerie sont enterrées, les canons de 75 et les canons antiaériens disposent de circulaires d'appui qui permettront à quatre pièces de 75 de diriger leur feu vers un même point. Les camions sont également enterrés, le moteur vers l'avant. La position est entourée par un champ de mines antichars de forte densité. Les sapeurs de la 1ère compagnie du génie du capitaine Gravier ont en eff t posé plus de soixante-cinq mille mines en étoile puis des marais de mines destinés à freiner les attaques des chars. Quatre passages ou *chicanes* très étroites permettent de sortir de la position retranchée.

De février à mai 1942, des patrouilles profondes conduites à tour de rôle par les unités de la brigade s'organisent dans les quatre-vingts kilomètres périphériques de la position d'El Telim, retranchement ennemi équivalent à celui de Bir Hakeim. Pendant ces quatre mois, les hommes de Bir Hakeim vont venir harceler les forces adverses par des opérations d'attaque des groupes isolés, de destruction des convois de ravitaillement et de capture de soldats italiens et Allemands. La stratégie consiste à débusquer l'ennemi et à l'attirer sur des chemins minés ou vers des pièces de 75 portées en embuscade.

Jacques Bourdis[17] : *Profitant de la chaleur qui, à midi, brouille l'horizon et déforme les silhouettes, nous nous approchions, nos 75 montés sur camions Bedford, au plus près des concentrations allemandes pour lâcher à vue directe des bordées terribles, attendant la riposte qui nous reconduisait, zigzaguant à toute allure sous une grêle d'obus, vers nos positions.*

Le 16 mars 1942, Walter Grand, chef de pièce d'un 75 porté, et ses hommes Henri Maruhi et Taumata Tiaihau, détruisent, sous le feu violent

16 Entretiens 2011-2012
17 Notes manuscrites Sources 1ère *D.F.L.*

Walter Grand,
chef de pièce d'un 75
porté sur un camion anglais.
FONDS JOHN MARTIN

de l'artillerie, deux chars Allemands qui se dirigent vers leur position de repli.

John Martin[18] : *L'idée de monter des canons de 75 sur camion a été innovée par la France libre et réalisée dans ses ateliers de Beyrouth grâce aux canons sans recul reçus avant la capitulation.*

Ari Wong Kim appartient à un groupe de cinq soldats responsables d'un canon de 75 monté sur un camion anglais.

Ari Wong Kim[19] : *J'étais le chargeur, Vahine Teuira le ravitailleur chargé de passer les obus. Je les mettais dans la chambre de la pièce dont la mise à feu était assurée par un Calédonien. Mino Salmon était le chauffeur du camion. Le chef de pièce était un métropolitain. Nous n'avons pas eu*

l'occasion de beaucoup tirer avec, car sa portée était trop réduite

pour atteindre les lignes ennemies.

Des colonnes motorisées ou *jocks columns* sont constituées.

Robert Hervé[20] : *Composée d'une compagnie motorisée ou portée et d'une section antichar, auxquelles s'ajoutent une batterie d'artillerie et des éléments de transmission, la jock column a pour mission de harceler l'ennemi en attaquant ses groupes isolés ou ses convois de ravitaillement. La progression n'était pas toujours commode. On marchait au compas solaire. À la jumelle, il fallait constamment scruter l'horizon. Seules, la manœuvre, l'audace, l'adresse décident du sort des armes, en cas de rencontre. Les Tahitiens sont excellents à ce jeu de cache-cache. Encore faut-il se méfier des Junker et des Messerschmitt, très agressifs. En trois mois, le bataillon perdra plus d'hommes et de véhicules du fait de l'aviation qu'au cours des combats engagés à terre. Le premier tué tahitien au combat est Kararo Tainui, lors d'une opération motorisée le 4 avril 1942.*

John Martin[21] : *Kararo est mort en jock column. Les camarades m'ont raconté : ventre ouvert, il se tenait les boyaux et continuait à tirer.*

18 Entretiens 2011-2012
19 Entretiens 2012
20 *Il y a 54 ans Bir Hakeim* François Luizet
21 Entretiens 2011-2012

Les *Jock Columms*, sont des patrouilles de divers véhicules armés, tels les Brenn Carrier, ou adaptés au combat comme certains camions anglais et américains. Leur mission est la chasse aléatoire d'objectifs isolés. Ils sont par contre, repérables de très loin à cause du nuage de poussière qu'ils soulèvent et deviennent alors extrêmement vulnérables aux attaques aériennes.

Sur le monument aux morts à Papeete, il est inscrit « Kararo » qui est en réalité le nom de baptême de son père. Père Christophe Barlier, actuel vicaire de la cathédrale de Papeete, indique[22] que le prénom *paumutu* de Tainui enregistré dans le registre de baptême est Teahinui (Jérémie Teahinui a Tohitika). Il témoigne par ailleurs que Tara Anaclet Tuki, habitant de Napuka, se souvient de trois autres noms d'hommes originaires de l'île qui se sont aussi engagés en 1940 : Martin Mokio Houariki, Pio Maratino Tapunui Puraga et Chrétine Tefaumau Honore. Seul Teahinui Tohitika (« Kararo ») est parti au front. Odile Nouveau se souvient de ce jeune homme venu à Papeete à l'âge de seize ans, amené par Édouard Etilage.

Il demeurera à la mission jusqu'à son départ pour le front.

Dans son allocution du 21 avril 1993, date anniversaire du départ du Monowai, John Martin témoigne : *Kararo Tainui né en 1906 à Napuka est le premier à tomber au combat le 4 avril 1942 dans le secteur de Bir Hakeim. Natif des Tuamotu, chauffeur de taxi au marché de Papeete, il est tué lors d'une opération* jock columns, *colonnes motorisées appelées ainsi par les Anglais du nom de leur instigateur, le général Jock Campbell. Kararo revivait avec ses frères d'armes du bataillon, lors de leurs déplacements dans l'immensité du désert lybien, à l'instar de leurs ancêtres maoris, les grands voyages transocéaniques du passé. Ils naviguaient à la boussole et au compas solaire. Partie de Bir Hakeim, la* jock column *de Kararo avait pour mission de simuler une attaque de la 8ᵉ armée britannique afin d'attirer sur elle le gros de la Luftwaffe basée en Méditerranée, et ainsi permettre à un convoi de la Royal Navy de ravitailler Malte. Sa colonne fonce sur Bir El Hamarin à une centaine de kilomètres de Bir Hakeim puis se rabat sur le nord, pousse des éléments au-delà de la piste qui relie Mechili à Tmimi, tandis que les automitrailleuses et les colonnes de la 1ᵉʳᵉ division sud-africaine attaquent des aérodromes entre Tmimi et Martouba. La diversion atteint son but mais la brigade perd treize véhicules incendiés dans des engagements avec l'ennemi. Kararo adossé à la benne du camion Fordson de son groupe tient fermement son fusil antitank. Le long crépuscule du désert s'installe. Les camions qui flambent ajoutent un éclairage ténébreux aux assauts des chasseurs bombardiers ennemis. Les bombes antipersonnel pleuvent, leurs mitrailleuses crépitent. Kararo tire avec son fusil antichar sur un avion presque à bout portant, réitère son tir sur un second. Un troisième avion se présente par le travers et lance une petite bombe qui explose non loin de lui. Un éclat lui ouvre le ventre. Malgré sa terrible blessure, Kararo est*

Jean-Roy Bambridge.
FONDS BAMBRIDGE

toujours debout. De son bras gauche, il essaie de contenir ses entrailles tout en continuant de tirer. À bout de munitions, il s'effondre, pour laisser son âme retourner à Havaiki[23].

Roger Ludeau[24] : *Trente-quatre avions nous tombent dessus, comme nous n'avons pas de D.C.A., c'est avec une joie féroce qu'ils nous massacrent (...) passant si près de nous (...), on voit les pilotes cherchant à repérer leurs nouvelles victimes. Pas moyen de se camoufler (...) les bombes pleuvent (...) frappant nos camions de plein fouet qui se mettent à sauter. À la tombée de la nuit, à bout de munitions, les oiseaux de mort s'en vont, on se relève complètement hébétés et à bout de nerfs (...) il faut déguerpir en vitesse avant d'être encerclés. Sur dix-sept véhicules, il nous en reste sept (...) On a un tué, Kararo, et huit blessés dont deux ne tarderont pas à mourir.*

Jean-Roy Bambridge[25] : *Tama Natua blessé venu à l'hôpital de Beach hospital où j'étais hospitalisé pour une bronchite sévère me raconte la mort de Kararo. Après plus de six heures de harcèlement aérien, plusieurs de leurs véhicules ont été incendiés. Temahahe a été blessé aux pieds, le Calédonien Chaudart touché dans le dos et Kararo sont morts.*

Le dossier militaire de Kararo témoigne de la tristesse de ses compagnons d'armes tahitiens. Sur le télégramme de décès envoyé à l'administrateur des Tuamotu, il est précisé que *ses chefs et ses camarades regrettent vivement sa perte.* Les honneurs militaires lui sont rendus : c'est un acte rare en plein combat.

Son père reçoit en compensation un pécule de 8933 FF de l'époque pour le sacrifice de son fils, ainsi que des eff ts personnels : un porte-monnaie en cuir, quelques photos, une plaque d'identité.

Jean-Baptiste Podevigne, l'aumônier du bataillon venu des îles Salomon, lui rend une homélie poignante. Jean-Baptiste Podevigne s'est intéressé avec passion aux cultures et langues salomonaises et a accumulé des collections inestimables qui seront détruites par les bombes japonaises ou pillées par les troupes américaines. La guerre interrompt sa passion. Il rejoint Nouméa pour servir comme aumônier au sein du Bataillon du Pacifiq e.

En 1943, il gagne le groupe de bombardiers *Lorraine*.

Le 4 avril 2005, les communautés de Tepukamaruia et de Tehekega ont rendu hommage à leur enfant mort au combat. Une stèle a été érigée dans la cour de la mission. La communauté de Napuka a composé un *himene kitara*[26] (chant guitare) dont le texte et la traduction sont :

Tamaki karohia na Farani mai
une guerre diligentée depuis la France
Ki ruga i te tahua aroroga e
sur le champ de bataille
E kua mate to tino
ton corps est tombé
Karukehia atu te fetika hanahana
une médaille d'honneur a été posée
Ki ruga i te papa to henua
sur la fondation de la terre
Mea arofa to tino
on a pitié de ton corps
Karukehia atu te fetika hanahana
une médaille d'honneur a été posée
Ki ruga kia koe Tainui
sur toi Tainui
E ua mate to tino
et ta dépouille

23 Dans la mythologie océanienne Hawaiki est le lieu originel d'où est issu le peuple maori
24 *Les Carnets de route d'un combattant du Bataillon du Pacifique* Roger Ludeau
25 Journal de route du caporal Bambridge Jean-Roy
26 *Témoignage 2011* Père Christophe

Le Fieseler Storch, né en 1935, fut conçu pour un emploi qui donnera toute sa mesure dans l'Afrika Korps. Pouvant voler très lentement avec une vitesse de décrochage à moins de 50 km/h, il offre des possibilités d'observation optimales dues également à sa large verrière panoramique. En outre, sa conception rustique et ses qualités d'avion à décollages courts sur des terrains rudimentaires, sont idéales pour les missions qui sont les siennes : coup d'œil rapide pour les chefs, qui peuvent évaluer en haute altitude les éventuelles présences ennemies avant de faire mouvement, liaisons avec Rommel, mais surtout, observations et positions des colonnes ennemies repérées de très loin à cause des nuages de poussière qu'elles soulèvent. Ces informations sont cruciales, notamment pour permettre aux Allemands de voler des citernes d'eau qui leur manquent cruellement. Les redoutables attaques aériennes que subissent les *jock Columms* sont notamment dues aux coordonnées émises par le Storch de service.

JLS

Kararo n'est pas le seul à périr en *jock columns*. Pau Tehaamoana disparaît en patrouille le 28 avril 1942. Son corps ne sera jamais retrouvé. Le même jour Teriimana Tarahu dit Paul est tué.

Édouard Magnier[27] : *Dans la nuit du 28 au 29, trois de chez nous sont portés disparus. Ce sont le sergent-chef Griscelli (pauvre Tonio) et deux Tahitiens. Antoine était parti pour tenter un coup de main mais la lune éclairait de trop. Ils furent aperçus et reçus par un tir de barrage à la mitrailleuse. L'aspirant Pillard qui commandait le groupe donna ordre à ses hommes de se retirer, mais le pauvre fut sûrement blessé et fait prisonnier ou tué. On espère tous qu'il n'est que prisonnier, ainsi que les deux Tahitiens.*

Tama Tetohu, frère de Matahi l'acteur de *Tabu*, meurt accidentellement le 4 mai 1942 au cours d'une patrouille à Rotonda Segnali.

Édouard Magnier[28] : *Le 4 mai, un tahitien est tué accidentellement de trois balles de mitrailleuse dans la tête par un de ses camarades.*

André Salvat[29] : *Ce stupide accident m'a tout par-*

27 Journal de guerre d'Édouard Magnier Archives de Nouvelle-Calédonie
28 E.M. B.P. 1 A.C.

ticulièrement affecté. C'était un de mes hommes. Ô combien j'étais attaché à mes Tahitiens !

Dans sa lettre du 15 mai 1942[30] à l'adresse de madame Hagen, présidente du Comité de Gaulle à Koné en Nouvelle-Calédonie, le lieutenant-colonel Broche écrivait : *Chère Madame, Vous avez dû apprendre avec tristesse que quelques-uns manquent déjà (…). Tous les blessés calédoniens sont en voie de guérison. Les Tahitiens ont payé leur tribut : trois morts, deux disparus, dix blessés. La nuit venue, des petits groupes de commando s'évadent par les chicanes déminées. Couchés sur le sable, les commandos sont devenus habiles à reconnaître à la jumelle toute forme se détachant du ciel et à en apprécier la distance. Allongé sur le sol, on écoute, boussole et jumelle au cou, pistolet à la ceinture, grenades en poche, chaussures à semelle de mousse, la patrouille glissant dans le noir.*

Benjamin Favreau[31] : *En déplacement, j'ouvrais un doigt tous les dix pas et je déposais un caillou dans ma poche tous les dix doigts, ce qui faisait huit cents mètres pour dix petits cailloux. Si je changeais de direction, je changeais de poche, de sorte qu'au retour, il suffirait pour refaire le chemin inverse de débiter mes cailloux en sens inverse.*

John Martin[32] : *On comptait nos pas dans le désert. Nous n'avions pas d'autre façon de faire pour mesurer le chemin parcouru. Il y avait un homme spécialement désigné pour le décompte des pas. Le silence lors de ces excursions armées de nuit est alors de rigueur. Un claquement de la langue était un signal d'arrêt indiquant une présence ennemie.*

Benjamin Favreau relate dans ses mémoires un coup de main manqué : *Suivant l'étoile choisie pour azimut, nous montions la pente lorsque tout à coup quelqu'un devant moi cria : Qui va là ? (…) Couchée à l'instant même, la patrouille se tenait aussi immobile que les cailloux. Qui va là ? (…) faisait l'ombre noire, à trente mètres en avant. Allait-il tirer ? Avec le pouce, je baissais le levier de sécurité de mon pistolet, Asmus près de moi armait sans bruit sa mitraillette. Mais l'Italien avait peur ; il se mit à appeler : Paulo, Paulo,… caporale (…). Il finit par se résigner à notre présence, mais resta obstinément tourné vers nous, le fusil au poing. Au moindre mouvement que nous ferons, il tirerait pour sûr et déclenchera l'alerte (…). Alors, je décidais d'attendre la relève de la sentinelle et de profiter de l'inattention de son successeur pour nous replier et attaquer ailleurs. Nous étions arrivés bien avant minuit, la relève ne se fit qu'à une heure (…), je fis décrocher mes gars (…), profitant d'un moment où l'Italien tournait le dos, j'entrais dans la tranchée du canon avec Salvat et deux sergents (…) pendant que Salvat essayait à tâtons de défaire la lunette du canon pour le rendre inutilisable (…) Asmus*

29 Entretiens 2012
30 *Le bataillon des guitaristes* François Broche
31 *Compagnon de la libération* Témoignages 2011 Benjamin Favreau
32 Entretiens 2011-2012

s'emparait d'un mousqueton italien oublié là. Mon plan était d'assaillir avec Salvat la sentinelle et de la ramener de force (…). Malheur ! Derrière moi Salvat se prit les pieds dans je ne sais quoi et tomba de tout son long, révolver au poing. L'Italien pivota sur lui-même (…), il se mit à brailler (…) mais il ne m'envoya pas moins un coup de fusil en pleine figure (…) mais me manqua. En retour, il reçut une balle dans l'estomac et se mit à brailler de plus belle, Salvat (…) le toucha dans le dos, mais il ne s'arrêtera pas de brailler. Je tirai à nouveau, il tomba en braillant, Salvat tira encore, je tirai, il tira jusqu'à ce que ce braillard cessa de brailler. À quelques mètres, une arme se mit à tirer dans notre direction. Une toile de tente se trouvait là à moitié enfoncée dans le sol. D'instinct je m'abritais derrière en tirant. Entre les pans entrebâillés de la porte, une tête en sortit à dix centimètres devant le canon de mon arme : sans déplacer le poing, je tirais derrière l'oreille et la tête tomba (…). Le coup était manqué j'ordonnais le repli. On revint en courant (…), le barrage général venait de se déclencher selon un plan de feu prévu à l'avance : des fusées partaient en tous sens, des pinceaux multicolores de balles traceuses fouillaient l'air (…), les mortiers eux-mêmes se mettaient à tousser.

John Martin relate pour sa part la destruction d'un canon italien en position ennemie[33] : Faute de livrer des combats classiques, nous sortions beaucoup la nuit en patrouille dans les lignes ennemies. Nos officiers avaient leur tour. Un jour, notre lieutenant a reçu la mission de détruire un canon qui opérait un tir de harcèlement en changeant plusieurs fois de place. Il était donc très difficile de le repérer, mais à force de patience, on put le localiser grâce à la lueur émise par son coup de départ au soleil couchant. Il fut alors décidé d'envoyer un commando pour nous débarrasser de l'importun. Formation habituelle : le lieutenant, un sous-officier et six hommes. C'était mon tour de sous-officier. Nous partîmes la nuit tout à fait tombée. L'objectif était estimé à douze ou quinze kilomètres, le no men's land d'environ treize kilomètres serait franchi en camion, très prudemment, et le reste à pied, très près des lignes ennemies… ou peut-être même à l'intérieur ! Nous étions habitués en patrouille, dès le départ de la partie pédestre, à nous placer en deux colonnes. Le dernier homme devait compter les pas pour pouvoir suivre le chemin inverse au retour, c'était là son seul rôle. Les autres devaient être attentifs à tout ce qui se passait autour, et signaler le moindre indice par un arrêt et un bref sifflement discret, puis se rendre plus près de la "chose" pour la reconnaître. Cette opération pouvait durer longtemps. Aussi curieux que cela puisse paraître, on voit bien clair la nuit dans le désert. Les ombres chinoises se découpent nettement sur la voûte céleste illuminée par les étoiles. Avant de partir, notre lieutenant nous avait dit que celui qui repérerait le canon en premier aurait l'honneur d'y poser l'explosif. Nous

avions à peine marché une dizaine de minutes qu'une masse sombre m'est subitement apparue sur ma gauche. Sifflement.
Reconnaissance. C'était bien lui : un canon d'environ 200 mm de calibre monté sur un gros camion. Il n'y avait personne autour du camion, mais quelques ronflements venant de la benne du camion nous ont fait comprendre que les gardes près du canon étaient endormis. Nous les avons laissés continuer leur somme, ils n'étaient pas notre objectif.
On me remit l'explosif en forme de gros crayon, déjà réglé pour exploser à 6h00 du matin. Je me suis approché prudemment de l'arrière du camion. Le canon se dressait fièrement au-dessus de ma tête. La culasse était là, plus bas, à côté des gardes endormis. Impossible d'y accéder sans les réveiller et sans donner l'alerte.
Alors, très rapidement j'ai évalué la distance qui me séparait de la bouche du canon là-haut, puis m'aidant de la benne j'ai sauté, introduit le "gros crayon" dans le fût du canon et j'ai poussé très fort pour que l'explosif descende

Canon italien de 200 mm monté sur un camion Morris récupéré chez les Anglais.
JLS

jusqu'à la culasse. « Mission accomplie » ai-je murmuré à mon lieutenant. Ce fut le signal du retour. En rentrant, on s'est arrêté à 6 heures, nous étions encore assez près pour savoir si l'opération avait réussi. Une forte explosion nous l'a confirmé. Et quelques mois après, pendant la remontée vers El Alamein, nous sommes repassés par là : notre canon avait la bouche en chou-fleur. Quelques noms me sont restés en mémoire de cette opération : l'aspirant André Salvat, le sergent Ernest Hintzé, le caporal Tavae Vahine, le soldat Punu Taua.
Tavae Vahine sera promu caporal à titre exceptionnel le 5 mai 1943. Dans la nuit du 4 au 5 mai 1943, il réussit un nouveau coup de main contre un point d'appui allemand, faisant trois prisonniers. Cité, Tavae Vahine, excellent tireur, est toujours volontaire pour les missions dangereuses. Il participe à de nombreux coups de mains et patrouilles pendant la campagne de Libye.
Dans son journal de route[34], Jean-Roy Bambridge décrit leur routine lorsqu'ils ne sont pas en jock column :
Distractions : comme distractions, la chasse aux gazelles, le poker avec Tumahai ma[35], parfois, pendant près de deux jours une nuit sans arrêt.

33 Entretiens 2011-2012
34 JRB BP 1
35 Ma : mot tahitien ; signifie e semble, avec les autres

deux, trois jours et quelque fois plus. Impossible de chauffer quoi que ce soit, pendant tout ce temps-là on mange des conserves froides. Lorsque ce vent est passé, tout est à moitié enfoui sous le sable. On a du sable dans le nez, les oreilles, les yeux, les cheveux.

Choses pas plaisantes : *il y a les cafards qui sont des petites bêtes puantes et qui vous laissent une traînée gluante sur vous après avoir été aux feuillets. Il y a des serpents qui se trouvent très bien sous vos toiles de tentes (serpents noirs).*

Après des semaines d'observation, Rommel prend l'initiative avant les Anglais et engage l'offe sive. Son objectif est de prendre Tobrouk et d'écraser la 8e armée britannique. Deux actions distinctes sont menées : une action frontale et de diversion sur Ain El Gazala au nord et une manœuvre de débordement par le sud-est de Bir Hakeim pour prendre ensuite plein nord la direction de Tobrouk.

L'aviation allemande commence à survoler le camp de Bir Hakeim, le mitraille et le bombarde. Les chasseurs anglais engagent le combat avec les avions Allemands au-dessus des têtes des troupes de Bir Hakeim qui encouragent les aviateurs anglais.

Raoul Michel-Villaz [37] : *Un aviateur allemand abattu tombe dans nos lignes. Nous le mitraillons avant qu'il ne touche terre. Arrivé à terre, il est méconnaissable, en lambeaux, ainsi qu'un amas de chair rouge.*

Benjamin Favreau [38] : *Je saisis mon sifflet à bille pour imposer le silence, mais allez faire*

Occupations : comme occupations, lavage de nos effets à la « gazoline », cuisine, nettoyage des armes, patrouilles, etc.

"Cuistance" : depuis que nous sommes entrés dans le désert nous ne faisons que manger du corned-beef, pommes de terre, carotte, chou deshydratée, lentilles bourrées de petits cailloux, haricots. Enfin rien que des mets nécessitant de l'eau et alors, pour avoir un peu d'eau, nous sommes obligés d'aller en chercher en camions, accompagnés de camions blindés munis de mitrailleuses quadruples pour nous défendre contre les avions Boches. Le puits le plus proche est à soixante-quinze kilomètres. Nous comprenons que les Boches ne peuvent empoisonner cette eau car eux aussi viennent s'approvisionner là. Il m'arrive souvent de faire la cuisine pour mon groupe et on arrive même, quelquefois, à mélanger notre punu puatoro [36] *avec une certaine herbe ressemblant un peu au faux-tabac, mais d'agréable goût, surtout lorsque l'on n'a pas autre chose.*

Simoun : lorsque le simoun arrive, c'est pour un,

---

36 *Punu Puatoro* : expression tahitienne ; signifie oîte bœuf (corned-beef)
37 *Le Journal de guerre et livret militaire de Michel Villaz Raoul* Archives de Nouvelle-Calédonie
38 Compagnon de la libération Benjamin Favreau Témoignage 2011

Chars de la division blindée italienne Ariete.
JLS

comprendre à Pétis, cramponné à sa mitrailleuse de récupération, qu'il était contraire aux lois de la guerre de tirer sur un parachutiste.

A Bir Hakeim dans la nuit du 26 au 27 mai 1942, les Tahitiens et les Calédoniens entendent le ronronnement des moteurs des chars et se préparent au combat.

Le **27** mai au matin la division blindée italienne *Ariete* du général Stefanis attaque Bir Hakeim par le sud-est.

Jean-Roy Bambridge[39]: *les chars de la position se ruent sur nos positions. J'attends en pointant ma mitrailleuse tantôt sur l'un, tantôt sur l'autre. Il y en a au moins une centaine, et je ne sais pas sur lequel je vais concentrer mon tir. Je crois bien qu'avec ma vieille Hotchkiss, ce sera peine perdue. Mais je me dis également que je ne vais pas me laisser trouer la peau sans réagir et tenter quelque chose.*

Soixante-dix chars de type M13/40 du 132ème régiment de chars, le 8e régiment de *bersaglieri* (tirailleurs) et le 132ème régiment d'artillerie foncent sur le point d'appui sud-est de Bir Hakeim. Les *bersaglieri* surpris par les tirs fusants des artilleurs de Bir Hakeim ne peuvent prendre part à l'assaut et sont rapidement contraints au repli.

Jean-Roy Bambridge[40]: *Et voici que nous ouvrons le feu. Qu'est-ce que je vide comme chargeurs ! Je ne sens vraiment pas la peur car ça pétarade de tous bords. On est pour ainsi dire excités.*

Les blindés italiens chargent sans aucun appui et tentent de traverser le marais de mines.

Jean Tran Ape[41]: *L'assaut se porte sur les Tahitiens de la compagnie lourde qui était à plusieurs centaines de mètres sur notre gauche. Nous étions aux premières loges. Nous avions pour instructions de ne pas tirer afin de ne pas dévoiler notre position par la poussière qui aurait été générée par nos tirs. Nous ne devions tirer qu'à la dernière minute. Nous avons assisté à toute l'attaque : il y avait une soixantaine de tanks. Une trentaine furent détruits par l'artillerie et par les champs de mines où ils sautaient.*

John Martin[42]: *Avec la 1ère compagnie et la section calédonienne de Bellec, nous étions positionnés du côté de la chicane tenue par le bataillon. C'est la section lourde de la 2ème compagnie avec les 75 de Walter Grand qui a accueilli le choc des blindés italiens.*

Robert Hervé[43]: *Nos 75 ont fait merveille.*

En une demi-heure, trente-trois chars sont immobilisés par les mines, le tir des canons d'artillerie et celui des canons antichars du 3ème bataillon de Légion, du BIM et du BP1 qui convergent en ce point.

Six d'entre eux parviennent à s'infiltrer à l'intérieur de la position française. Ils sont détruits à bout portant par les canons de 75

Hurricane des FAFL du groupe Alsace.
DR

L'aviation alliée à Bir Hakeim

Malgré des raids de harcèlement, de nuit comme de jour, contre les terrains ennemis, les escadrilles alliées de la Force aérienne du désert, eurent de grandes difficultés à imposer des opérations réellement efficaces.

Pourtant assez proches des combats du sud distants d'à peine une centaine de kilomètres, les aviateurs français, quant à eux, opéraient à partir de bases situées sur la zone littorale de la Lybie. Avec la double vocation d'assurer la défense des villes comme Tobrouk et El Alamein, le groupe Alsace, aux commandes de Hurricanes, devait aussi protéger les convois maritimes.

L'appui aérien apporté aux défenseurs de Bir Hakeim peut donc être décomposé en deux phases s'étendant, l'une du 27 mai au 1er juin, l'autre du 2 au 10 juin.

Outre des groupes de bombardement composés de divers types de bimoteurs, ce sont les chasseurs Hurricane et les Curtis P40 des South Africa Air Force et des Royal Australian AF, qui réjouirent la vue et soutinrent le moral des combattants aux abois de Bir Hakeim, par leurs attaques menées contre l'ennemi au-dessus de la garnison assiégée.

De manière générale, toutes les formations devaient être prêtes à passer rapidement d'une base à l'autre, tandis que la bataille des blindés parcourait le désert. À l'évidence, ces conditions étaient fort peu favorables à des opérations aériennes bien planifiées.

de la 2ème compagnie lourde de Walter Grand ou achevés par les légionnaires à la grenade incendiaire. Des hommes se roulent sur le sable en hurlant. Les assiégés n'ont ni le temps ni l'envie de compatir à leurs souffrances. .

Édouard Magnier[44]: *Après deux heures de combat, trente-trois chars sont en bouillie ainsi qu'une dizaine de camions. L'ennemi laisse environ quarante morts que nous enterrons.*

Après trois mois de patrouilles dans le désert de Bir Hakeim et d'accrochages avec l'ennemi omniprésent, le «Pacifique» est prêt pour une grande bataille. Le lieutenant-colonel italien Pasquale Prestissimone qui a commandé l'assaut du 132ème régiment de chars, blessé, est fait prisonnier.

Édouard Magnier[45]: *Parmi les prisonniers, il y avait un colonel et quatre lieutenants. Le nombre de prisonniers, ceux faits pendant l'assaut, puis lors de nos patrouilles d'attaque de voitures isolées, se montera à une centaine environ. Ces prisonniers étaient assez mal habillés et leurs véhicules de vieux modèles.*

Le 28 mai 1942, la journée est assez calme. La Royal Air Force, qui croit que la position de Bir Hakeim est investie par Rommel, bombarde la position, visant les carcasses de chars italiens.

Sont tués sous leurs obus le sergent François Nicolas, originaire de métropole, militaire de carrière en poste à Tahiti et engagé dans le contingent tahitien, et le soldat tahitien de 2ème classe Siméon Maratai.

39 Journal de route du caporal Bambridge Jean-Roy
40 JRB BP 1
41 Entretiens 2012
42 Entretiens 2011-2012
43 Notes 1969 François Broche

44 Journal de guerre d'Édouard Magnier Archives de Nouvelle-Calédonie
45 E.M. B.P. 1 A.C.

Robert Asmus est blessé à la tête par un éclat ; il est évacué sur Alexandrie le 1er juin 1942. Il revient en campagne le 7 juillet 1942 avant d'être finalement évacué sur Beyrouth puis renvoyé dans ses foyers. Il embarque à Suez le 1er octobre 1943 et débarque à Papeete le 5 juin 1943.

Le capitaine de Lamaze fait alors incendier les épaves pour diminuer le risque de méprises.

Gaston Rabot[46] : *Malheureusement (…) il y a deux morts : le sergent-chef Nicolas et un Tahitien. L'un des deux a eu la tête coupée par une bombe ; plusieurs blessés, dont le sergent Asmus, bien touché.*

Yves Gras[47] : *Il faut une erreur de la Royal Air Force, le 28 au soir (…) Neuf bombardiers Boston survolant le camp retranché à mille cinq cents mètres d'altitude lâchent une quinzaine de bombes sur les positions du BP1, lui causant deux tués et deux blessés.*

Benjamin Favreau[48] : *Vu du ciel, dans l'uniformité du désert et le voile permanent de poussière, rien ne devait ressembler autant à une position allemande qu'une position française ou anglaise : il était indéniable qu'il y eût des méprises. Dans l'une d'elles je perdis mon pauvre Nicolas (…) ; chez Asmus, il y avait un blessé qu'on entourait déjà ; à côté mon sergent-chef gisait sur le bord de son trou, scalpé (…) Pendant, un certain temps, les Tahitiens délaissent la guitare, ce qui était, chez eux, avouer un chagrin sincère.*

Le 29 mai, les blindés anglais et Allemands s'affrontent au nord dans le secteur de Knights-bridge.

Roger Ludeau[49] : *Il y a au nord-est de Bir Hakeim vers El Aden Gazala une formidable bataille de chars, la terre en tremble jusqu'ici. Pourtant nous sommes peut-être à vingt kilomètres (…) près de mille blindés sont aux prises (…) le corps de bataille anglais avec quatre cents de leurs meilleurs chars a été anéanti à Accroma.*

Les 1er et 21ème Panzer divisions, la 90ème division légère de l'Afrika Korps et deux divisions du 20ème corps d'armée italien, la blindée Ariete et la motorisée Trieste, infligent des pertes aux unités blindées britanniques de la 150ème brigade qui, surprise, ne peut que résister de façon désordonnée aux Germano-Italiens. La 3ème brigade indienne est anéantie et deux brigades britanniques, la 4ème blindée et la 7ème motorisée bousculées doivent se replier sur Bir-el-Gobi et El-Adem, laissant Bir Hakeim isolé. La Brigade française prend sa part de combat en attaquant et détruisant les véhicules isolés, les convois de ravitaillement ou de réparation qui passent à sa portée.

Le 31 mai sont renvoyés sur l'arrière les premiers blessés tahitiens, deux-cent soixante prisonniers italiens et Allemands, ainsi que six cent quatre-vingts Hindous recueillis dans le sud. L'ordre est alors donné à la Brigade de couper la route de l'ennemi, à Rotonda Signali, et dans la mesure du possible de prendre pied à El-Telim.

Benjamin Favreau[50] : Rotonda Signali, *ce carrefour de pistes se présentait comme une dépression allongée aux bords escarpés et aux multiples recoins (…) La défense en était facile à organiser et les véhicules y trouvaient aisément des alvéoles protectrices.*

Le B.P.1. se porte sur ce point pendant que la R.A.F. plaque ses coups sur la brèche.

Rotonda Signali

John Martin[51] : *Nous avons quitté Bir Hakeim pour prendre position à Rotonda Signali abandonné par les Italiens, escortés par des automitrailleuses sud-africaines. Sur la route nous avons immédiatement été attaqués par des avions Allemands qui nous lançaient des bombes qui n'explosaient pas car ils volaient trop bas, empêchant les percuteurs de les faire exploser. Mon camion a été mitraillé mais par miracle a pu poursuivre sa route. Les canons des fusiliers marins étant tractés, ils avaient toutes les peines à riposter.*

Benjamin Favreau : *Le B.P.1. constitué en jock column*

50 *Compagnon de la libération* Témoignages *2011* Benjamin Favreau
51 Entretiens 2011-2013

46 *Le journal de guerre d'un caporal du Bataillon du pacifique* Gaston Rabot
47 *La 1ère DFL, les français libres au combat* Yves Gras
48 *Compagnon de la libération* Témoignages 2011 Benjamin Favreau
49 *Les Carnets de route d'un combattant du Bataillon du Pacifique* Roger Ludeau

lourde avec quatre canons Bofors et ses antichars, partit donc le 1er juin, vers le milieu du jour.

Le groupe de fusiliers marins de Gaspard Coppenrath les accompagne. Félix Broche fonce vers Rotonda Signali dans sa Morris avec un paréo[52] en guise de fanion.

John Martin : *Le symbole est beau. Le paréo a pu être hissé en même temps qu'un fanion officiel. Dans la 8e armée britannique, l'emploi des fanions au combat était réglementé et ils servaient de signes de reconnaissance, très sérieusement observés dans le no men's land du désert. Nous utilisions deux petits fanions dont les positions respectives variaient selon un code, le long de la hampe montée sur chaque véhicule.*

Dès leur arrivée à Rotonda Signali, le B.P.1. est attaqué par des Messerschmitt 110 Allemands, puis par des bimoteurs à la tombée de la nuit. Des camions flambent. Trois Pacifies sont tués, quatre sont blessés, dont Raphaël Teiho du groupe de Favreau qui a le genou broyé dans l'attaque. Les Pacifies se défendent. Maurihau Tamata de Rapa arrose de son F.M. les avions Allemands qui les survolent avant d'être blessé de plusieurs éclats au torse, aux jambes et aux bras. Le lendemain, un vent de sable se lève et les immobilise.

L'étau se resserre sur le B.P.1, que les automitrailleuses sud-africaines abandonnent.

Rommel reprend l'offensive dès le 1er juin à Bir Hakeim, ne pouvant laisser sur son arrière la menace de la 1ère Brigade française libre. La colonne de Félix Broche est reformée en plusieurs colonnes. Le lieutenant Favreau est chargé de la précéder avec ses hommes pour forcer l'ennemi, en embuscade autour de Bir Hakeim, à se dévoiler.

52 *Le bataillon des guitaristes*
François Broche

Sur Rotonda Signali, pluie de bombes larguées par un manège de Messerschmitt 110.

André Snow, Robert Asmus
et John Martin,
photographiés ici,
quelque temps auparavant,
au Moyen-Orient.
FONDS JOHN MARTIN

L'itinéraire est plein sud jusqu'au croisement de la piste courant de M'Sous à Bir Hakeim, puis à l'est pour se jeter dans la position en comptant sur l'eff t de surprise. La poussière de la tempête de sable de la veille qui couvre encore la piste empêche toute observation aérienne.

Déjà à l'est tonne le canon. De premiers véhicules ennemis se détachent. La colonne du BP1 suit une colonne ennemie et débouche enfin sur la position de Bir Hakeim qui est couverte de chars, de camions et d'explosions. La chicane du sud-ouest s'ouvre sur les tranchées de la compagnie Perraud que franchit la colonne motorisée. Elle fonce, prête à écraser tous obstacles.

Les camions de Pétis et d'Asmus chargés de plus de quarante Tahitiens ouvrent la voie à vive allure. Une colonne de plus de cent véhicules, canons et chenillettes rentre ainsi dans Bir Hakeim avant que l'ennemi ne réagisse. Ainsi, ce 1er juin 1942, le BP1 réussit à revenir dans la position malgré l'attaque de douze Messerschmitt dont quatre sont abattus par les fusiliers marins. La chicane passée, l'artillerie allemande se déchaîne par ailleurs. Le piège de Rotonda Signali a été déjoué par l'utilisation de la langue tahitienne.

John Martin[53] : *Nous n'avons eu connaissance des faits qu'à notre retour à Bir Hakeim. Les Italiens feignent d'abandonner la position de Rotonda Signali qu'ils occupaient depuis le début de la bataille.*

Le Bataillon du Pacifique est alors chargé de l'occuper. Les Sud-Africains qui patrouillaient dans notre secteur avec leurs automitrailleuses préviennent le colonel Broche que les Italiens ne sont pas partis loin et qu'ils se regroupent. Il s'ensuit un échange de messages avec le Q.G. du général Koenig demeuré à Bir Hakeim. La consigne de Koenig est toujours la même : tenir coûte que coûte. À la tombée de la nuit, le chef des automitrailleuses sud-africaines prévient le colonel Broche de mouvements de l'ennemi vers Rotonda Signali. Le colonel Broche flaire le piège. Il mesure la chance d'avoir dans le B.P. 1 des opérateurs radio d'origine tahitienne : Jean Thunot, dit Totin, auprès de lui et André Snow à Bir Hakeim, près du Q.G. Il demande à Totin de décrire par phonie la situation en langue tahitienne à son correspondant de Bir Hakeim qui devra en apporter de toute urgence la traduction au général Koenig. La réponse en tahitien ne s'est pas fait attendre : A hoi oioi mai ! (Revenez vite !). Il n'y a pas eu de texte écrit de cette conversation hors normes. En fait, nos postes de radio étaient alimentés par la batterie de nos voitures. Nos opérateurs avaient l'habitude de couper l'alimentation du poste dès la réception de la réponse, pour économiser la batterie. Les Italiens qui maitrisaient parfaitement la langue française s'étaient mis sur notre fréquence. Dès que Broche interrogeait Koenig, l'ennemi lui répondait pour lui intimer de tenir la position de Rotonda Signali. La réponse reçue, le poste était coupé ne permettant pas de recevoir la réponse de Koenig.

Gaston Rabot [54] : *Vers les neuf heures, ce matin notre bataillon est rentré. Ils ont été mitraillés et bombardés (…), le pauvre Marcel Kollen a été tué ainsi qu'un Tahitien, il y a eu une dizaine de blessés. Ce carnage s'est passé dans le vent de sable hier.*

Jean-Roy Bambride [55] : *Lorsque nous sommes revenus de Rotonda Signali, nos tranchées étant occupées par d'autres unités, j'ai couru vers la tranchée de repli : Maire, le tireur de la mitrailleuse Hotchkiss de mon groupe, a été touché par un obus tombé sur le bord de la tranchée. Il est mort de ses blessures tout près de moi dans les minutes qui suivirent. La mitrailleuse est partie à l'extérieur, j'ai été touché par un petit éclat à la nuque.*

Il s'agit du 2ème classe Tufariu Teamo Maere. Un premier obus tombe sur l'arrière de la position

53 Entretiens 2011-2012
54 *Le Journal de guerre d'un caporal du Bataillon du Pacifique* Gaston Rabot
55 Notes 1969 François Broche

Scène de guerre ordinaire
pour les engagés du désert.
Les Allemands,
de leur côté,
devaient également
ramasser leurs blessés,
mais se servaient aussi
des ambulances
pour déposer
des troupes d'assaut.
DR

de repli, un second sur son rebord. Maere reçoit[56] un éclat qui lui traverse le bras gauche et lui perfore le ventre.

À Bir Hakeim, Albert Nimau est le Pacifien des transmissions. Chef d'équipe téléphoniste, il répare inlassablement les postes et les lignes endommagés pour maintenir les liaisons téléphoniques indispensables au commandement, malgré les tirs d'artillerie et les bombes des avions ennemis.

John Martin[57] : *Albert Nimau était un farceur né. Toutes nos lettres étaient soumises à la censure des sous-officiers du bataillon maori. Albert Nimau anticipait sur la censure en découpant lui-même ses lettres adressées à ses proches pour les réduire à « Mes très chers… et je vous embrasse ».*

Les messages[58] des volontaires étaient relayés à leurs familles par câble de Londres :
Extraits :
Le caporal-chef Nimau Albert matricule 107 à Mademoiselle Sophie Hart Uturoa Raiatea. Le Caire le 8 août 1943 : *Reçu lettre Mars. Voir Tere pour colis. Taero moi sommes bien. Donner nouvelles Tipeta et famille. Donner bonjour amis et familles. Embrasser enfants pour moi. Pense à toi. Tendresse. Albert.*
Le Soldat de 2ème classe Tino Taiau matricule 464 à Madame Nimau Arue. Le Caire le 8 août 1943 : *Albert moi sommes bonne santé. Pense toujours à vous. Embrasse Tetuarii Nunaa pour moi. Espère retour bientôt. Donner bonjour Paroisse et vieux. Baisers à tous. Karu.*

A partir du 1er juin, après avoir renforcé les divisions italiennes avec des troupes de l'Afrika Korps pour appuyer leurs attaques, Rommel fait bombarder par quatre fois le camp retranché de Bir Hakeim à raison de formations aériennes de douze à quinze Stuka.

Benjamin Favreau[59] : *Dès le lendemain, de Rotonda Signali (…) on vit arriver (…) un vol noir en rangs bien alignés. Nous crevions de peur (…) ils piquèrent sur le fort (…) je m'allongeai dans le segment de la tranchée qui m'était réservé.*

Le sol tremblait, comme si des trains venant du fort, déraillaient, (…) puis la terre se souleva, et fracassant tout, le train roula sur nous. Les tranchées croulèrent et la fumée et le sable prirent à la gorge.

Le 2 juin, deux officiers italiens se présentent pour demander la reddition du camp retranché.
Le général Kœnig rejette leur ultimatum. Rommel jette dans la bataille la division motorisée Trieste, la 90ème division légère allemande et trois régiments blindés de reconnaissance de la division Pavia.

56 Journal de route du caporal Bambridge Jean-Roy
57 Entretiens 2011-2013
58 Fonds W 48 SPAA
59 Compagnon de la libération Témoignages 2011 Benjamin Favreau

Le caporal-chef Albert Nimau. Le Pacifien des transmissions, porte le fanion du bataillon.
FONDS JOHN MARTIN

L'armée britannique au nord-est est incapable d'appuyer la défense de Bir Hakeim, à l'exception d'une attaque, vite enrayée, le 2 juin, contre la division Ariete. L'isolement de Kœnig est presque total. S'engage un violent duel d'artillerie.

Entre le 2 et le 10 juin plus de quarante mille obus de gros calibre de 105 au 220 mm sont tirés sur la position de Bir Hakeim. Les Français répliquent par le tir de quarante-deux mille obus de 75 mm. Les aviations allemande et italienne pilonnent continuellement par ailleurs la position. Les Stuka Allemands effctuent plus de vingt sorties de bombardement par jour sur Bir Hakeim.

Le 3 juin, Rommel envoie un message manuscrit[60] aux troupes de Bir Hakeim : *Toute résistance prolongée signifie une effusion de sang inutile. Vous subirez le même sort que les deux brigades anglaises de Got-el-Oualeb détruites avant-hier. Nous cessons le combat si vous hissez des drapeaux blancs et si vous vous dirigez vers nous, sans armes.* La seule réponse de la brigade F.F.L. est une salve de canon, après avoir subie des tirs de 105 allemands et des bombardements aériens. Les 3, 4 et 5 juin, la division motorisée Trieste et la 90ème division motorisée allemande montent à l'assaut des fortifications, des positions et des champs de mines établis par les troupes françaises.

Les Allemands utilisaient encore dans l'Afrika Korps, le déjà très ancien canon de 105.
JLS

Roger Ludeau[61] : *Le 3 juin 1942 à 14 heures, nous sommes attaqués avec une violence inouïe. La position disparaît dans un océan de flammes et de fumée… nos 75 sont écrasés les uns après les autres par les fantastiques bombardements aériens et les terrifiants pilonnages de l'artillerie lourde dont les 210 explosent avec un bruit de tonnerre, nous projetant d'un bord à l'autre de nos trous par leurs formidables déflagrations.*

Robert Hervé [62] : *La position du Bataillon du Pacifique est spécialement visée à cause de sa chicane. C'est sur nous que se sont acharnées les attaques des 5, 6, 7, 8 et 9 juin, sans succès. Ils ont avancé jusqu'à une portée de grenade à main. Les bombardements intenses de l'aviation couvraient la position d'un rideau de poussière. On n'y voyait rien. Nous tirions au jugé avec la crainte de voir surgir des chars. Nous avions des bouteilles d'essence prêtes avec des allumettes. Une section du bataillon d'infanterie de marine conduite par l'adjudant Delsol est venue nous prêter main forte.*

Jean-Roy Bambridge[63] : *Les autres en face nous tiraient dessus, Je tirais aussi avec ma mitrailleuse Hotchkiss. Je ne m'arrêtais plus de tirer afin de vaincre ma peur jusqu'à deux cent cinquante cartouches par bande.*

Le mitrailleur Teriiura Anuu arrose tout autant les hordes d'assaut ennemies. Tutehauarii Teremate ainsi que Puhiri Aro l'imitent sans fléchir malgré les violents tirs d'artillerie jusqu'à ce qu'un *shrapnel* blesse Aro. Tous les assauts germano-italiens sont repoussés.

Jean-Roy Bambridge[64] : *La nuit venue, les Allemands essayaient d'atteindre sur la position de Bir Hakeim un ou deux camions avec des obus incendiaires afin de disposer de points de repère. Nous laissions brûler les camions sans quitter la tranchée.*

Le général Rommel[65] : *J'assumai moi-même, à plusieurs reprises, le commandement des troupes assaillantes. Sur le théâtre des opérations africaines, j'ai rarement vu combat plus acharné.*

Si les forces assaillantes n'attaquent pas de nuit, des pionniers Allemands tentent de se faufiler sous les barbelés pour désamorcer les mines et ouvrir un corridor dans le périmètre intérieur du bataillon.

Robert Hervé[66] : *Un matin, nous avons trouvé un pionnier grièvement blessé. Le malheureux souffrait terriblement. Nous l'avons ramené dans nos lignes. Thomas Bambridge essayait de lui faire dire Hitler pas bon, mais le soldat allemand ne parlait que l'allemand.*

À partir du 6 juin, la 90ème division motorisée envoie ses groupes d'assaut avec l'appui des pionniers pour essayer de dégager un passage à travers le champ de mines. Les pionniers Allemands sont à huit cents mètres du fort après avoir réalisé une brèche dans le champ de mines extérieur. Au soir du 6 juin, l'encerclement est effctif.

Lutz Koch[67] : *Les positions de défense sont établies en profondeur et occupées par un adversaire qui se défend farouchement. Sous les ordres du général Kleeman, chevalier de la Croix de fer, venant de l'Est, les pionniers réussissent après un travail sans prix, à ouvrir une brèche dans la première ceinture de mines. La vigueur avec laquelle les armes de la défense sont concentrées sur cette brèche est si forte que l'attaque est repoussée.*

Robert Hervé[68] : *Le 6 juin commencent les attaques de grand style. Le bataillon a l'honneur de recevoir la première. Après une heure et demie d'une intense préparation d'artillerie, et à la faveur d'épais nuages et de fumées dégagées par les raids de l'aviation, les vagues d'assauts de l'infanterie allemande déferlent. L'attaque est enrayée.*

Sur toute la position de Bir Hakeim, les soldats français, terrés dans les trous individuels et les blockhaus, ripostent efficacement contre les

60 Mémoires du général Koenig Bir Hakeim 10 juin 1942
61 *Les carnets de route d'un combattant du Bataillon du Pacifique* Roger Ludeau
62 *Il y a 54 ans Bir Hakeim* François Luizet

63 Notes 1969 François Broche
64 FB BP1 1969
65 *La Guerre sans haine 1962* Erwin Romel
66 Notes 1969 François Broche
67 Correspondant du *Berliner Illustrierste Zeitung*
68 *Il y a 54 ans, Bir Hakeim* François Luizet

tentatives de pénétration des troupes de l'Axe. Si les champs de mines ont été franchis, les tirs français, précis et denses qui battent le terrain découvert, empêchent toute infiltration efficace de troupes allemandes.

Le 7 juin, les Allemands s'approchent à nouveau de la position, mais la résistance des assiégés les cloue au sol. Louis Tutea Lucas, isolé alors que l'ennemi est à moins de cinquante mètres de sa position, oppose une résistance opiniâtre, occasionnant par les tirs précis de son F.M. des pertes sévères à l'ennemi.

La R.A.F. intervient à quatre reprises en mitraillant les assaillants empêtrés dans les champs de mines.

Lutz Koch[69] : *De nouveau, on essaie un jour plus tard au sud et, de nouveau, on approche assez près des lignes intérieures, mais là, la grêle des projectiles devient si forte que ce serait de la folie de faire un seul pas dans cette contrée qui n'offre aucun abri naturel.*

Raoul Michel-Villaz[70] : *Les bombardiers et chasseurs Allemands nous bombardent et nous mitraillent à basse altitude. La position n'est plus qu'un amas de poussière et de fumée noire. Nous apercevons des vagues de troupes avançant à vive allure. Nous avons ordre de ne tirer qu'au signal. Nous les laissons s'approcher à environ quatre cents mètres. Les 75 font de gros ravages pour commencer et enfin, nous les fantassins commençons le tir. Nous voyons les troupes se disperser et, se replier, laissant des centaines de morts et de blessés sur le terrain.*

Le brouillard permet l'arrivée d'un dernier convoi dans la nuit guidé par l'audacieux et téméraire aspirant Bellec, qui est passé à travers les lignes allemandes pour aller du camp retranché au convoi. Après avoir passé toute la nuit dehors, échappant à la surveillance de l'ennemi, il ramène au matin cinq camions pleins. Le Calédonien

69 Correspondant du *Berliner Illustrierste Zeitung*
70 Journal de guerre et livret militaire de Raoul Michel Villaz
Archives de Nouvelle-Calédonie

Jean Tran Ape participe à cette opération de ravitaillement.

Koenig[71] : *Le coup de Bellec (…), ça c'est les Pacifiens.*

Jean Bellec, l'intrépide navigateur du désert, rejoint le Bataillon du Pacifique en juillet 1942 avec le grade d'aspirant. Il donnera toute sa mesure à Bir Hakeim comme navigateur au sein des *jock colunns* et comme conducteur de convois de ravitaillement faisant preuve en toute circonstance d'une intrépidité vite devenue légendaire. Au cours de la sortie de vive force, chargé d'orienter un convoi important, il sautera sur trois mines, et bien que blessé, conduira ce convoi à destination. Nommé sous-lieutenant au B.I.M.P.M. en juin 1942, il montrer la même bravoure en Italie et en France où il est à nouveau gravement blessé dans le massif de l'Authion en mai 1945.

Le 8 juin Rommel, qui a fait venir du renfort en chars lourds, des canons de 88, et les pionniers du colonel Hacker, lance une nouvelle offe sive. Il est impressionné par la résistance des Français.

Erwin Rommel[72] : *L'adversaire se terrait dans ses trous individuels, et restait invisible. Il me fallait Bir Hakeim, le sort de mon armée en dépendait.*

Teriitehau Taupua donne la mesure de son courage et de son sang-froid par les tirs nourris de son arme automatique malgré les tirs d'artillerie. Atera Teuira, originaire de Punaauia, tireur d'un canon de 75 antichars, est blessé à la main par une balle de mitrailleuse. Il refuse de se faire évacuer. Il sera mortellement blessé en Italie et décèdera à l'hôpital le 15 mai 1944.

Rommel mène personnellement l'attaque, arrosant de ses pièces de 88 mm et de 50 mm les fortifications françaises bombardées par la Luftwaff . Le poste sanitaire de la brigade est détruit. Une bombe écrase les camions opératoires marqués d'une croix rouge et surnommés les *cathédrales*. Ces camions sanitaires peu enterrés et donc particulièrement visibles constituaient des cibles de choix. Une autre bombe tombe sur l'abri des grands blessés qui sont tous tués.

John Martin[73] : *Une bombe est tombée sur l'infirmerie pulvérisant tous les blessés dont des Calédoniens[74].*

Jean-Roy Bambridge[75] : *Les Allemands se servaient des ambulances pour ramasser leurs blessés et leurs morts mais en fait déposaient des troupes d'assaut. Bernardino, chef du 1er groupe, a touché une ambulance avec un fusil anti-tank.*

Les postes de secours sont, si possible, enterrés sous une toile de tente comme plafond. Les blessés les plus graves peuvent être préparés sommairement à un éventuel transport vers un hôpital moins rustique à une centaine de kilomètres de piste.
JLS

71 *Le bataillon des guitaristes* François Broche
72 *La guerre sans haine* 1962 Erwin Rommel
73 Entretiens 2011-2012
74 Est tué le Calédonien Charles Devaud
75 Notes 1969 François Broche

Roger Ludeau[76] : *Douze jours aujourd'hui que nous résistons à ce déchaînement dantesque de bombes et d'obus. L'ennemi attaque de toute la puissance dont il dispose appuyé par quatre-vingts Stuka qui depuis le 5 juin nous bombardent et nous mitraillent jusqu'à huit heures par jour.*

Édouard Magnier[77] : *Le 8 juin, vers dix-sept heures, une vague d'une centaine d'avions dont soixante bombardiers viennent nous pilonner à nouveau. Trois bombes de cent kilo tombent à proximité immédiate, à peine à un mètre de mon trou. Je fus presque enterré et à demi sourd. Mon camion fut massacré et incendié, ma "guitoune" fut pulvérisée, toutes mes affaires perdues malgré mes efforts au risque de ma peau pour les sauver.*

Lutz Koch[78] : *Un abri est, ce jour-là, une possession très précieuse. Mais c'est bien plus terrible pour les défenseurs de Bir Hakeim qui, jusqu'au matin du 8 juin où commence le deuxième acte de l'attaque sur la forteresse du désert, ont subi vingt-trois vagues de Stuka. Sans interruption, les lourdes puis les plus lourdes bombes allemandes tombent dans leurs positions et sur leur artillerie, des Stuka italiens viennent aussi, toujours et toujours, au-dessus du point d'appui, répandre la mort.*

Ce 8 juin 1942 le sergent Louis Holozet et le 2ème classe Tetautuarii Puarii sont tués par des tirs de mortiers.

Jean-Roy Bambridge[79] : *Mon chef de groupe tué (Holozet), je prends le commandement.*

L'infanterie allemande lance son attaque couverte par la 15ème Panzer division. La 9ème compagnie du capitaine Messmer et le centre tenu par la section de l'aspirant Morvan sont enfoncés, mais l'ennemi est repoussé par une charge de Brenn Carrier.

Par des tirs précis de riposte, Areti Mervin et son groupe fauchent les éléments ennemis infiltrés dans leur périmètre d'appui. La brigade F.F.L., qui n'est plus ravitaillée, ne dispose plus que de munitions pour une journée, les réserves d'eau ainsi que la nourriture sont quasiment épuisées et sont données surtout aux blessés.

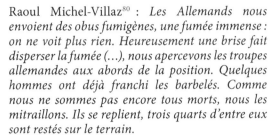

Tetautuarii Puarii et son sergent Louis Holozet sont tués par des tirs de mortiers.
FONDS JOHN MARTIN

Raoul Michel-Villaz[80] : *Les Allemands nous envoient des obus fumigènes, une fumée immense : on ne voit plus rien. Heureusement une brise fait disperser la fumée (…), nous apercevons les troupes allemandes aux abords de la position. Quelques hommes ont déjà franchi les barbelés. Comme nous ne sommes pas encore tous morts, nous les mitraillons. Ils se replient, trois quarts d'entre eux sont restés sur le terrain.*

Marcel Drémon[81] : *Nous menons une vie de rat dans la tranchée du matin au soir. C'est tout juste si nous pouvons sortir la tête. L'ennemi est à proximité des champs de mines et mitraille aussitôt qu'il voit un homme. Il tire même au canon de 88. Nos mitrailleuses ripostent mais ce n'est que le soir vers vingt et une heures trente ou vingt-deux heures que nous pouvons sortir de la tranchée pour faire notre ravitaillement en nourriture, eau et munitions.*

Robert Hervé[82] : *Le 8, les Allemands reprennent leurs attaques. Le bataillon est touché de plein fouet : des mitrailleuses sont hors d'usage et les munitions s'épuisent. La ration d'eau est réduite à deux quarts par vingt-quatre heures.*

Pendant l'installation à Bir Hakeim, le général Koenig[83] avait dit aux Tahitiens et Calédoniens : *Mes amis, vous aurez désormais la religion de l'eau.*

Robert Hervé économise l'eau, dont un quart lui suffit pour eff ctuer sa toilette. Il s'est fait raser le crâne pour ne pas avoir à se laver la tête.

John Martin[84] : *On buvait l'eau des radiateurs. L'ordre était de toujours tenir les véhicules plein d'eau et plein d'essence. Lors de la sortie de vive force, au bout de deux ou trois kilomètres, beaucoup de voitures sont tombées en panne par manque d'eau.*

Roger Ludeau[85] : *Soif. Soif. Malgré les fantastiques bombardements aériens et le pilonnage systématique des gros obus qui ne cessent de pulvériser tous les jours nos positions, ce qui nous abat le plus, c'est la soif.*

Benjamin Favreau[86] : *Pétis habitait ma tranchée (…) on le vit bondir hors de son abri, une clé et un bidon à la main, dévaler jusqu'à la chicane puis se mettre à recueillir la vidange de radiateur du camion qui avait sauté sur une mine en rentrant de Rotonda Signali. Ce lourd véhicule était chargé de munitions, et les Allemands, un moment surpris, s'étaient mis à l'arroser avec une mitrailleuse lourde mais Pétis n'en avait cure : abrité par le radiateur, il buvait à grandes gorgées l'épais mélange d'eau, de terre et de mazout.*

76 *Les carnets de route d'un combattant du Bataillon du Pacifique* Roger Ludeau
77 Journal de guerre d'Édouard Magnier Archives de Nouvelle-Calédonie
78 Correspondant du *Berliner Illustrierte Zeitung*
79 Journal de route du caporal Bambridge Jean-Roy
80 Le journal de guerre et livret militaire de Raoul Michel Villaz Archives de Nouvelle-Calédonie
81 Le journal de marche de Marcel Drémon
82 *Il y a 54 ans Bir Hakeim* François Luizet
83 *Bir Hakeim* François Broche
84 Entretiens 2011-2013
85 *Les carnets de route d'un combattant du Bataillon du Pacifique* Roger Ludeau
86 *Compagnon de la libération* Témoignages Benjamin Favreau

Le Junkers JU 87, fut classé Stuka,
soit, en allemand, une abréviation
qui désigne tous les avions de combat en piqué.
Ce nom impropre fut retenu par l'Histoire
à cause de la terreur qu'il inspira lors de l'exode
en 1940 sur les routes françaises.
À Bir Hakeim, il représente pour les soldats,
un enfer quasi quotidien. Le manège des Stuka,
établi sur la position française, consiste à espacer
les avions en couronne au sein de laquelle à chaque
arrivée sur l'objectif, l'un après l'autre, ils lâchent
leur unique bombe, puis reprennent le cercle
pour revenir refaire un passage au canon avant
de regagner leur base afin de se réarmer.
Ces manèges se répéteront vingt fois par jour.
JLS

53

Raoul Michel-Villaz[87] : *Plus une goutte d'eau. La gorge sèche, la langue pâteuse (...) Roland et moi décidons de boire coûte que coûte notre urine. Il faut vraiment du courage. Nous faisons dans notre quart et ensuite nous installons un mouchoir avec un peu de sable dedans qui sert de filtre et nous passons le liquide dans un autre récipient. Nous laissons un peu refroidir pendant un instant et comme toujours avec le sourire, nous avons trinqué. Nous l'avons avalé comme une purge. Ce n'était pas trop désagréable au goût. Nous pensons : Que se passera-t-il demain ? Nous ne demandons qu'à attaquer pour partir ?*

Le 9 juin 1942 restera, dans la mémoire des survivants de Bir Hakeim, un jour de tragédie : Papa Broche, le *Metua* (le Père) est tué[88] : *Il était accoudé à la fenêtre de son P.C. enfoui dans le sable et la rocaille. Il était en train de montrer quelque point de l'horizon à son adjoint. Un obus pénétra dans la meurtrière. Et ce ne fut pas un hasard: le mouvement des motards, la légère ligne de crête avaient donné l'éveil à un canon ennemi. Ce genre d'objectifs est repéré très soigneusement comme il est normal dans une guerre de siège, et l'ennemi les traite les uns après les autres. Ce n'était pas un obus perdu. L'obus avait atteint son but. C'était le coup classique de l'embrasure. Il n'avait pas été tué sur le coup. Un gros éclat lui avait labouré la tempe. Son adjoint (le capitaine Duché de Bricourt), lui, était mort tout de suite. L'ordonnance Kiki Grand, blessé légèrement, l'avait pris dans ses bras.*

Le colonel Broche avait téléphoné à Masson[89] pour lui dire que son P.C. était devenu invivable et qu'un canon de 75 ne cessait de tirer sur le créneau de son observatoire. Cet observatoire se trouve très exposé depuis le 5 juin, mais il est trop tard pour en changer l'emplacement. C'est là qu'à vingt heures environ, Broche est tué ainsi que son adjoint le capitaine de Bricourt, par le même obus de 75.

Robert Hervé[90] : *Je me souviens avec émotion de la nouvelle de la mort de Broche. Je me suis approché du P.C. dévasté à la nuit tombée. Appuyé sur une camionnette, j'ai demandé où était le colonel. On m'a dit qu'il était là, en me désignant une forme allongée sur le sol. C'est comme si j'avais reçu une décharge électrique. Je n'arrivais pas à croire que notre chef, celui qui nous avait conduits de Tahiti à Bir Hakeim, était mort.*

Walter Grand[91] : *Quand j'ai appris sa mort, j'étais effondré. Le P.C. du Colonel était juste dans l'axe de nos deux pièces de 75 qui étaient visées par quatre pièces allemandes de 88. Mais ce n'est pas un obus explosif qui les a atteints parce qu'on n'aurait plus rien trouvé de lui et de Bricourt. Je les ai vus tous les deux*

allongés, à la nuit tombée. Broche était touché à la face. Chacun essayait de le voir pour un dernier adieu.

Le père Jacques Savey, commandant du B.I.M., prend immédiatement le commandement du Bataillon du Pacifique (les deux bataillons seront plus tard réunis sous l'appellation du bataillon d'infanterie de marine et du Pacifique (B.I.M.P.). Savey sera tué le soir de la sortie de vive force.

Jacques-Réginald Savey ordonné prêtre en 1934 est un ancien missionnaire dominicain. Hostile à l'idéologie totalitaire de l'Allemagne nazie, il rallie la France libre en août 1940. À Bir Hakeim, il commande le bataillon d'infanterie de marine. Le même jour que le *Metua* sont tués les 2ème classe tahitien Tahua Nahenahe (d'une balle en plein front), Teroitehoa Patii et Huriau Onuu.

Huriau Onuu fut l'un des premiers décorés tahitiens, alors revenu blessé d'un commando de nuit avec la section tahitienne de Benjamin Favreau.

Les bombardements par les Stuka appuyés par l'artillerie ont blessé Thomas Bambridge aux yeux en début d'après-midi.

Jean-Roy Bambridge[92] : *alors que je me rendais le soir au ravitaillement j'apprends que Thomas (Bambridge) et Manea ont été blessés par une bombe. Je n'ai pas pu aller le voir au G.P.S. à cause des bombes ennemies à retardement.*

L'artillerie allemande continue à pilonner les Français avant le lancement d'une nouvelle attaque qui est de nouveau repoussée. Le caporal Teavau Tuaivau et son groupe, désormais réduit de moitié, ne cèdent pas un pouce de terrain face aux assauts.

Gaston Rabot[93] : *Quand les bombes tombent, c'est un vrai tremblement de terre, il y a de quoi devenir fou. Il y a eu cinq morts chez nous par ces bombardements, le sergent Olin et quatre Tahitiens.*

Avec ce dernier assaut de l'Afrika Korps, les Français décident d'abandonner la position qui n'est plus d'aucune utilité aux Britanniques.

John Martin[94] : *Deux jours avant l'évacuation, avec des camarades, nous avions pensé partir. Un adjudant nous a dit : non, ils sont en train de préparer une sortie en masse. C'est pour cela que nous avons encore attendu.*

Le 10 juin, Jean Tumahai, dit Tutu, un des infatigables agents de liaison qui court sous la mitraille entre les secteurs et le P.C., annonce à Jean-Roy Bambridge que la sortie est pour la nuit suivante. L'ordre d'évacuation est transmis aux sections dans des conditions particulièrement dangereuses par Robert Drollet, autre agent de liaison courageux et dévoué.

Jean-Roy Bambridge[95] : *J'étais au ravitaillement lorsque j'apprends l'ordre d'évacuation. Je fiche les biscuits en l'air ainsi que les boîtes de "singe", fromages, etc...je ne prends que les boîtes de lait*

Tahua Nahenahe, et au-dessous, Thomas Bambridge.
FONDS JOHN MARTIN

Journal de guerre et livret militaire de Raoul Michel Villaz
Archives de Nouvelle-Calédonie
Le bataillon des guitaristes François Broche
Bir Hakeim 10 juin 1942 Général Koenig
Il y a 54 ans Bir Hakeim François Luizet
Notes 1969 François Broche

92 JRB BP 1
93 *Le Journal de guerre d'un caporal du Bataillon du Pacifique* Gaston Rabot
94 Entretiens 2011-2013
95 Journal de route du caporal Bambridge Jean-Roy

et de pommes de terre car nous buvions le jus de pomme de terre.

Le Bataillon du Pacifique ne peut plus être touché par radio. Le poste a été détruit la veille par la bombe qui a tué Félix Broche et son adjoint.

Le B.P. 1 se trouve à environ mille cinq cents mètres du P.C. de Koenig. Pour y accéder, les agents de liaison doivent parcourir un glacis rocailleux en légère déclivité face aux tranchées allemandes, dont les postes avancés se tiennent à environ quatre-cent mètres derrière le champ de mines.

Le maréchal des logis Lucien Bourderioux[96] raconte une mission de liaison dans le secteur du Bataillon du Pacifique : *Le 10 juin, le 2ème bureau a capté, peu avant l'aube, des conversations sur les radios allemandes, laissant prévoir une attaque importante sur le front du BP1 au lever du jour. Il fallait les informer avant le lever du rideau nuageux qui retardait les assauts (…) Protégé par le brouillard au petit matin, l'accès m'est facile connaissant le chemin même si de nombreux repères ont été détruits par le pilonnage intense de la veille. Le brouillard se dissipant au retour, il me faut revenir vers le P.C. à pleine vue pour remonter ce fameux glacis où les seules protections sont les trous d'obus (…) Je bondis d'un trou à l'autre, m'écorchant coudes et genoux, repéré par une mitrailleuse de la première ligne allemande qui me prend en ligne de mire. Les cailloux volent en éclats sur le bord du trou dans lequel je reste blotti un bon moment. J'attends le passage de plusieurs rafales et, dans la fraction de la seconde suivant, celle qui m'a paru la plus longue j'effectue un nouveau bond. Mon refuge est moins profond mais c'était le plus proche. Aussitôt une mitraille qui me glace le sang se déclenche. À en juger aux impacts, deux armes automatiques me visent cette fois. Je n'ose plus faire un mouvement malgré ma position très inconfortable. De plus, j'ai récupéré, dans l'œil droit, de la poussière de la dernière rafale qui me fait pleurer et me provoque une douleur presque intolérable. Les camarades des postes avancés que j'ai quittés quelques instants plus tôt ont compris mes difficultés car ils déclenchent un feu d'enfer sur les positions allemandes. Mon salut était de profiter de cette couverture. J'effectue encore plusieurs bonds en zigzags pendant cette provisoire diversion, profitant du déclenchement du tir de barrage d'une batterie de 75 située à une centaine de mètres au nord qui arrose copieusement les retranchements Allemands avancés, qui me permet de franchir la fin du glacis.*

Roger Ludeau[97] : *La position ressemble à un désert lunaire, avec ses cratères de bombes, ses trous d'obus, ses carcasses calcinées. Le sable lui-même d'un beau jaune d'or à notre arrivée est devenu maintenant d'une teinte noirâtre d'un sinistre effet : on se croirait à l'entrée des enfers, ce qui est un peu vrai.*

Les légionnaires de Messmer, « la Cavalerie de Bir Hakeim ».
JLS

John Martin[98] : *L'enfer, le dernier jour, il y avait des vagues de cinquante Stuka.*

Raoul Michel-Villaz[99] : *Huit raids d'avions dans la journée, laissant tomber des centaines de bombes avec un mitraillage sans arrêt. N'ayant plus de D.C.A., les avions bombardent où ils veulent. Nous restons au fond de notre trou avec un mal de tête terrible. Beaucoup de camarades saignent du nez et des oreilles, d'autres deviennent fous, sortent de leurs abri par imprudence, se font tuer.*

Marcel Allaume[100] : *Les bombardements étaient d'une violence inouïe. J'entendais avec grand déchirement mes camarades tahitiens recroquevillés dans leurs trous et dans leurs tranchées appeler leurs mère à leur secours.*

Édouard Magnier[101] : *Douze heures accroupi dans un trou, c'est terriblement long.*

Lutz Kock en observateur[102] témoigne : *Je n'aurais pas voulu être dans cet enfer, me dit un camarade qui se trouve à côté de moi, tandis que nous voyons à la jumelle, toujours de nouvelles colonnes de fumée et de flammes qui forment une ceinture autour du point central de la position.*

Ari Wong Kim, l'adolescent de seize ans happé par la guerre, domine sa peur. On lui fait souvent remarquer qu'il a conservé son appétit sous la mitraille, contrairement à d'autres. Ari essaie par ailleurs de rester toujours bien coiffé sous les bombardements (son nom d'emprunt Teaupahere signifie : *qui aime se coiffer*). Le 10 juin, le pilonnage de l'artillerie allemande reprend ainsi que les assauts précédés par une attaque de cent Stuka semant la confusion dans les rangs des français libres. Les chars de la 15e Panzer et ses grenadiers, qui ont percé le dispositif français, sont repoussés par une contre-attaque des légionnaires de Messmer et des Brenn Carrier du capitaine Lamaze, appuyée par les derniers obus de mortier de la position. Robert Hervé est blessé par éclats de grenade au bras droit et au visage. La position a tenu. La sortie prévue peut avoir lieu.

Marcel Allaume.
FONDS JOHN MARTIN

96 Témoignage 1985 Sources 1ère D.F.L.
97 *Les carnets de route d'un combattant du Bataillon du Pacifique* Roger Ludeau

98 Entretiens 2011-2012
99 Le Journal de guerre et livret militaire de Raoul Michel Villaz Archives de Nouvelle-Calédonie
100 Témoignage 2013 de Maeva, fille de Marcel Allaume
101 Journal de guerre d'Édouard Magnier Archives de Nouvelle-Calédonie
102 Correspondant du *Berliner Illustrierte Zietung*

La sortie de vive force

Koenig ordonne l'évacuation par nuit noire de la position *via* la chicane tenue par le Bataillon du Pacifique. Tetuaereva Faehau dit Teto, ordonnance du capitaine Hervé, officie en agent de liaison, se mouvant audacieusement entre les tranchées et les tirs scélérats ennemis pour transmettre l'ordre de sortie aux chefs de section. Un couloir de deux cents mètres environ doit être déminé. Une fois franchie la porte du Pacifique, la brigade doit se retrouver à sept kilomètres au sud-est à un point de rendez-vous matérialisé à l'azimut 213 par trois lampes à feux rouges installées par les Anglais qui attendent avec une centaine de camions, une trentaine de véhicules sanitaires protégés par une colonne blindée.

Les véhicules et les matériels qui ne seront pas emportés doivent être détruits. Les morts sont enterrés sur place, avec quelques pierres sur la tombe improvisée et une croix où l'on inscrit leur nom. Les blessés sont chargés dans les camions de chaque unité. Tumahai emporte et sauve les archives de la compagnie. Les deux bataillons de la Légion et du Pacifique, éprouvés par quinze jours de siège, sortiront en tête. Il est prescrit de ne tirer qu'en cas de nécessité absolue. Les colonnes de véhicules viendront ensuite.

La sortie s'annonce difficile. Les démineurs devaient ouvrir une bretelle de deux cents mètres dans la chicane, seuls soixante-dix mètres pourront être neutralisés.

La division va défiler devant la mort rétorque Koenig à son second qui assimile cette stratégie à un défilé ou un ordre de revue.

Yves Gras[103] : *À minuit, la colonne est prête.*

Silencieusement au coude à coude deux mille fantassins s'élancent dans la nuit. Tapi dans ses trous à cent cinquante mètres de là, l'ennemi n'a encore rien décelé. Le champ de mine est passé. On avance dans la plaine. Brusquement une fusée, une maigre rafale de mitraillette, un moment de silence et d'attente. L'enfer se déchaîne alors. Tandis qu'on se rue en hurlant, de tout l'horizon convergent des balles traceuses. Des grenades, des obus explosent partout. Les fusées montent sans cesse vers le ciel.

Des véhicules brûlent, jetant des lueurs sinistres : spectacle hallucinant qui ne laisse pas place à la peur.

John Martin[104] : *À partir de vingt heures, nous nous sommes engagés dans la chicane nord du bataillon nettoyée de ses mines. Nous marchions au pas. Jusqu'à la moitié de la chicane, l'ennemi n'a pas réagi. Les Allemands ne pensaient pas que l'on tenterait une sortie. Un des hommes de mon groupe a sorti une boîte de saucisses pour casser la croûte tout en marchant. Lorsqu'il a jeté la boîte vide, le son métallique de la boîte sur le*

sol rocailleux a déclenché les premiers tirs. Ce fut le sauve-qui-peut et le chacun-pour-soi. Après quelques minutes de flottement et une accalmie, nous nous sommes retrouvés à cinq ou six un peu à l'écart des tirs. Une nuit très opaque nous donnait l'avantage. L'objectif était de sortir à tout prix et de se regrouper à l'azimut 213 où nous attendaient les Anglais. Après concertation, quelques-uns ont préféré suivre un gradé de la Légion étrangère qui préconisait une autre route à suivre.

Tihoti Snow et Georges Tehaameamea quittent le groupe de John Martin pour suivre l'officier de la Légion étrangère. Tihoti est alors sévèrement blessé par un éclat d'obus. Il est fait prisonnier avec Tehaameamea.

Raoul Michel-Villaz[105] : *Arrivés à la percée que nous devions faire à travers le champ de mines, nous apercevons les fusées d'alerte allemandes. Les Allemands ouvrent le feu. Tout le monde se couche. Comme ce sont des balles traceuses, nous les voyons passer au-dessus de nous. Beaucoup de nos camarades tombent et se plaignent, donnant davantage l'alerte aux Allemands. Nous repartons en courant. À chaque fusée, nous nous couchons, apercevant les postes de mitrailleuses qui tirent les balles traceuses.*

Édouard Magnier[106] : *Les grosses mitrailleuses Breda[107] à balles traceuses provoquent la panique dans nos rangs. Leurs rafales fauchent nombre de nos soldats (…). Combien dans leurs souffrances appelaient leur mère à leur secours. Savey est tué par une balle de Breda (…). Je préfère ne plus penser à ce cauchemar.*

Benjamin Favreau[108] : *Ainsi, le Pacifique avait-il rejoint le premier bataillon de Légion (…), j'étais extrêmement surpris de ce qu'aucun coup de feu n'eût encore claqué, car j'estimais que nous devions être à cinquante mètres de la tranchée ennemie (…), quand un cri jaillit en même temps qu'une fusée, devant nous, entre le BP1 et la Légion. Les miens, qui s'y attendaient, obéirent instantanément à mon ordre : couchez-vous ! (…) Derrière moi, Fuller avait planqué sa tête entre mes jambes et après lui, les siens s'abritaient de même dérisoirement. Néanmoins, Graffe, le sous-officier adjoint qu'on m'avait donné pour remplacer Nicolas et qui était en serre-file, fut touché à la cuisse.*

Les tirs contre le 2ème bataillon de Légion étrangère et les Pacifie s ayant redoublé, ils provoquent un reflux des éléments les plus exposés et une sorte de mêlée générale, ponctués de combats rapprochés.

Jean-Roy Bambridge[109] : *À onze heures, on se rend à la chicane. Là, nous recevons de la mitraille de la part des Boches, mais nous continuons à progresser. Ma section s'étant dispersée, je saute avec Nono Suhas sur un camion anglais.*

103 *La 1ère DFL, Les Français libres au combat* Yves Gras
104 Entretiens 2011-2012
105 Le Journal de guerre et livret militaire de Raoul Michel Villaz Archives de Nouvelle-Calédonie
106 Journal de guerre d'Édouard Magnier Archives de Nouvelle-Calédonie
107 *La Breda M1937* fut la mitrailleuse standart de l'armée italienne.
108 Compagnon de la libération Témoignages 2011 Benjamin Favreau

L'ennemi tire sur tout ce qui bouge

Jean-Roy Bambridge : *Tout à coup nous tamponnons, le chauffeur nous dit que ce n'est rien. Nous continuons mais pas pour longtemps, car un deuxième choc nous fait sauter pour de bon. On entend des cris et des gémissements de partout. Avec Nono, je saute sur une automitrailleuse et, en avant. Plus loin, on saute sur une mine. Les deux pneus arrière droit sont en morceaux. Mais nous continuons quand même. Nous fonçons sur les nids de mitrailleuses allemandes et jetons des grenades dans leurs trous. Enfin, vers quatre heures du matin, nous stoppons et essayons de remplacer les roues. Alors, dans le brouillard, nous percevons un bruit de moteurs, nous croyons que ce sont les Boches, mais nous nous rassurons bientôt, car nous reconnaissons nos bagnoles et nous plaquons notre automitrailleuse pour monter sur le Brenn de Toti Suhas.*

Raoul Michel-Villaz : *Nous nous avançons très près et au moment voulu, d'un bond, nous mitraillons les occupants (…). Nous avons anéanti plus de vingt postes sur notre parcours. À un moment donné, nous croyons les lignes allemandes franchies lorsque nous sommes arrêtés par un nouveau poste. Ce dernier nous crie : Verda ! Nous lui envoyons comme réponse une dizaine de grenades et un bon mitraillage. Enfin, leurs cinq occupants nous les perçons de plusieurs coups de baïonnette et nous continuons notre route. Derrière nous, des crépitements de mitrailleuses, d'obus, de feu, une lueur qui éclaire le ciel, un véritable enfer.*

Le général Koenig donne alors l'ordre de foncer droit devant et part le premier, sa voiture conduite à toute allure par l'impassible Miss Susan Travers. Des camions sautent dans les champs de mines. D'autres sont atteints et brûlent. La nuit est zébrée de fulgurantes lueurs des voitures qui sautent et qui flambent. De tous côtés se croisent les gerbes de feu et les nuées de balles traçantes. Toute la nuit va retentir le sinistre miaulement des obus et le fracas des explosions, mêlés aux cris d'agonie de ceux qui tombent.

L'incendie des véhicules

Koenig a ordonné la charge motorisée. Les véhicules s'élancent dans la nuit. Le convoi fonce mais devient aussi une cible privilégiée des tirs et des mines. L'héroïque aspirant Bellec, blessé, saute trois fois. Deux ambulances en flammes illuminent le champ de bataille. Certains véhicules épargnés s'arrêtent pour charger des rescapés, ou ceux-ci s'accrochent aux ridelles.

John Martin[110] : *Je me souviens avoir croisé dans ma fuite une ambulance qui flambait et sur laquelle des ombres que je suppose être des soldats ennemis déversaient des bidons d'essence pour que le feu éclaire le terrain. C'est plus tard, en causant avec nos rescapés, que j'ai appris que Thomas avait été gravement blessé aux yeux dans un bombardement de Stuka la veille et qu'on l'avait embarqué dans une ambulance le soir de la sortie. On n'a jamais retrouvé son corps, ni dans le désert, ni plus tard dans les divers camps de blessés, tant alliés qu'ennemis.*

Gaston Rabot[111] : *J'ai appris que pendant la nuit où nous avons percé les lignes, une ambulance avait pris feu, le chauffeur ayant été tué, les blessés ont été brûlés vifs.*

Les chauffurs des ambulances sont citoyens américains. Il s'agit principalement de volontaires de l'American Field Service Free French Forces qui ont rejoint les rangs de l'Hadfild Spears Field Hospital anglais et offet leurs services aux français libres[112].

Le 28 mars 1941, Mrs Sommerville-Smith, au nom du British-American Ambulance Corps, a remis au général Petit, représentant du général de Gaulle, onze ambulances-automobiles destinées à servir auprès des Forces françaises libres en Afrique.

Ce don généreux est le résultat de souscriptions ouvertes aux États-Unis par le British-American Ambulance Corps qui a déjà été envoyé aux *F.F.L.* luttant dans l'Est africain.

Tous les véhicules sont détruits. Sur les six volontaires, un a été fait prisonnier avec son ambulance au retour de Rotonda Signali. Lors de la sortie de vive force, un est tué, deux sont portés disparus et deux autres blessés.

Jacques Bourdis[113] sous-lieutenant de la 13ème demi brigade de la Légion étrangère : *Comme sous l'effet d'un choc, mon Brenn s'immobilisa (…), Je pris le fusil de mon chauffeur qui avait récupéré le fusil-mitrailleur du Brenn, de l'autre une boussole (…). Nous passâmes à côté d'un brasier d'où sortaient des hurlements. C'était une ambulance : au moment où nous nous en approchâmes, les cris s'étaient tus.*

109 Journal de route du caporal Bambridge Jean-Roy
110 Entretiens 2011-2012
111 *Journal de guerre d'un caporal du bataillon des guitaristes* Gaston Rabot
112 Lettre d'information de la France libre du 7 avril 1941 Fonds W 48 SPAA
113 *Témoignage* Au jour le jour à Bir Hakeim Carnets et récits Amicale de la 1ère DFL juin 2012

La charge des Brenn Carrier

Un véritable barrage de canons de cinquante millimètres allemands interdit de passer le marais de mines. Pour protéger les ambulances et les camions chargés de blessés, les Brenn Carrier du capitaine Lamaze et les légionnaires les chargent pour écraser tout ce qui se dresse vers eux. La charge des Brenn Carrier, la cavalerie de la division, reste une des pages les plus héroïques de cette sortie de vive force.

Georges Durietz arrose les tranchées ennemies du F.M. de son Brenn Carrier pour passer. Paul Prospère Pietri, mécanicien, est blessé par éclats de grenade à la jambe droite.

Le Bren carrier conduit par Antoine Brémond est mis hors de combat par un obus. L'explosion l'a sérieusement blessé aux yeux. Il s'échappe néanmoins du véhicule en flammes pour porter secours au sergent Louis Graffe qui gît sur le sable. Louis Maruake Graffe a eu la cuisse droite traversée par une balle avant d'être touché aux deux jambes par des éclats de mortier. Antoine transportant Louis sur son dos, les deux blessés tentent d'échapper à la capture mais ils sont rattrapés par les Allemands. Antoine Brémond perdra un œil et héritera du surnom de Matapo (borgne).

Henri Langlois, dit Coco, est également blessé au pied par un éclat d'obus.

Teiho Tehei, bien que blessé, et Maitere Taarii, plus chanceux avec leurs Bren Carrier, sont passés.

Koenig[114] : *Cette nuit-là, chaque homme était à lui seul une aventure, une histoire, une tragédie.*

John Martin[115] : *Nous avons fait le choix d'obliquer par notre gauche, où nous avions remarqué qu'aucun tir n'avait lieu, quitte à nous rabattre par la suite sur la droite. Après quelques minutes de marche dans un silence rassurant, nous avons fait une petite halte pour reprendre notre souffle. À peine affalés sur le sable, des tirs d'armes automatiques sont partis du sol à quelques mètres devant nous. Nous avons eu la chance d'opérer cette petite halte à ce moment-là, sinon nous serions tombés droit dans leur tranchée !*

Ils devaient avoir très peur car grâce aux balles traçantes, nous pouvions remarquer qu'ils tiraient en l'air du fond de leur trou. Quelques grenades bien ciblées ont résolu le problème. J'ai alors sauté dans la benne d'un camion de fusiliers-marins pour aller plus vite, véhicule que j'ai vite abandonné à cause de l'obus de 25 qui a traversé la cabine du chauffeur. Malgré le vacarme assourdissant des tirs nous percevions nettement les ordres des Allemands et des sentinelles italiennes mais aussi les cris insupportables des blessés dans le désert sur lesquels les camions roulaient. J'ai poursuivi à pied.

Teina Hare a un pied écrasé par un camion.

Il y eut un brouillard assez dense le matin de la sortie de vive force, qui permit aux retardataires de

114 Mémoires du général Koenig *Bir Hakeim 10 juin 1942*
115 Entretiens 2011-2012

L'adjudant-chef Alfred Maruhi, aumônier protestant du bataillon.
FONDS MARUHI

rejoindre les éléments britanniques avancés. L'adjudant-chef Alfred Maruhi, aumônier protestant du bataillon, a prié toute la veille de la sortie de vive force. Les plus superstitieux du bataillon racontent que ces prières ont favorisé leur fuite, en les enveloppant dans le brouillard qui ne s'est levé que tard en fin de matinée.

Ari Wong Kim[116] : *J'ai eu de la chance, beaucoup de chance. C'était la nuit. C'était la pagaille.*

Il n'y avait plus de chefs et nous étions livrés à nous-mêmes. J'étais dans un premier camion de transport qui a sauté sur une mine. Je n'ai pensé qu'à sauver ma peau et à filer obstinément vers la direction qu'indiquait le feu de l'azimut 213. J'ai donc poursuivi à pied et j'ai réussi à monter dans un autre camion de transport qui a également sauté sur une mine au niveau de la chicane. J'ai terminé mon périple à pied, sous des tirs nourris, jusqu'à atteindre enfin les positions anglaises dans la journée. Tout le monde avançait comme il pouvait : en camion, en voiture, à pied, et j'ai vu beaucoup de véhicules ne jamais atteindre leur but. Certains, dont des Tahitiens, avaient même préféré retourner à Bir Hakeim où ils ont été faits prisonniers.

John Martin[117] : *Le sergent-chef Teira Vahirua qui faisait partie de ma section, alors qu'il était arrivé au milieu de la chicane, décide de retourner vers la position de Bir Hakeim. Je n'ai usé d'aucune autorité et je l'ai laissé à son destin, ne sachant pas moi-même si j'allais m'en sortir. Je ne devais jamais le revoir.*

Teira Vahirua figure parmi les tués de la sortie de vive force.

John Martin : *Une rafale de mitrailleuse m'a touché le casque. Celui qui était derrière moi m'a prévenu en voyant les étincelles. J'ai bien senti l'impact mais il y avait tellement de bruit partout ! En sortant, j'avais mis dans ma poche droite une boîte en métal de fromage de l'armée anglaise, et dans l'autre une boîte de lait liquide pour le cas où je me serais perdu dans le désert. La boîte de fromage a été percée par un éclat.*

Les blessés de Bir Hakeim

Les blessés du siège de Bir Hakeim, dont le caporal Raphaël Teiho, Tom Clark, Terii Teriitua et André Doucet, réussissent à être évacués lors de la sortie de vive force.

John Martin[118] : *Au petit matin, Calixte Jouette et moi sommes arrivés chez les Anglais. André Salvat, notre chef de section avait été blessé par éclats de balles. Nous n'étions plus que quatorze sur les quarante-sept de la section tahitienne.*

Édouard Magnier[119] : *Je suis passé avec mon camion et la remorque. Après une randonnée de cent kilomètres dans le désert marchant à la boussole, nous sommes arrivés à El Adem.*

À la sortie, les rescapés sont accueillis par Jean-Baptiste Podevigne et Tu Tetuanui, son ordonnance, absents tous deux de Bir Hakeim

André Doucet.
FONDS DOUCET

durant l'assaut. Les blessés pris en charge sont évacués[120].

Jean-Roy Bambridge[121] : *Enfin, échappés de cet enfer, nous arrivons à Fort Capuero où nous retrouvons le père Podevigne qui nous distribue deux bouteilles de bière et deux paquets de cigarettes, et nous nous couchons d'un sommeil qui dure à peu près dix heures.*

Au lendemain de la sortie de Bir Hakeim, plus de six cents hommes de la 1ère brigade française libre ne répondent pas à l'appel. Parmi eux, plusieurs Tahitiens :

le caporal-chef Thomas Bambridge ;
le 2ème classe Tautu, Désiré Hoiore ;
le 2ème classe Teriifiurai Hurupa ;
le sergent Teira Vahirua ;
Teriiuritenahae Pia ;
le 2ème classe Tavae Teriipaia ;
le 1ère classe Temauri Tuahine ;
le 2ème classe Teriihopuare Manea ;
le 2ème classe Vihima Tuha.

Il manque aussi le sergent Étienne Amiot, né à Tahiti, volontaire du contingent néo-calédonien, établi en Nouvelle-Calédonie comme géomètre et parlant le tahitien. Dans l'agenda retrouvé sur lui lors de la relève des corps, quelques mots en tahitien.

Les Tahitiens tombés à Bir Hakeim sont enterrés au cimetière français de Tobrouk en Libye.

La mort de Thomas Bambridge

John Martin : *Thomas Bambridge a été blessé la veille de la sortie de vive force. Il avait un pansement aux yeux. Il ne voyait pas. Il a été évacué dans une ambulance qui a sauté et s'est rapidement consumée. On n'a pas retrouvé son corps._*

François Broche[122] : *Lorsque Thomas Bambridge fut blessé, avec un autre homme de son groupe, on les évacua sur le groupe sanitaire en Brenn Carrier (…), le pasteur qui avait assisté son frère dit que Thomas avait été blessé au visage mais pas très grièvement. Il avait gardé toute sa connaissance, il disait qu'il avait mal et réclamait à boire. Son chef de groupe ayant été tué, Jeannot dut le remplacer et ne put aller voir Thomas au groupe sanitaire. Il y avait beaucoup d'ambulances. Il en faisait le tour, puis ouvrit la porte arrière en appelant son frère. Des gémissements lui répondaient et les plus valides l'envoyaient au diable. On avait également déposé des brancards dans les bennes des camions Belford qui étaient destinées à emporter les 75 encore intacts. Si son frère lui avait répondu, et s'il avait pu marcher, il l'aurait pris avec lui, ils ne se seraient pas quittés pendant la sortie. S'il avait été trop gravement touché, il serait resté sur le camion. Jeannot était très inquiet, car les Allemands n'épargnaient guère les ambulances. Mais il ne put le trouver.*

Jean-Roy Bambridge[123] : *Après la sortie de vive*

116 Témoignage 2012
117 Entretiens 2011-2012
118 Entretiens 2011-2012
119 Journal de guerre d'Édouard Magnier Archives de Nouvelle-Calédonie

120 Henri Langlois est dirigé sur l'hôpital d'Alexandrie. Il retrouve le *B.I.M.P.* le 19 septembre 1942.
121 Journal de route du caporal Bambridge Jean-Roy
122 *Le bataillon des guitaristes* François Broche

force, j'ai cherché Thomas dans les hôpitaux. En Italie, j'avais sur moi une photo de lui pour la montrer aux personnels de santé (…). En vain.

Certains hommes qui ont réussi leur sortie ont manqué le rendez-vous, ont tenté leur chance isolément ou par petits groupes et sont morts de soif ou dans des combats individuels. Ainsi, le corps du 1er classe Temauri Tuahine ne fut jamais retrouvé. En revanche, d'autres plus chanceux ont été secourus. Plusieurs rescapés tahitiens ont été témoins de la scène.

John Martin[124] : *Des blessés de chez nous ont été secourus par des soldats Allemands comme Charles Spitz dit Taro, un éclat dans la gorge, qui a été évacué sur le dos d'un soldat allemand.*

Les prisonniers de Bir Hakeim

Les prisonniers tahitiens sont acheminés en camion sur Derna. Tous n'ont cependant pas été bien traités. Certains sont emmenés à pied jusqu'à Bengazhi. Ils sont laissés sans eau. Certains blessés ne furent pris

en charge que tard dans la journée du 11 juin, ou seulement le lendemain. Tematafaarere Tepua, âgé de trente-deux ans, père de sept enfants, décède le 11 juin 1942 dans le camp italien de Benghazi .

Ont été faits prisonniers, les *Tamari'i Volontaires* :
Amédée Salvanayagam,
Pouira William surnommé Teriipaia,
Tiaore Tinomana,
Faauru Taputaata
Maruhi Henri,
Punu Tana,
Taupua Taihoropua,
Teriitehau Marama, Teuira Zelubapela, Tiaore Tinomana, Tirao Marcel, Tuuhia Marcelin, Van Bastolaer Tevihitua, Wilfred Teamo, Émile Farone, Louis Graff , Georges Tehaameamea, Antoine Brémond, Tihoti Snow, Natua Tama, Puahi Vaea : une balle lui a fracassé la mâchoire. Il en tirera le surnom de *ta'a 'āuri* (mâchoire d'acier).

Naea Rouru, Robert Hervé, Charles Spitz : gravement blessé par un éclat d'obus au niveau des vertèbres dorsales, il est évacué sur l'hôpital militaire de Caserta avant d'être dirigé sur le Caire en avril 1943 pour faire l'objet d'un échange de prisonniers.

Du Caire, il est ensuite acheminé sur l'hôpital Henri de Verbizier à Damas où il décède le 21 juin 1943 lors d'une intervention chirurgicale.

Le sergent Spitz est inhumé le 22 juin par ses camarades avec les honneurs militaires.

Son corps repose au cimetière militaire de Damas, tombe 71 bis, section 19.

123 Notes 1969 François Broche
124 Entretiens 2011-2012

Photographiés en Syrie, Charles Spitz et Raymond Lehartel. FONDS LEHARTEL
Ci-dessous, Louis Graffe. FONDS GRAFFE

'Ua pohe teie nei tamaiti, 'oia 'o Taro SPITZ, te tamaiti a Ruru, tāpa 'ana'ana.
I te 21 nō tiunu 1943, i mairi roa'i 'oia i Damaseko, nō tōna ra mau puta i te 'arora'a nō te pāruru i tō tātou Hau Metua.
I te 25 nō 'ātete 1943 nei i tae mai ai te fa'a'ite. – Mea na roto hia mai i tō tātou Tāvana Rahi, te fa'aatae-ra'a-hia mai taua parau pe'ape'a ra, nō tōna ra 'utuāfare fēti'i e te mau hoa here hia e ana ra.
'Ua 'oti ia tāna horora'a, 'Ua 'amo 'oia i tāna hōpoi'a mai te mutamuta 'ore, nana iho i tītau e ia fa'areva hia 'oia i ni'a i te rēni 'arora'a.
I te 21 nō 'ēperēra 1941 i reva'i 'oia e te pupu fa'ehau i mā'itihia nō taua tere ra, 'oia na 300 fa'ehau Tahiti i reva na ni'a i te pahī auahi ra o « Monovai ».
Mai taua taime ra, 'ua ta'a ē Taro i tōna fenua tumu, 'Ua fa'aru'e mai i tōna 'utuāfare metua e te tamari'i, 'Ua fāri'i i te utu'a.
E 'aito mau Taro e o te mea i parauhia'i e e 'Aito teie ia :
'Ia tae teie nei mau tamari'i Tahiti i te mau fenua i Aiphiti ma, e na roto ho'i i tō Taro 'aravihi i te parau i na reo e toru, 'oia ho'i te parau Tahiti, te reo Farāni e te reo Paretāne, 'ua mā'itihia 'oia ei 'Auvaha parau, e tōro'a māmā tō Taro, e 'ere i ni'a i te mahana rahi ve'ave'a o te mau medebara.
'Ia fa'aro'o a'era ra Taro i te parau nō tōna ra mau taeae tamari'i Tahiti e 'ua ineine i te reva ē ni'a i te rēni auahi, 'oia ho'i i te 'āpo'o i Hade ra i Bir Hakeim, 'aita i poro'i i te mau a'ra'atira, 'ua fa'aru'e i te mea maru, 'ua pe'e i te nu'u fa'ehau i tomo ra i ni'a i te rei mātāmua o te pohe. – E inaha, teie tāna i noa'a mai : 'ua pēpē, e 'ua topa i roto i te rima o te 'enemi, te Itaria tei tāpe'a mau 'auri iana.
'Ua fa'aea mau 'auri 'oia i Itaria nō na 'āva'e maoro a tupu atu ai te tauira'a mau 'auri ra inaha te fa'aho'i mai nei Taro, nō tōna mau pēpē rarahi. – 'Ua 'ite te Itaria e e'ita Taro e nehenehe fa'ahou ia mau i te tōro'a fa'ehau, o te tumu te reira i fa'a'ōhie i te tauira'a ia na.
Te reira te huru 'aitora'a o teie nei Tamaiti Tahiti.
Te parau nō tōna ra 'ati, e'ita ta'a ia tātou ia mana'o, teie ra na roto i te rata tāna i pāpa'i mai i tōna ra metua tāne, te fa'ahiti ra 'oia i te pe'ape'a tāna manao i te toto e mani'i pinepine noa ra na te vaha e na te nihu ato'a ho'i i te hō'ē mau taime o te ha'apiri ia i tōna hutira'a aho. –
O te fa'a'ite teira i te rahira'a o taua 'ati tāna i f'aruru noa i te tahi mau 'āva'e maoro e tae noa atu i te taime i fa'aru'e mai ai 'oia i te ao nei.
Tē aroha tumu nei te Vea Maohi ia Ruru e tōna ra 'utuāfare fēti'i 'oia ato'a i te Vahine a Taro e tōna ato'a ra mau tamari'i ri'i.

Le *Ve'a Mā'ohi* d'août 1943 rend hommage au sergent Charles Spitz.[125]

Un enfant est mort, le sergent Taro Spitz, le fils de Ruru (Loulou),
Le 21 juin 1943, à Damas, Taro Spitz s'est éteint pour toujours des suites de ses blessures reçues lors d'une bataille pour protéger notre Mère-patrie.

Cette nouvelle nous est parvenue le 25 août 1943. C'est notre Gouverneur lui-même qui a apporté cette triste nouvelle à sa famille et à ses amis communs.

Son voyage s'est terminé. Il a accepté son devoir sans se plaindre, c'est lui qui a demandé à partir à la guerre.

Le 21 avril 1941, il partit avec le groupe de soldats choisis pour cette expédition, 300 soldats tahitiens embarquèrent sur le croiseur *Monovai*.

Ce jour-là, Taro a quitté son pays natal. Il À laissé famille et enfants. Il a accepté son destin.

Taro est un *'aito*, un *'Aito* avec un grand A : Quand les enfants tahitiens arrivèrent en Égypte, du fait que Taro maîtrisait parfaitement trois langues : le tahitien, le français et l'anglais, il fut choisi comme interprète, un poste confortable, il n'était pas sous le soleil brûlant des déserts.

Quand Taro apprit que ses frères tahitiens étaient prêts à rejoindre la ligne de feu, c'est-à-dire l'enfer de Bir Hackeim, il n'a pas averti ses chefs, il a quitté le confort, il a suivi l'armée qui partait pour la première ligne de front de la mort. – Voici ce qu'il lui arriva : il a été blessé et est tombé entre les mains de l'ennemi, les Italiens, qui le gardèrent prisonnier.

Il resta prisonnier en Italie quelques mois avant qu'il y ait un échange de prisonniers et ainsi Taro fut rendu, du fait qu'il était gravement blessé. – Les Italiens savaient que Taro ne pouvait plus redevenir soldat, c'est à cause de cela que l'échange fut plus aisé.

Voici qui était le valeureux enfant tahitien.

En ce qui concerne ses blessures, nous pouvons l'imaginer, en effet, dans une lettre que Taro a écrite à son père, il parle de ses craintes au sujet du sang qui coule souvent de sa bouche et de son nez et qui quelquefois l'empêche de respirer. – Pour dire les souffrances que Taro a affrontées pendant les mois avant qu'arrive enfin le moment pour lui de quitter ce monde.

Le *Ve'a Mā'ohi* adresse ses sincères condoléances à Ruru (Loulou) et à sa famille ainsi qu'à sa femme et ses enfants.

125 *Te Ve'a Mā'ohi* – Tetepa (Août) 1943 page 69 Fonds W 48 SPAA

La tragédie du *Nino Bixio*

Les prisonniers tahitiens valides de Bir Hakeim sont embarqués sur le navire italien *Nino Bixio* qui est torpillé par le sous-marin anglais *Turbulent*. Sont disparus en mer Méditerranée le 17 août 1942 : - Pouira William, âgé de vingt ans ;
- Tiaore Tinomana, âgé de vingt-trois ans ;
- Faauru Taputaata, âgé de vingt-cinq ans ;
- Maruhi Henri, âgé de vingt-six ans ;
- Punu Taua, âgé de vingt-quatre ans ;
- Taupua Taihoropua, âgé de vingt-deux ans ;
- Teuira Zelubapela, âgé de vingt-sept ans ;
- Tiaore Tinomana, âgé de vingt-trois ans ;
- Tirao Marcel, âgé de vingt-et-un ans ;
- Tuuhia Marcelin, âgé de vingt-sept ans ;
- Van Bastolaer Tevihitua, âgé de vingt-six ans.
Le torpillage du *Nino Bixio* vu par un rescapé[125] :

Le cargo italien *Nino Bixio*, victime de l'agression du sous-marin de classe C britannique le *Turbulent*, ci-dessous.
FONDS PRIVÉ

Le 15 août à la tombée de la nuit, ils sont conduits au port de Bengazi. Deux cargos les attendent pour les transporter en Italie. L'un des cargos est le Nino Bixio sur lequel sont entassés sept mille prisonniers dont des Hindous et environ quatre cents Français. Le navire était neuf, étant à sa huitième traversée. Les prisonniers sont entassés dans les cales au point de ne pouvoir s'y asseoir.
À chaque échelle, une sentinelle avec interdiction de monter sur le pont.
Le convoi est composé d'un croiseur et de contre-torpilleurs d'escorte.
Le 17 août vers 16 heures, une terrible secousse ébranla le bateau. Au même instant une deuxième

secousse, plus forte, suivie d'une explosion, fit pencher le bateau.
Le torpillage avait eu lieu à quarante milles environ des côtes grecques. La première torpille toucha les machines, ce qui stoppa le bateau. La deuxième explosa les cales avant, faisant quatre cents victimes.
Dans cette cale, ce n'était qu'une bouillie de chair humaine, de sang et d'eau. Les cales furent inondées.
Ce fut alors la panique, les naufragés voulant tous gagner le pont pour se jeter à la mer, certains plongeant, d'autres descendants au moyen de cordes.
Certains essayaient d'assembler des dessus de cales, lourds panneaux d'un mètre sur soixante centimètres d'épaisseur environ, les jetant à la mer pour en faire des radeaux.
Ces panneaux tombaient sur la tête de leurs camarades qui disparaissaient à jamais assommés. Sur le pont des hurlements de mort. Les Hindous surtout étaient les plus effrayés ne sachant pas nager.
Les contre-torpilleurs passaient au milieu du flot humain, à la recherche du sous-marin anglais.
L'équipage, commandant, officier et personnel était italien, le personnel de la D.C.A. était allemand.
Dès la première torpille tout ce monde abandonnant armes et bagages se jeta à la mer.
Seul le commandant et quelques officiers restèrent à bord.
Le cargo était neuf et à cloisons étanches. Il ne coula pas et fut remorqué vers le port de Pilos, dans la baie de Navarin.
Robert Hervé[126] : *Le rideau est tombé sur Bir Hakeim le 11 juin 1942. Ceux qui n'ont pu sortir de cet enfer par suite de blessure ou par malchance sont faits prisonniers par les Allemands et remis aux Italiens. Ils sont au nombre de six cent et viennent grossir le groupe déjà important des prisonniers alliés capturés par l'Africa Korps en Lybie : Hindous, Sikhs, Sud-Africains et Britanniques. Après plusieurs séjours dans différents camps du désert, l'ensemble de ce groupe est embarqué à Benghazi le 16 août 1942 sur le Nino Bixio. Ce transport de troupes italien est un navire quasiment neuf, mais par une aberration incompréhensible il n'a pas été désarmé et n'arbore pas les marques de la Croix Rouge indiquant qu'il transportait des blessés et des prisonniers. Cette faute inexcusable va provoquer de la part d'un sous-marin britannique une terrible méprise qui sera à l'origine du drame. Le lendemain 17 août, à quelque trente kilomètres des côtes grecques, deux torpilles sont lancées sur le Nino Bixio, l'une à l'avant et l'autre à l'arrière, qui traverse la salle des machines et immobilise le navire. Excepté le personnel touché directement ou indirecte-*

---

125 Revue *Icare : Il y a quarante ans Mai-Juin 1942 Bir Hakeim*

126 Note de Robert Hervé du 17 avril 1994. Fonds Hervé.

ment par l'impact ou projeté à la mer par les déflagrations, qu'ils soient prisonniers, membres
de l'équipage, militaires de garde, le gros des
prisonniers parqués dans les cales intermédiaires
est sauf. Hélas, les moyens d'accès au pont se
réduisent dans ces cales à une ou deux échelles, et
une inévitable panique s'empare des hommes pris
au piège et rend dramatique leur sortie à l'air libre.
Cependant, les cloisons étanches ont bien résisté et
le navire prend peu de gîte. Mais comment savoir
s'il ne va pas couler ? Dans l'affolement du premier
mouvement, un grand nombre des passagers du
Nino Bixio, prisonniers, équipage et militaires
de garde confondus se sont jetés à l'eau. D'autres
y ont été projetés par l'explosion des torpilles. Les
plus valides nagent tant bien que mal et pataugent
dans une masse de débris huileux. Peu d'entre
eux seront sauvés. La plupart périront noyés
ou assommés par les panneaux de cale lancés
par-dessus bord. Cent quarante Français subiront
ce sort et parmi eux douze Tahitiens du Bataillon
du Pacifique. Quant à ceux qui sont restés à bord
du navire demeuré à flot pendant plusieurs heures,
ils ont été finalement secourus par un escorteur
italien, transportés au port grec de Patras, puis en
Italie, et enfin en train au camp de Bergame.
Les survivants, dont Émile Farone, Teamo
Wilfred, Natua Tama, le caporal-chef Georges
Tehaameamea dit *Goodland*, Amédée
Salvanayagam, témoigneront de la tragédie lors
de leur retour à Tahiti. Après la sortie de vive
force, ils ont été dirigés en camion avec leurs

autres frères d'armes valides jusqu'à Derna le
13 juin 1942, puis à Benghazi où ils stationnent
avant d'être embarqués sur le *Nino Bixio*.
À le suite du torpillage du *Nino Bixio*, ils sont
recueillis par un croiseur auxiliaire et débarqués
à Navarone en Grèce pour être dirigés en train
sur Patras le 20 août 1942 et internés dans un
premier camp de transit. Embarqués sur un cargo
le 29 août, ils débarquent à Bari en Italie puis sont
acheminés le 2 septembre 1942 sur le camp d'El
Tamoura où ils stationnent jusqu'au
22 septembre avant de rejoindre le camp n°62
à Bergame en Italie du nord. Marama Teriitehau,
un des survivants du *Nino Bixio*, prisonnier dans
ce camp, décède de tuberculose à l'hôpital
de Bergame le 9 mars 1943.
Il était âgé de vingt-sept ans.
Les autorités fascistes du camp
n° 62 donnent peu de nourriture
aux hommes des Forces françaises
libres.
Les rares colis de la Croix Rouge
améliorent exceptionnellement
le quotidien des prisonniers.
Wilfred Teamo travaille dans
une ferme proche du camp de
Bergame d'où il s'évade
le 19 octobre 1943 pour
gagner le maquis.
Repris, il est dirigé
le 26 décembre 1943 sur un
premier *stalag* en Allemagne,

Teamo Wilfred,
l'un des survivants
du torpillage.
FONDS JOHN MARTIN

Terrible épreuve
supplémentaire pour
les survivants
de Bir Hakeim prisonniers
à bord du cargo italien.

puis sur Chartres au *stalag* 133, et enfin le 4 avril 1944 au *stalag* 8C à Sagan où il est libéré par les Américains le 4 mars 1945.

Stalag est l'abréviation allemande de *Mannschaftsstamm-und Straflager (Stammlager)* désignant un camp de prisonniers de guerre destiné aux soldats et aux sous-officiers. Les officiers sont détenus dans des *oflags*.

Georges Tehaameamea est également aff cté à un emploi de ferme dans le village de Cormano. Certains prisonniers sont par ailleurs employés dans des scieries proches. À l'armistice, Tehaameamea prend le maquis mais traqué par la milice fasciste de la République de Salo et les Allemands, il est repris le 8 octobre 1943. Georges est dirigé sur Milan où il est interné à la prison civile de la ville. Il gagne ensuite en train Mentova près de Vérone avant d'être transféré dans les *stalags* 7A de Moosburg et 4B de Kōnigstein où il sera libéré par les Russes le 23 avril 1945. Dirigé à pied sur Riesa le 6 mai 1945, puis en camion sur Hall et Leipzig le 22 mai 1945, il atteint Paris le 2 juin 1945.

Le caporal-chef Amédée Saint Salvanayagam suit le même parcours de détention que ses camarades. De tempérament vif, il s'évade le 8 juillet 1943. Repris, il est dirigé vers Monza. Il s'évade une seconde fois le 13 décembre 1943. Repris, il est dirigé sur Milan où il est interné dans un camp disciplinaire. Lors de sa troisième tentative d'évasion le 28 avril 1945, aidé par les maquisards italiens, il réussit à gagner les lignes anglaises stationnées à Verone. Il embarque à Naples sur le *SS Barfleur* le 6 juillet 1945 pour Bizerte, puis Alger le 13 juillet 1945, Marseille le 9 août 1945 et enfin Paris qu'il gagne en train le 13 août. Natua Tama, fait prisonnier à Bir Hakeim, survit lui aussi au torpillage du *Nino Bixio*. Emprisonné en Italie, puis en Allemagne dans les *stalags* 4B et 4C commando 22A, Natua Tama sort très meurtri de sa captivité pendant laquelle il a contracté la tuberculose.

Antoine Brémond grièvement blessé à l'œil a été évacué sur l'hôpital militaire de Caserta près de Naples puis dans divers autres hôpitaux jusqu'en juin 1943. En juillet 1943, il est envoyé en Allemagne et emprisonné au *stalag* 7A de Moosburg. Le 8 mars 1944, Antoine Brémond est transféré à Nancy. En mai 1944, il est acheminé sur Compiègne puis renvoyé à Nancy pour être interné dans un camp d'où il s'évade lors de la libération de la ville par les Alliés. Il rejoint le corps expéditionnaire tahitien le 25 janvier 1945. Tihoti Snow, blessé lors de la sortie de vive force par un éclat d'obus qui lui laissera une cicatrice de seize centimètres sur six, est soigné par les Allemands à Derna avant d'être dirigé sur l'Italie le 14 juin 1942. Il est hospitalisé à l'hôpital de Caserta près de Naples puis à Bergame le 17 juillet 1942. À sa sortie, le 9 octobre 1942, il est interné dans le camp de prisonniers de guerre de Bergame d'où il s'évade le 12 septembre 1943. Il passe alors la frontière suisse.

Louis Graff , gravement blessé, est évacué sur l'hôpital de Derna avant d'être embarqué le 27 juin 1942 pour Naples et transféré à l'hôpital militaire de Caserta. Emprisonné en Allemagne, il est libéré par les Allemands en mai 1944 du fait de ses blessures. Il est embarqué à Marseille le 15 mai 1944 pour Barcelone, Alger, puis Alexandrie pour être hospitalisé à l'hôpital n° 5 de Helouan. Le 15 mars 1945, il part de Suez avec son ami Abel Teore, blessé au Djebel El Garci, à destination de Melbourne Le 3 septembre 1945, ils quittent l'Australie pour Makatea, puis Tahiti qu'ils touchent le 23 septembre 1945. Naea Rouru, blessé par un éclat d'obus lors de la sortie de vive force, est hospitalisé à Derna le 13 juin 1942. Il est transporté à Naples dès le 17 juin pour être hospitalisé à Carcetta puis il est transféré en train à l'hôpital de Bergamo. Le 10 novembre 1942, il transite au camp n° 137 avant d'être interné au camp n° 62 de Bergamo. Le 25 octobre 1943, il est transféré en Allemagne au *stalag* 7A, puis au *stalag* 11A le 10 novembre 1943 et Alendorf le 26 décembre 1943. Le 11 février 1944, il est au *stalag* 11B, gagne Paris le 8 août 1944, Chartres le 26 septembre 1944 pour arriver le 8 octobre 1944 à Louvains en Belgique. Naea Rouru est en Hollande fin octobre au *stalag* 9A, puis au *stalag* 11A en décembre 1944. Il est libéré par les Américains le 9 mai 1945. Les officiers sont internés dans le camp n° 78 à Sulmona (Aquila).

Philippe Hervé,[127] fils de Robert Hervé : *Dans la nuit du 10 au 11 juin 1942, au cours de la sortie de vive force, mon père blessé au pied par une balle de pistolet mitrailleur est cerné par une patrouille allemande et il est fait prisonnier. Il est alors transféré à Derna et livré par les Allemands aux Italiens. Il est ensuite transporté à Naples sur le navire hôpital* Arno *pour l'hôpital de Caserte jusqu'à la fin juin 1942, puis l'hôpital de Lucques jusqu'en fin août 1942.*

À la fin de sa convalescence, Robert Hervé est interné le 1er septembre 1942 au Campo di Concentramento n° 78 à Sulmona dans les Abbruzes, camp d'internement des officiers. Le 12 septembre 1943, Robert Hervé s'évade mais il est repris par une patrouille allemande. Il s'évade à nouveau le 4 novembre 1943 passant plus d'un mois au cœur des Apennins, dans le maquis, avant de pouvoir rejoindre les forces alliées, à Bari en novembre 1943.

Philippe Hervé précise : *Mon père parlait couramment l'italien car ma grand-mère était italienne.* Il rejoint enfin son unité en Tunisie en décembre 1943.

Jean-Roy Bambridge[128] : *Le 15 décembre 1943 après une permission de convalescence d'un mois à Salambo, je réintègre le bataillon comme agent de transmission. Je rencontre le lieutenant Hervé qui était prisonnier.*

127 Témoignage 2012
128 *Journal de route* du caporal Bambridge Jean-Roy

La renommée de Bir Hakeim

L'opiniâtreté et la bravoure des soldats français de Bir Hakeim sont saluées par l'ennemi.

Raoul Michel-Villaz[129] : *En mai 1943, lorsque des officiers allemands et italiens se rendent, ils nous demandent si nous étions leurs adversaires à Bir Hakeim. Nous étions pour eux des soldats d'élite, des fantômes (...). Si la France avait eu de tels soldats, les Allemands ne seraient jamais rentrés dans Paris.*

L'écho de Bir Hakeim est retentissant. La résistance héroïque des soldats de la Brigade est relayée par l'ensemble des radios et des journaux alliés. En France occupée, les avions de la RAF larguent des prospectus sur Bir Hakeim. Un journal de la résistance et un maquis prennent le nom de Bir Hakeim.

L'émotion générée par ce fait d'armes se retrouve dans les *Mémoires de guerre* du général de Gaulle qui écrit : *Le général Koenig et une grande partie de ses troupes sont parvenus à El Gobi, hors de l'atteinte de l'ennemi (...) Je remercie le messager (...) Le congédie. Ferme la porte. Je suis seul. Ô cœur battant d'émotion, sanglots d'orgueil, larmes de joie !*

La nouvelle arrive aussi à Tahiti, transportée par les ondes de la B.B.C. Loulou Spitz avait l'habitude d'écrire au crayon bleu, sur la devanture de sa bijouterie (aujourd'hui le magasin Sincère sur le front de mer), toutes les nouvelles du front qu'il traduisait en tahitien. Le journal *Ve'a Māohi* reproduit en 1943 une lettre de René Hintze écrite à sa famille qui leur raconte jour par jour la bataille de Bir Hakeim.

John Martin, membre fondateur de l'Académie tahitienne[130] : *Cette lettre dont je prends connaissance soixante-dix ans après Bir Hakeim a certainement été écrite en français par René Hintze puis traduite par le magazine Te Ve'a Maohi*[131].

John Martin : *Ainsi, nous constatons que "soldat de 1ère classe" est traduit par "tapao anaana Numera Hoe"*[132] *alors que le galon du soldat de 1ère classe est rouge.* Anaana *veut dire brillant, doré, comme les galons d'un sergent. Le traducteur s'en est certainement inspiré par méconnaissance des galons portés dans le bataillon du Pacifique.*

Les rescapés de Bir Hakeim sont rassemblés sur les arrières à Helouan jusqu'au 2 juillet 1942. Les Tahitiens se ressourcent sur les plages de Sidi Barani. Le bataillon est ensuite dirigé vers El Tahag près d'Ismaïlia, sur Al Maza qu'il atteint le 26 août 1942, puis le front d'El Alamein.

René Hintze dans son trou, raconte à sa famille la bataille de Bir Hakeim jour après jour. En 1943, le journal *Te Ve'a Māohi* reproduira ces lettres du front.
FONDS HINTZE

129 *Le journal de guerre et livret militaire de Raoul Michel Villaz* Archives de Nouvelle-Calédonie
130 Entretiens 2011-2012
131 Daniel Purakaueke et Temaeva Anahoa sont les deux principaux interprètes agréés du *Ve'a Māohi* placés sous l'autorité du chef du service des informations de la presse et de la radiodiffusion
132 *tapao anaana Numera Hoe* : signe doré numéro un

El Alamein

Le 30 juin 1942, les blindés de Rommel arrivent à l'oasis d'El Alamein, sur la côte méditerranéenne, à une centaine de kilomètres seulement à l'ouest d'Alexandrie et du delta. C'est là que vont se briser les attaques italo-allemandes, au terme de deux batailles.

La première bataille d'El Alamein voit s'affronter les troupes de Rommel et la VIII Armée britannique. Elle s'achève le 27 juillet sans vainqueur ni vaincu. Les deux armées s'enterrent dans des tranchées dans l'attente de renforts. Churchill confie le commandement de l'ensemble des troupes d'Afrique au général Harold Alexander et place le général Bernard Law Montgomery à la tête de la VIIIe Armée.

Naqb Rala, plateau de Himeimat aux bords escarpés, est l'objectif de la brigade. Sur ce front large de soixante kilomètres, les Français libres occupent environ douze kilomètres. La Première Brigade française libre, dont fait partie le Bataillon du Pacifique, est notamment chargée de faire diversion à l'extrême sud du front à la limite de la dépression infranchissable de Quatara pour permettre à Montgomery de ramener ses blindés en position au sud face aux panzers allemands au nord.

Le 23 octobre 1942 à dix-neuf heures, la 13ème demi-brigade de la Légion étrangère commandée par le lieutenant-colonel Amilakvari, prince géorgien, attaque le plateau d'Himeimat

seconde bataille d'El Alamein débute le 30 août 1942. Rommel tente de déborder les Britanniques par le sud mais se heurte aux champs de mines. Il renouvelle une tentative par le nord où il est aussitôt bloqué dès le 6 septembre. Les forces de l'Axe sont très vite affaiblies par le manque de ravitaillement, la marine et l'aviation britanniques les ayant coupées de leurs arrières. Le Bataillon du Pacifique (BP1), qui a fusionné le 1er juillet 1942 avec le bataillon d'infanterie de marine *B.I.M.* pour devenir le bataillon d'infanterie de Marine et du Pacifique *B.I.M.P.*, prend position le 13 octobre 1942 dans le secteur d'El Alamein en bordure de la dépression d'El Quatara.

Montgomery décide d'engager sa contre-offensive le 23 octobre 1942. Deux jours plus tôt, le Bataillon du Pacifique a pris position face au piton du Quaret   El Himeimat surnommé la *Cathédrale*.

par le sud. Le Bataillon du Pacifique commence sa marche d'approche du flanc ouest du plateau quand l'ordre d'arrêter arrive : la Légion étrangère fait l'objet d'une violente contre-attaque au pied de la falaise et les sables mouvants de la dépression rendent la manœuvre difficile. Dans le repli stratégique opéré à cinq heures du matin, le lieutenant-colonel Amilakvari est tué.

Après cet échec, dans la nuit du 27 au 28 octobre 1942, le *B.I.M.P.* quitte la position pour s'installer à une quinzaine de kilomètres plus au nord dans la région de Mreir à l'échelon de la dépression de Deir Daayis *(dépression de Munassib)*. Leur mission est de garder le champ de mine *Nuts* et interdire toute infiltration le long de la dépression de Quatara. La relève des Britanniques s'est faite de nuit à quelques deux cents mètres d'une unité d'élite de parachutistes italiens *Folgore (Foudre)*, que les chars anglais n'ont pu déloger. Dans le silence des nuits du désert, on entend au loin leurs murmures.

Benjamin Favreau : *Sous la nuit déclinante (…), le chemin, non balisé, se faufilait entre les terres abruptes et des champs de mines (…). Dans la file, chacun veillait à ne pas s'écarter ; ici et là, toutes proches, des explosions secouaient la nuit. (…) Le jour naissait (…), c'est le moment que choisit un tahitien pour s'écarter par pudeur, avec sa pelle ! Ayant touché une mine, il sauta à son tour et retomba déchiqueté, sans même un cri.*

L'ordre est donné au *B.I.M.P.* d'emporter la cote 92, butte avancée du dispositif, qui est tenue par la division parachutiste d'élite italienne.

Dans la nuit du 31, la troisième compagnie du capitaine Laborde, composante principalement issue du bataillon d'infanterie de marine *B.I.M.* sort de ses tranchées la baïonnette au canon. Les avant-postes italiens répliquent par des tirs nourris clouant au sol les assaillants. Le commandant Bouillon ordonne le repli. La compagnie a quatre tués ou disparus et quatorze blessés. Le 1ère classe Mihinoa Haami, blessé aux jambes par un éclat de mortier, est évacué. L'aspirant Michel Bollot, élève de la promotion de John Martin à l'école des sous-officiers de Damas, et futur chef de la circonscription des Tuamo-tu-Gambier, a eu la mâchoire fracassée.

Raoul Michel-Villaz[1] : *Cette nuit-là, la troisième compagnie a tenté un coup de main, mais ça a foiré ; À notre connaissance, il y aurait eu au moins deux morts et plusieurs blessés. Les troupes en face, italiennes, des parachutistes sont armés jusqu'aux dents, mitraillettes et mortiers, arme la plus terrible, et ces salauds d'Italiens en possèdent beaucoup. Leurs mortiers partent à quatre mille mètres, les nôtres à deux mille deux cents mètres.*

Face à cet échec, le *B.I.M.P.* est alors placé à l'arrière.

Dans la nuit du 1er au 2 novembre, l'artillerie britannique pilonne les positions de résistance allemande.

Parachutiste italien armé du PM Beretta 1938A.

Jean Tefaafana[2] : *J'étais affecté à une pièce de 75 commandée par l'aspirant Zinguedeau. Dans les duels d'artillerie, je suis blessé par un éclat de mortier à la jambe droite et évacué vers un hôpital anglais. Je retrouve le bataillon en Tripolitaine.*

Le roulement de la canonnade perçu par le Bataillon du Pacifiq e indique que l'assaut final est engagé.

Le mortier italien Brixia de 45.

Raoul Michel-Villaz[3] : *Nous subissons un gros bombardement de mortiers. Quelques grands blessés à enregistrer dans notre secteur. Mon camarade Gérard, qui est mon chargeur, est blessé par un shrapnel qui est évacué. On me donne Teriitehau comme remplaçant. Mon nouveau chargeur et moi nous faisons tous deux la boule au fond du trou en attendant que tout danger soit écarté. Tout ce que nous avions laissé sur le bord de notre trou a été pulvérisé : gamelle, quart, chargeur de FM et même le fusil-mitrailleur détérioré, la crosse endommagée.*

Les combats qui suivent sont violents comme à Bir Hakeim face aux Panzerdivisionen 15 et 21,

Dans leur trou, les parachutistes, servants du canon antichar de soutien léger.

2 Notes personnelles de Jean Tefaafana.
3 *Le Journal de guerre et livret militaire de Raoul Michel Villaz* Archives de Nouvelle-Calédonie

1 *Compagnon de la libération* Témoignages 2011 Benjamin Favreau

Teremate et Pétis.
FONDS GENEVIÈVE FAVREAU

Un obus nous frôla à emporter la tête, et explosa au-dessus, en plein sur le petit groupe qui bavardait autour du rata en train de cuire pour le déjeuner : O Seigneur, mes quatre hommes broyés gisaient dans la poussière (…) et parmi eux : Pétis et Teremate (…)

Les deux Chevrolet, camions opératoires de « l'ambulance Hadfield-Spears ».
JLS

les divisons légères allemandes 90 et 64, les divisions italiennes *Folgore, Pavia, Bresci, Ariete, Littorie, Trieste, Trente* et *Bologna* qui seront entièrement détruites ou faites prisonniers (trente mille hommes se rendent dont neuf généraux). L'ennemi décroche, son repli est facilité par les pluies diluviennes qui s'abattent et empêche la *R.A.F.* de prendre l'air.

Raoul Michel-Villaz : *Les Italiens ont abandonné la position, laissant un important matériel et des dépôts de munitions. Sur la position conquise sans combat gisaient de nombreux cadavres (…). Nous avons enterré les morts italiens. L'armement récupéré était anglais, venant certainement des stocks de Tobrouk.*

La bataille se poursuit jusqu'au 4 novembre 1942. Le bataillon est engagé pour réduire les dernières poches de résistance. Le 1er novembre 1942, Taputu Tuare de Maupiti est blessé au pied gauche par un éclat d'obus scélérat. Le même jour, Lucien Parent, le Tahitien de Nouméa, est blessé à son tour au genou gauche par un éclat d'obus de mortier. La déflagration lui a par ailleurs perforé le tympan gauche. Hira Vahine a le tibia gauche traversé par une balle.

Le lendemain, 2 novembre 1942, Brix Etilagé et Tehuiaero Roita sont blessés par des éclats d'obus et sont évacués vers une antenne Spears. Ce même 2 novembre 1942, Prosper Pétis, le fidèle compagnon de route du lieutenant Benjamin Favreau, touché au ventre, agonise plusieurs heures avant de mourir. Pétis avait vingt-deux ans.

Benjamin Favreau : *Au pied de la falaise, à l'abri des vues ennemies (…), personne ne prêtait attention à une pièce de 155 italienne qui, à limite de portée, arrosait le secteur à raison d'un coup tous les quarts d'heure, car elle brûlait manifestement, pour le principe, ses dernières cartouches. J'étais sur le bord du garet, lorsqu'un obus nous frôla à emporter la tête, et explosa au-dessus, en plein sur le petit groupe qui bavardait autour du rata en train de cuire pour le déjeuner :*

O Seigneur, mes quatre hommes broyés gisaient dans la poussière (…) et parmi eux : Pétis et Teremate (…) Parmi tous les compagnons que j'ai laissé, au bord de ma longue route de guerre, ceux-là ne seront jamais oubliés.

Le 2ème classe François Teremate ordonnance du lieutenant Benjamin Favreau, sérieusement blessé par éclat d'obus au-dessus de la hanche droite, survit à sa blessure. Évacué, il rejoint le bataillon le 4 janvier 1943 pour être renvoyé sur Tahiti le 15 juin 1944. Titauhia Mataitai est blessé à l'abdomen, ainsi que Paul Moe qui a une fracture ouverte de l'avant-bras, et Hira Vahine.

Le 8 novembre, les Alliés ont débarqué en Afrique du Nord. Les Britanniques et les Américains tiennent la France libre à l'écart. Catroux menace alors de ramener toutes ses troupes au Levant. En gage de bonne volonté, les Britanniques acceptent que le *B.I.M.P.* soit détaché à la 12ème brigade anti-aérienne britannique pour la défense des aérodromes au fur et à mesure de leur occupation. Après avoir dépassé le col d'Halfaya, Tobrouk où la bataille a fait rage, la division blindée et moto-mécanisée occupe les aérodromes de Benghazi, M'sous, Agedabia, El Agueila et Syrte. Le *B.I.M.P.* enterré fait l'objet de raids répétés de la part de l'aviation allemande.

Jean Tefaafana[4] : *Nous gardions à hauteur de la frontière tripolitaine les aérodromes de la VIII Armée*
britannique pour les protéger d'attaques de commandos ou de parachutistes. Les chasseurs et les bombardiers ennemis en rase-motte nous mitraillaient et nous jetaient des bombes.
Même, le 24 décembre, à minuit nous avons eu le privilège d'être bombardés par des avions allemands.

Roger Ludeau[5] : *Notre D.C.A. est comme enragée. C'est par milliers et par milliers que montent vers le ciel les traits de feu multicolores des balles et obus traçants qui, en éclatant, se développent en immenses corolles de feu (…), du haut des airs, eux nous criblent de bombes et de torpilles à grenades (…), ça s'ouvre en deux à l'arrivée au sol, et vingt-cinq grenades s'éparpillent dans tous les azimuts.*

Alors que la 1ère Division Française Libre créée le 1er février 1943 à Gambut reste maintenue en Égypte, le *B.I.M.P.* va accompagner la VIII Armée britannique dans sa poursuite des forces de l'Axe en Cyrénaïque et en Tripolitaine.

Le 1er décembre 1942, le *B.I.M.P.* est dirigé sur Haserat et passe en Tripolitaine.

Tripolitaine

Le 19 décembre 1942, le *B.I.M.P.* est en station à Marble Arch. Le 23 décembre 1942, Claude Hugon est soufflé par l'explosion d'une mine antichar.

---

4 Notes personnelles de Jean Tefaafana
5 *Les Carnets de route d'un combattant du Bataillon du Pacifique* Roger Ludeau
6 R.L. BP 1 NC

Roger Ludeau[6] : *Ces fromages d'un nouveau genre sont capables de pulvériser un char de trente tonnes.*

Malgré ses blessures à la hanche et au visage, Claude Hugon évacue sur son dos son tireur grièvement blessé par la même explosion. Ils sont acheminés vers l'arrière sur un hôpital anglais d'Alexandrie.

Le 14 janvier 1943, en tête de la VIII Armée, le bataillon d'infanterie de marine et du Pacifique reprend sa marche vers Tripoli où le 28 janvier 1943 à Castel Benito, il fait la jonction avec la colonne Leclerc venue du Tchad.

Roger Ludeau : *Tripoli tombe le même jour que l'aérodrome de Castel Benito situé à une vingtaine de kilomètres environ de la capitale libyenne.*

Jean Tefaafana[7] : *Nous étions en position sur une colline que nous ne pouvions pas franchir à cause d'une batterie allemande qui tirait sans cesse. À la nuit tombée, nous sommes passés pour faire notre jonction avec la colonne Leclerc.*

Le 10 février, le *B.I.M.P.* atteint Zaouia pour assumer la défense d'El Assam.

La campagne de Tunisie

Le 23 février, le *B.I.M.P.* quitte El Assam et pénètre en Tunisie où il prend position autour de l'aérodrome de Médenine jusqu'au 12 mars 1943. À l'approche de la ligne Mareth dont les défenses se sont renforcées, la VIII Armée britannique va chercher à consolider les deux carrefours de Tataouine et de Médenine. L'ennemi attaque avec une violence inouïe pendant trois jours : soixante chars sont détruits, mille hommes sont tués.

Jean Tefaafana : *Les 6 et 7 mars, nous étions en patrouille dans la montagne entre Tatahouine et Médenine. Accrochés, nous devons laisser le capitaine Denis Jacquin grièvement blessé aux mains de l'ennemi.*

Roger Ludeau[8] : *Une patrouille du Pacifique s'est fait encercler et détruire. Le capitaine Jacquin est tué, quelques camarades plus ou moins amochés réussissent à rejoindre nos lignes.*

Le 13 mars, la ligne Mareth est franchie. Le 23 mars, Gabès tombe. Le *B.I.M.P.* est installé en défense côtière à Sfax le 11 avril 1943, pour s'enterrer le 17 à Monastir à vingt kilomètres de Sousse à cent trente kilomètres de Tunis. Le 28 avril 1943, le *B.I.M.P.* gagne le front de Sidi Amor. Les Allemands abandonnent la ligne Mareth et se replient sur Enfidaville pour tenir une vaste tête de pont autour de Tunis et de Bizerte sur le massif escarpé du Zaghouan. Le 2 mai, la 1ère *D.F.L.* relève au nord-ouest d'Enfida-ville la 51ème D.I. écossaise.

La 1ère *D.F.L.* est chargée de prendre position sur les djebels Garci et Takrouna. Le *B.I.M.P.* cesse d'appartenir la 12ème brigade de défense anti-aérienne pour être rattachée à la colonne Leclerc dite *Force L* qui est chargée d'investir le djebel Garci.

Roger Ludeau : *Nous avons passé la nuit face aux positions ennemies à Aïn El Garci, à creuser nos emplacements de combat. Au petit jour, on ne voit*

7 Notes personnelles
8 RL BP 1 NC

Les combattants du Bataillon, en permission de détente sur les avenues de Tripoli.

au ras du sol que la bouche de nos canons et de nos mitrailleuses.

Avant l'assaut, il est indispensable de réduire les points d'appui les plus menaçants. L'ennemi surplombe les pentes du massif rendant impossible tous mouvements dans la journée. Le *B.I.M.P.* est engagé dans des patrouilles de nuit pour surprendre les points d'appuis allemands et italiens avancés. Devant eux sont positionnées la 90e division légère allemande et la division italienne Trieste, leurs anciens adversaires à Bir Hakeim.

Édouard Magnier[9] : *1er mai : deux Tahitiens sont blessés par des éclats d'obus. L'attaque se prépare, mais il faut attendre les mulets car il faut prendre la montagne, piton par piton et les Fritz sont coriaces. Sans arrêt, leur artillerie pilonne les cimes.*

Le 3 mai, Abel (*Apera*) Teore est gravement blessé par un éclat d'obus reçu dans la cuisse. Il est évacué sur l'ambulance Hadfi ld-Spears située

FONDS GRAFFE

sur la route Kairouan-Enfidaville, puis transféré vers l'arrière.

Lucette Huck[10] : *Je rencontre les premiers Tahitiens à Damas où ils viennent se faire soigner comme Abel Teore. En Égypte, je me suis engagée dans les Forces françaises libres pour gagner Damas en Syrie afin de suivre des cours accélérés d'infirmière. À Damas, le docteur Rollin fut un des membres de mon jury d'examen. Maadi Gobrait me remplace quand je pars avec l'ambulance chirurgicale de madame Catroux pour la campagne d'Italie où je vais connaître mon futur époux le docteur Huck réanimateur de la F.C.M.2.*

Lucette Huck est collégienne au lycée Albert Sarrault à Hanoi jusqu'à l'occupation japonaise en 1939. Son père, Jean Vidal, est muté en Chine à Kouang-Tcheou-Wan où il aide les résistants chinois venus de Hong-Kong à traverser la frontière.

Dénoncé, il doit fuir la Chine occupée. Lucette et sa famille parcourent quelques deux mille kilomètres en territoire chinois jusqu'à Tchung King capitale des troupes de Tchang-kaï-Check. Ils gagnent l'Égypte via les Indes.

Maadi Gobrait[11] née le 7 août 1909 à Papeete est la fille de Jack Gobrait commerçant indien venu s'installer à Tahiti en 1898. Elle quitte Tahiti en 1930 pour faire des études d'infirmière en Nouvelle-Zélande où elle professe. En 1942, elle s'engage dans les Forces françaises libres et rejoint les troupes françaises en Syrie. Elle participe aux campagnes d'Afrique du Nord et au débarquement en Europe. Elle termine la guerre comme sous-lieutenant dans le corps du service de santé, décorée de la croix de guerre avec une citation.

Dans la nuit du 4 au 5 mai, Lucient Parent, Inatio Tetiarahi, Teahotoa Amaru, Jean Pautu, John Teoea, Teriiura Anuu et Tavae Vahine réduisent un point d'appui allemand. Les combats ont lieu au corps-à-corps. Inatio Tetiarahi, Teahotoa Amaru et Tavae Vahine seront promus caporaux.

Édouard Magnier[12] : *6 mai - Une patrouille de chez nous, 1ère compagnie de Perraud détruit un poste avancé ennemi. Elle tue douze Fritz et fait trois prisonniers.*

Lors du coup de main, Teriiura Anuu neutralise seul un soldat ennemi qui s'apprêtait à ouvrir le feu sur sa patrouille et le fait prisonnier. Blessé aux jambes par l'explosion d'une grenade, il refuse le secours de ses camarades avant la totale réduction du point d'appui allemand. Pour son audace et son courage, il est promu 1ère classe.

Édouard Magnier : *10 mai - Le général Lelong commandant la 1ère brigade, la nôtre, a cité à l'ordre de l'armée tous les hommes qui avaient participé à la patrouille du 5 mai. De plus, tous les hommes ont monté d'un grade. Parent est maintenant sergent-chef.* Dans la nuit du 8 au 9 mai, la 1ère D.F.L. passe à l'attaque. Trente mille obus sont tirés sur les positions ennemies qui répondent avec tout autant de précision. Ce 8 mai, Jean Pautu est blessé à la jambe droite par éclat d'obus. Jean Teae Rataro[13] est sévèrement blessé par un éclat de mortier qui lui laboure le dos et la fesse gauche. Il est évacué à l'hôpital Maurice Rottier à Beyrouth.

Le 11 mai, la 1ère brigade mobilise l'ennemi sur le Djebel Garci par des opérations de harcèlement. Le *B.I.M.P.* occupe la cote 245, fait plusieurs prisonniers

9 Journal de guerre d'Édouard Magnier Archives de Nouvelle-Calédonie
10 Fonds Mottet

11 *Tahitiens* Patrick O'Reilly
12 Journal de guerre d'Édouard Magnier Archives de Nouvelle-Calédonie
13 Rataro décèdera de tuberculose le 7 juin 1944 au sanatorium d'Aujac

avant de l'évacuer sous de violents bombardements.

Roger Ludeau[14] : *Dans la nuit du 10 au 11 mai, on est tiré de notre somnolence par un bruit terrifiant (…) une avalanche de bombes sifflantes (…), les nerfs à fleur de peau on se recroqueville au fond de nos trous : des obusiers de 105 à six tubes.*

Noël Suhas a été blessé au dos, à la jambe droite, à l'oreille et au cuir chevelu par un éclat de grenade. Teina Hare a été touché par un éclat d'obus.

Tunis tombe, signant le dernier acte de la campagne de Tunisie. Le 13 mai 1943, les forces de l'Axe se rendent.

Câble de John Martin[15] : *Mme Maurice Langomazino - Bonne santé - Apprenons avec joie capitulation Italie rapprochant victoire et retour - Vous envoie radio tous mois - Reçu lettres Juillet - Baisers pour toute famille et amis. À bientôt - Martin.*

Le bataillon s'installe à une quinzaine de kilomètres d'Enfidaville, campant à proximité d'une source d'eau minérale qui ressemble au Vichy. L'usine a été bombardée mais la source coule toujours.

John Martin[16] : *Près d'Enfidaville, dans une usine d'eau thermale renommée, les canalisations avaient été percées par les combats. Nous prenions des douches à l'eau gazeuse usant des filets qui s'échappaient des tuyaux percés.*

Le bataillon est déplacé sur Sousse le 25 mai 1943 pour stationner au repos à Hamman-Lif, à vingt-deux kilomètres de Tunis, jusqu'au 8 juin 1943. Il progresse ensuite par étapes : Zouara le 12 juin 1943 à quatre-vingt kilomètres de Tripoli, Melittia le 13 juin 1943, Zavia le 15 août 1943 et Nabeul le 29 août 1943. À Zouara, le *B.I.M.P.* reçoit le renfort du second contingent calédonien.

Édouard Magnier[17] : *Le volant de relève de cent quarante Calédoniens est arrivé le 17, dans l'après-midi : cinquante Calédoniens et Tahitiens ont été désignés pour retourner au pays.*

Le second contingent calédonien parti le 3 mars 1943 de Nouméa fort de cent soixante-treize volontaires, Mélanésiens dans l'ensemble, avec les volontaires parachutistes calédoniens est transporté sur le croiseur américain *Helena* jusqu'à Sydney. À Sydney, ils se séparent des parachutistes pour embarquer sur *l'Île de France* jusqu'à Durban et Suez. Ils sont acheminés en train jusqu'à Zabratta et Zouara où ils retrouvent les volontaires du premier corps expéditionnaire des Pacifie s.

Louis Kasni Warti, volontaire dans le second contingent calédonien[18] : *Engagé en 40, puis dans la marine marchande sur le* Polynésien *qui est réquisitionné par la France libre, je suis engagé volontaire dans le second contingent calédonien. Nous touchons avec l'Île de France Durban pour gagner ensuite la mer Rouge, puis en train le camp Ména au Caire, où nous suivons des entraî-*nements soutenus. *Nous retrouvons le B.I.M.P. à Zouara où je fais la connaissance de mes frères d'armes tahitiens : John Martin mais aussi Tapeta, Colombani, Marmouillet, Drollet et Parent.*

De nouvelles recrues rejoignent le bataillon. C'est le cas d'Henri Didelot, de Roger Ferrand ainsi que de Marc Darnois né à Saint-Denis, échappé de la France occupée. En Espagne, Marc Darnois connaît pendant cinq mois les geôles espagnoles de Lerida. Libéré, il regagne l'Afrique du Nord.

John Martin : *Il pleuvait à torrents. Je vois arriver Marc Darnois tout mouillé dans notre mess, une simple bâche en guise de tente. On boit un coup. Il intègre finalement le bataillon dans l'objectif de se faire démobiliser[19] à Tahiti.*

Roger Ferrand est parti faire ses études en France avant la guerre. Il est l'ami d'Henri Didelot.

À l'armistice, il suit son ami Didelot dont le père leur fait gagner la Tunisie.

Au retour d'une permission à Tunis, Tetoka Tane de Rairoa souffrant d'insuffisance respiratoire est hospitalisé. Il est transféré à Constantine puis à Alger où il restera en soins dans plusieurs hôpitaux. Sa tuberculose est constatée le 4 avril 1945.

Il ne rejoint le bataillon à Paris que le 6 août 1945 pour être hospitalisé à l'hôpital Percy jusqu'au 5 janvier 1946.

Le 12 avril 1944, le *B.I.M.P.* est à Bône. Lors de leur séjour en Algérie, certains Tamari'i Volontaires vont intégrer d'autres unités combattantes.

Teiho Tehei, de la 1ère section de mitrailleuses de la 1ère compagnie, le bras gauche fracturé, est muté au 3ème *R.T.S.* lors de son hospitalisation à Tunis d'avril 1944 à juin 1944.

Édouard Paillandi le sous-officier canaque en second de la section de John Martin.
FONDS JOHN MARTIN

19 Marc Darnois musicien, navigateur renommé sur son *Maylis*, contribue avec John Martin à l'installation de Radio-Tahiti.

FONDS HENRI DIDELOT

Roger Ferrand est parti faire ses études en France avant la guerre. Il est l'ami d'Henri Didelot que l'on reconnaît ici en tête de cortège. À l'armistice, il suit son ami Didelot dont le père leur fait gagner la Tunisie.
FONDS BRENDA CHIN FOO

14 *Les carnets de route d'un combattant du Pacifique* Roger Ludeau
15 Fonds W 48 SPAA
16 Entretiens 2011-2012
17 *Journal de guerre* d'Édouard Magnier Archives de Nouvelle-Calédonie
18 Entretiens 2013

Avec les auxiliaires féminines de l'Armée de terre (A.F.A.T.), Debout et de gauche à droite, Raymond Varney, un camarade calédonien, Marc Darnois et Alexandre Wholer. Assis, John Martin et deux camarades.

FONDS JOHN MARTIN

Il est embarqué pour Naples fin juin 1944 puis débarqué à Saint-Tropez le 2 septembre 1944, gagne Avignon puis Marnay où il rejoint son unité d'origine le 12 septembre 1944.

Léon Garet, dit *Bonhomme*, rejoint les Commandos d'Afrique pour échapper à des sanctions disciplinaires..

John Martin[20] : *Nabeul est une terre de vignes, où les hommes livrés un peu à eux-mêmes dans la turpitude des rivalités entre le chef de la France libre et Giraud, s'adonnent souvent à l'ivresse. Celle-ci provoque insubordination et sanctions de la part de jeunes officiers qui n'ont pas encore connu le feu. C'est ainsi que Léon Garet est porté déserteur. Nous le retrouverons plus tard en Provence.*

Louis Kasni Warti, volontaire du second contingent calédonien[21] : *À Monastir, nous prenons station près d'une coopérative de vin. Nous pouvons délaisser le lait et le thé anglais, pour des délices proches de l'ivresse. Nous revenons vite au thé anglais, lorsque nous trouvons le cadavre d'un soldat allemand dans la cuve.*

Le sergent Pierre Galenon, remis 2ème classe est muté du *B.I.M.P.* dans la 1ère compagnie de transmissions du 1er *B.T.D.*, puis le 1er juillet 1943 dans la 3ème compagnie du 1er *B.T.D.*

Jean Tefaafana est aff cté au 13ème RTS stationné à Alger où, renonçant à son rapatriement sur Tahiti, il sera démobilisé en novembre 1945.

Tahitia Manea est aff cté le 1er avril 1944 au *C.I.D.* Malade, il décède le 7 juin 1944 à l'hôpital militaire Louis-Vaillard à Tunis. Il est inhumé au cimetière Borgel de Tunis.

Les premiers retours

Avec la conscription, de premiers Tamari'i Volontaires sont renvoyés au *fenua* (Pays) car soutiens de famille déclarés ou en raison de leur âge, de leur santé ou de blessures invalidantes. Un télégramme du 29 octobre 1942 sollicite la confirmation[22] des statuts de soutien de famille de

volontaires tahitiens. Il est prévu néanmoins que ceux qui ont émis le souhait de rester pourront faire bénéficier à leur famille d'indemnités compensatoires : *Je vous demande très instamment allouer indemnités nécessaires à ces familles comme il a été promis par arrêtés locaux au moment de la formation du bataillon. Stop. Si nécessaire, Londres vous fournira des fonds. Stop. Je vous serais reconnaissant de personnellement faire aboutir cette question. Signé Général de Larminat.*

Le 26 novembre 1942, le gouverneur accuse réception[23] : *Toutes décisions pour attributions allocations sont prises par commissions réglementaires. Vous demanderons remboursement dépenses effectuées à ce titre par colonie. Signé Orselli.*

Les soldes de l'armée de terre applicables en pays anglais, en zone sterling et dans les territoires de la France libre comprenaient un traitement de base en fonction des grades, complété d'allocations familiales en fonction du nombre d'enfants à charge.

Un soldat de 2ème classe, célibataire, percevait deux shilling six.

À cette solde s'ajoutait, s'il était marié, une allocation familiale de six cent quatre-vingt-neuf francs, de deux cent quatre-vingt–six francs pour un premier enfant, de deux cent dix francs pour un second enfant, de cent cinquante-trois francs pour un troisième enfant et suivant.

Les Tamari'i Volontaires Ahutoru Oreore, Mahahe Teuru, Manea Noho, Atera Teuira, Mo Teriiahiro, Faatupuarii Anania, et Charles Bernardino, reconnus soutiens de famille, sont confirmés dans leurs premiers engagements.

Les indemnités promises ne seront pas versées aux familles. Lors du retour du bataillon en mai 1946, les premiers volontaires revenus au *fenua* (Pays) menacent d'organiser, avec leurs compagnons calédoniens du *Sagittaire,* une manifestation de protestation.

Taihia Samuela a été évacué sur Beyrouth dès le 9 octobre 1942. Il a embarqué à Suez le 1er mars 1943 avec ses camarades Raphaël Teiho blessé à Rotonda Signali, Hoeau Mairiro blessé à Bir Hakeim, Fortuné Tuaiva qui est malade depuis Lattaquié, ainsi que Taimoe Temahahe qui a été blessé par balle pendant la campagne de Tripolitaine en septembre 1942.

Ils arrivent ensemble à Tahiti le 5 juin 1943.

Temaoko Tomina, malade est évacué le 3 octobre 1943.

Hira Vahine et Paul Moe, blessés tous les deux en novembre 1942 à El Alamein, sont évacués sur Suez le 29 février 1943. Ils sont en l'Australie le 1er janvier 1944 et à Tahiti le 18 mai 1944.

Le caporal-chef Charles Frogier (dit *Bébé*) malade, Émile Tuahine, Olivier Van Bastolaer embarquent

---

20 Entretiens 2011-2012
21 Entretiens 2013

22 Fonds W 48 SPAA
23 Fonds W 48 SPAA

à Suez pour Tahiti le 29 novembre 1943. Alphonse Suhas, Taupua Teriitehau ainsi que Moana Iriti, le seconde classe Arapa Arapa et Tetuarere Gatata de Anaa cités à Bir Hakeim (tous les trois malades), le sergent Marcel Bonnet[24], l'ancien poilu de l'Armée d'Orient et enfin Inatio Tetiarahi, relevé car père de deux enfants, embarquent aussi à Suez le 29 novembre 1943 pour l'Australie où ils stationnent jusqu'au 29 avril 1944. Ils ne touchent Papeete que le 17 mai 1944.

Jonas Ahutoru blessé accidentellement au début de la campagne de Tunisie, amputé du troisième doigt et de la moitié de son métacarpien de la main droite, est aussi évacué ce 29 novembre.

Tetuarere, arrivé à Sydney le 7 février 1944, est pour sa part hospitalisé le lendemain à Melbourne jusqu'en mai 1946. Il réembarque de Melbourne le 13 mai 1946 sur le *Durango Victory* pour arriver à Tahiti le 13 mai 1946, sept jours après le retour du corps expéditionnaire du Pacifiq e.

Jean Tumahai est dirigé sur le camp Mena en Égypte le 7 juillet 1943 pour embarquer à Suez le 11 janvier 1944. Il arrive à Sydney le 2 février 1944, reprend la mer le 3 mai pour toucher Papeete le 17 mai 1944.

André Doucet, blessé à l'œil à Bir Hakeim, est handicapé dans sa vision. Le conseil de révision de Beyrouth le renvoie dans ses foyers le 6 novembre 1942. Avec Titauhia Mataitai blessé à El Alamein, Moohono Barf évacué sanitaire du camp de Katana, André Doucet embarque à Suez le 1er mars 1943 pour arriver à Tahiti le 5 juin 1943.

Hoeau Mairiro blessé à Bir Hakeim, ainsi que Teriiura Anuu le valeureux mitrailleur de Bir Hakeim et Noël Suhas, tous deux blessés en Tunisie en mai 1943, font l'objet d'un rapatriement sanitaire en décembre 1943 et retrouvent Tahiti le 17 mai 1944.

Marcel Marcantoni Oopa, évacué pour maladie le 12 novembre 1942, ne rejoint l'unité en Tunisie que le 23 février 1943. Le 13 octobre 1943, il est dirigé vers l'arrière en vue d'un rapatriement à Tahiti.

Le 15 juin 1944, il embarque à Suez avec Teriitua Paheroo, Jean Tematua, le brancadier Henri Teihotaata Teriiteanuanua dit *Teru*, Albert Nimau, Tepapari Marere, Narii Moarii, Teurahutia Amaru, Pierre Faufaari, Teavau Tuainau, héros de Bir Hakeim mais soutien de famille, André Taea de santé faible, Tetuaereva Faehau, Ruanuu Teipo ancien chauff ur de Gaston de Bricourt, pour arriver à Tahiti le 23 août 1944. Pierre Paea Tixier est rapatrié aussi pour raisons de santé.

William Grand, ordonnance de Broche puis de Bouillon, nouveau commandant du *B.I.M.P.*, quitte l'unité décembre 1943 pour l'État-Major d'Alger. Avec Alphonse Moarii de Mataiea, qui est rapatrié sanitaire, ils embarquent pour Tahiti le

Groupe d'officiers français dont le docteur Louis Rollin, lors de son retour *via* Melbourne.
FONDS ROLLIN

15 juin 1944 où ils arrivent le 23 août 1944.

Bernard Tauiratea est ramené de Naples le 6 août 1944 vers Oran, qu'il touche le 10 août. Il est évacué sur Alger pour être soigné à l'hôpital Maillot. Après une permission de convalescence de deux mois, il prend le *SS Providence* pour Marseille le 29 mai 1945 et rejoint Paris où il retrouve le Bataillon du Pacifique.

Des premiers câbles[25] de volontaires à leurs familles annoncent leur retour.

Adjudant-chef Maruhi à madame Maruhi. Punaauia Tahiti : *Suis bonne santé. bataillon bien. Envoyez bonjour Paroisse. Donner bonjour Tuterai Amata Roo Temoe. Espérons prompt retour. Victoire proche. Baisers tous. Tendresses. Maruhi.*

Caporal-chef André Snow à madame André Snow Papeete (Tahiti) : Le Caire 8 août 1943 : *Te demande garder courage et confiance. Peut-être Tutu arrivera avant moi et expliquera situation. Dis Victor essayerai voir Jeannette et donnerai nouvelles si possible. Baisers. Tendresses tous. André.*

Le volontaire tahitien de la première heure, Albert Manutahi Ariihoro, dit *Paepae*, ancien poilu de 1917, cité à l'ordre de son régiment à l'âge de 17 ans car il se portait toujours volontaire en lieu et place de ses camarades pères de famille, s'arme d'un fusil-mitrailleur pour lâcher en l'air quelques rafales d'intimidation dans le camp. Mis aux arrêts de rigueur, il ne peut être ainsi rapatrié avec les autres.

Les pertes ne sont pas toujours imputables aux combats. Les volontaires tahitiens sont aussi souvent victimes de dommages collatéraux, de malchance

William Grand et John Martin
FONDS JOHN MARTIN

24 Marcel Bonnet stationne en Égypte en octobre 1941, puis en Syrie jusqu'en janvier 1943. Le Conseil de rapatriement sanitaire de Beyrouth réuni le 4 décembre 1942 le renvoie dans ses foyers.

25 Fonds W 48 SPAA

Campagne du Bataillon du Pacifique

De l'arrivée au moyen-orient, juillet 41, au départ pour Tahiti, 14 mars 1946.

9 débarquement à Suez le 31 juillet, et traversée du Canal en bac pour remonter en train vers la Palestine.

10 cantonnement à Quastina (prés de Tel Aviv), le 3 août 1941.

11 arrivée à Damas puis Katana 7 août.

12 cantonnement à Alep, 8 octobre.

13 du 28 au 31 décembre, Latakié puis redescente pour une traversée de la Palestine vers l'Égypte .

14 arrivée en Égypte le 1er janvier 1942, en traversant le canal à Ismaïlia.

15 cantonnement à El Daba, pour un départ vers la Lybie le 5 janvier 1942.

16 le bataillon entre dans le dispositif anglais d'Halfaya, 16 janvier.

17 mouvements du bataillon sur la zone côtière de Tobrouk à Gazala. 21 janvier.

18 descente vers El Adem puis Tmimi.

19 position du bataillon à Bir Hakeim en février 1942, et combats jusqu'au 12 juin 1942.

20 batailles de El Alamein qui commencent le 27 juillet. Le front s'installe jusqu'à novembre 1942.

21 Tripolitaine, décembre 1942.

22 Tripoli, 28 janvier 1943, jonction avec la colonne Leclerc venue du Tchad. 1943

23 entrée à Médenine le 23 février (campagne de Tunisie)

24 Melittia 13 juin.

25 Nabeul, campagne de Tunisie du 29 juin 43 au 11 avril 1944.

26 Bone, embarquement vers l'Italie le 17 avril 1944.

27 débarquement à Naples le 20 avril.

28 le bataillon prend position à Garigliano le 11 mai.

29 du 30 juillet au 7 août voyage vers le port de Tarente pour embarquer vers la France.

30 17 août 1944, débarquement à Cavalaire (Var), entré dans l'histoire comme « débarquement de Provence »

31 jusqu'au 27 juillet, divers combats autour de cette zone côtière.

32 Nîmes le 30 août.

33 Lyon le 2 septembre.

34 26 septembre 44, Andornay Vosges.

35 Belfort 25 octobre 44. La majorité des Océaniens sont relevés et dirigés vers Paris.

36 Paris, à partir du 16 novembre 1944, début de séjour d'une partie du bataillon dans la capitale. 1945

37 campagne d'Alsace, de décembre à mars. 1945

38 mars 1945 descente de certains éléments sur le front des Alpes.

39 au retour de la paix, les derniers combattants tahitiens sont renvoyés à Paris rejoindre leurs camarades relevés à Belfort.

40 Saintes, 23 septembre 1945, première portion d'un voyage vers le retour.

41 Saint Laurent du Var (Nice), 25 décembre 1945, second séjour d'attente vers le retour. Les Tahitiens partiront enfin le 18 février 1946 pour Marseille.

42 14 mars 1946, Marseille, embarquement sur le *Sagittaire*, des volontaires ultra-marins de toutes les armes pour les Antilles, Tahiti et Nouméa.

43 Guadeloupe et Martinique le 23 mars 1946. *(voir carte de la page 171)*

---

et de maladies. Charles Terorotua ancien combattant de la Première Guerre mondiale est décédé de maladie en novembre 1942. Il est inhumé au cimetière des Pins à Beyrouth. Torohia Teriimana de la 2ème compagnie de soutien du *B.I.M.P.* se tue accidentellement en service commandé à la suite d'une collision de sa motocyclette avec un camion à vingt kilomètres d'Agheila le 20 décembre 1942. Il est inhumé à quatre cents mètres au nord-est du carrefour d'Agheila au kilomètre quinze. Ueva Taivini décède de tuberculose au sanatorium de Bhannes au Liban le 12 juillet 1943. Il est aussi enterré au cimetière des Pins à Beyrouth. Julien Toofa Tuatahi se tue sur la piste le 11 mars 1943. Tehira Matehau est mortellement blessé dans un accident de moto en Tunisie le 2 juin 1943, en même temps que son camarade, le caporal-chef Marcel Tetuahoro. Tehira Matehau a quitté la 1ère brigade pour être détaché au 12ème *R.A.C.* le 21 novembre 1942. Le procès-verbal dressé par la police militaire indique que les deux hommes ont été pris entre deux convois qui se croisaient et qui les ont fauchés.

Teriitetoa Teata décède en Tunisie le 4 Juin 1943, victime également d'un accident d'automobile. Jean Teae Rataro qui a été blessé par éclat de mortier en Tunisie en 1943, décède de tuberculose le 7 juin 1944 au sanatorium d'Aujac. Tetuarere Gatata atteint de troubles pulmonaires est évacué sur l'Australie le 7 février 1944 où il est hospitalisé à Melbourne de mars 1944 à mai 1946. Tetoka Tane est réformé pour insuffisance pulmonaire dès septembre 1943. Il fait l'objet d'hospitalisations successives à l'hôpital Louis-Vaillard à Tunis le 12 septembre 1943, l'hôpital Lavereau à Constantine le 11 octobre 1943, l'hôpital Maillot d'Alger le 2 novembre 1943. Tetoka Tane reste hospitalisé jusqu'en août 1945 avant d'être rapatrié sur la France pour rejoindre le Bataillon du Pacifiq e à Paris.

Eugène Ina dit *Tiurai*, combattant de Bir Hakeim et d'El Alamein, malade, est hospitalisé une première fois le 5 novembre 1942. Il rejoint l'unité le 13 février 1943 pour être aff cté au 3ème *R.T.S.* (transmissions).

Il est hospitalisé à nouveau le 23 mars 1944 à l'hôpital de Vaillant à Tunis où il décède le 30 juillet 1944 à l'âge de vingt-deux ans. Jonas Ahutoru blessé dans un accident d'automobile le 29 juin 1943 est renvoyé le 29 novembre 1943 sur Tahiti qu'il atteint le 17 mai 1944.

La campagne d'Italie

Le 12 avril 1944, le bataillon d'infanterie de marine et du Pacifique *B.I.M.P.* est acheminé en camions sur Tunis où il prend le train pour Bône[1] à cent kilomètres à l'ouest de la frontière tunisienne.

À partir du 13 avril 1944, le *B.I.M.P.* stationne dans le camp numéro 3 sur la route de Constantine, à cinq kilomètres environ de Bône, avant d'embarquer quatre jours plus tard sur le *Christiaan Hugen*.

Le *B.I.M.P.* en route pour l'Italie est composé d'un état-major et de cinq compagnies :
- la 1ère compagnie de commandement de cent trente-trois hommes sous les ordres du capitaine Moret ;
- la 1ère compagnie d'accompagnement de cent soixante hommes sous les ordres du capitaine Courant ;
- la 1ère compagnie de fusiliers-voltigeurs de cent soixante-quinze hommes sous les ordres du capitaine Perraud ;
- la 2ème compagnie de fusiliers-voltigeurs de cent soixante-dix-huit hommes sous les ordres du capitaine Blanchet ;
- la 3ème compagnie de fusiliers-voltigeurs de cent soixante-dix-neuf hommes sous les ordres du capitaine de Laborde ;

Soit un eff ctif de vingt-neuf officiers, huit cent dix-sept sous-officiers et hommes de troupe. Un renforcement de deux cent cinquante volontaires de Corse récemment libérée ajoute au côté insulaire du bataillon.

Le 18 avril 1944, le *Christiaan Hugen* lève l'ancre pour se joindre à un convoi de cinq, puis neuf autres transports de troupes, escortés de huit bâtiments de guerre.

Charles Millo[2] servant néo-calédonien de la mitrailleuse La Rosalie : *Nous savions que nous pouvions être la cible de sous-marins ou de l'aviation allemande. Pour nous remonter le moral nous chantions sur l'air de Lili Marlene :*

> *Quand le bateau coule*
> *Au milieu de la nuit*
> *La petite ampoule soudain s'allume et luit*
> *C'est le signal du grand bain de pied*
> *Y'a un tas de gens qui vont se mouiller*
> *Avions et sous-marins*
> *Y'a chaud pour les marsouins.*

Le convoi longe les côtes d'Afrique du Nord, la Sicile, Capri, et arrive le 21 avril 1944 à Naples protégé par un épais brouillard.

Roger Ludeau[3] : *En longeant les côtes de la Sicile, notre bâtiment vibre sous les déflagrations des grenadages anti-sous-marins.*

Les combattants découvrent une région complètement détruite par les bombardements

1 Devenue Annaba, quatrième ville d'Algérie
2 Les Mémoires calédoniennes *le Bataillon du Pacifique* août 2012
3 *Les Carnets de route d'un combattant du Bataillon du Pacifique* Roger Ludeau

Défilé du Bataillon du Pacifique dans Naples.
FONDS BROCHE

aériens alliés avec le Vésuve comme fond de décor. Le bataillon est conduit à Trentola en camions puis est cantonné à Ducenta.

Le 30 avril, quatre-vingt soldats du *B.I.M.P.* conduits par le Révérend Père Jean Starky visitent Pompéi et font, enthousiastes, l'ascension des pentes du Vésuve.

Depuis décembre 1943, des troupes françaises combattent en Italie avec la Ve armée américaine. Lorsque la 1ère *D.F.L.* arrive en Italie, le front s'est stabilisé le long du Garigliano, sur sa rive Ouest où a été établie une petite tête de pont. La ligne Gustav barre l'entrée de la vallée du Liri en s'appuyant sur le Monte Cassino au nord et le Monte Majo au sud. Le massif du Majo tombe sur le Garigliano par des pentes escarpées de plusieurs centaines de mètres. De ses points d'appui, l'artillerie ennemie harcèle les ponts flottants sur le fleuve, le pont du Tigre dans le secteur de la 1ère division française libre et le pont du Lion.

Le général Juin propose au général américain Clark une manœuvre audacieuse consistant à rompre la ligne Gustav par le Garigliano. L'objectif du bataillon est de nettoyer la boucle du Garigliano. La zone est une étroite bande de deux à trois kilomètres qui s'allonge vers le nord, le long du Garigliano, puis au sud du Liri sur une trentaine de kilomètres. Elle est dominée par le Monte Girofano. Le bataillon aura en conséquence un pied dans la montagne, *un pied dans la vallée.* La 1ère *D.F.L.* ne peut agir que par une poussée frontale contre les défenses allemandes. Elle débouchera par le haut, sur les pentes du Girofano de façon à déborder par San Andrea et San Appolinare, les défenses allemandes du Liri.

Le journal de marche du bataillon d'infanterie de marine et du Pacifique (B.I.M.P.) rapporte :

- Le 5 mai, le B.I.M.P. *quitte le camp de Ducenta où il stationnait depuis quinze jours pour se mettre en mouvement afin de rejoindre les lignes du Garigliano. Il bivouaque à environ un kilomètre du village de Gampo. Le 7 mai, à dix-neuf heures, il quitte son cantonnement. Il progresse à pied sur la route du San Clemente, assez bonne, éclairé par un beau clair de lune. Le bataillon franchit le pont du Tigre enfumé et salué de tirs sporadiques. La côte 433 se présente.*

Les hommes gagnent ses pentes par des sentiers de muletiers dans une progression lente et pénible. Les mules sont surnommées les *brêles.* Le 8 mai, après deux heures de marche, les premiers éléments atteignent un ravin se trouvant à trois cent mètres au sud de la côte 433 et prennent leurs emplacements. A quatre heures trente du matin, le bataillon est en position. Dans la journée, vers quinze heures, quelques coups de mortiers tombent sur la position. Le caporal Teahotoa Amaru est légèrement blessé.

*- Le 9 mai, la nuit et le matin sont calmes alors que dans l'après-midi de quatorze heures trente à dix-sept heures le bataillon fait l'objet de bom-*bardements. Le B.M. 21 signale une progression ennemie à l'est de la 1ère compagnie (…) des tirs d'arrêts sont engagés. La 1ère compagnie et le P.C. sont à nouveau bombardés, blessant huit hommes. A dix-huit heures, notre artillerie riposte. Tout le secteur occupé par le B.I.M.P. remue, des tirs d'armes automatiques se font entendre. Le bataillon a deux tués, onze blessés dont Rochette et Brix Etilage.

Faahei Rochette et Brix Etilage sont cités :
Le 9 mai 1944, alors que la position a été sévèrement bombardée par mortiers, sont restés à leur poste de combat, ont été blessés.

Le 10 mai, le convoi de ravitaillement apporte l'eau qui fait cruellement défaut au bataillon. Les rations individuelles se limitent à deux litres par homme et par jour.

- Le 11 mai, l'offensive est prévue cette nuit. La mission de la 1ère D.F.L. est de conquérir et de nettoyer la bande du Garigliano. Le bataillon doit se souder à l'action de la 2ème D.I.M. à gauche, et du groupement blindé à droite pour se porter sur la ligne Girofano, côte 290.

Le 11 mai, à vingt-trois heures, la 1ère compagnie du capitaine Perraud qui est en mouvement pour se rendre sur la ligne de départ reçoit des salves d'artillerie. Le Tahitien Hute Hepo âgé de vingt-cinq ans est tué par un éclat d'obus et deux autres blessés. À vingt-trois heures trente, la base de départ est occupée par toutes les unités du bataillon. Les alliés déclenchent l'offe sive générale sur toutes les poches de résistance allemande.

La nuit s'illumine de toutes les pièces alliées qui font feu.

Cinq minutes après, l'ordre d'attaquer est donné. Les hommes s'élancent en tenue allégée, le casque anglais sur la tête. Le bataillon s'infiltre par petites colonnes dans les pentes, les ravines et les broussailles pour manœuvrer et réduire les nids de résistance allemande.

Roger Ludeau[4] : *Pour attaquer, il faut d'abord descendre dans le ravin en face de nous pour remonter de l'autre bord.*

La 1ère compagnie engagée dans le ravin del la Cerasa est immédiatement prise à partie par des mortiers ennemis. Elle compte six tués et six blessés, dont le lieutenant Bellec.

Le 12 mai, à zéro heure trente, la troisième compagnie est pilonnée dans le même ravin par des tirs de mortiers qui frappent toutes les sections en colonne, une par une. Sur la cote 433, Teahotoa Amaru est blessé au bras et à la cuisse par un éclat de mortier en portant secours à des camarades blessés. Vers une heure du matin, la 2ème section monte à l'assaut de la cote 292, fortement tenue par l'ennemi. Teheiura Poheroa, à la tête de la 1ère section de la 1ère compagnie, enlève après un violent corps-à-corps une première position ennemie. Les autres maisons fortifi es sont conquises à la grenade avant d'être

4 *Les Carnet de route d'un combattant du Bataillon du Pacifique* Roger Ludeau

occupées. Rere Turi, toujours en avant dans les actions les plus dangereuses, l'a précédé pour réduire à la grenade la défense ennemie. La 3ème section appuie l'action de la 1ère section à Della Falasia. Elle a plusieurs tués et blessés par mines.

John Martin[5] : *Dans la pente de Garigliano, j'ai été blessé à la cuisse et à la cheville. J'étais furieux de commander un groupe de douze hommes, qui faisait treize avec moi. Nous avons eu huit tués en vingt minutes face à une compagnie planquée dans une maison alors que nous pensions qu'ils n'étaient que deux ou trois fantassins. Ce fut comme un coup de bâton : je suis tombé au sol. Je ne sentais plus ma jambe gluante de sang. L'odeur de la poudre était forte. Le Calédonien tombé à côté de moi gisait mort, la tête emportée par un éclat de mortier. Je me suis extirpé seul du déluge de feu qui continuait à tomber en rampant. Piirani est venu à mon secours pour me panser.*

Puairau Piirani a dix-huit ans lorsqu'il s'engage dans le corps expéditionnaire tahitien le 3 décembre 1940. L'animateur des chœurs polynésiens est le seul infirmier tahitien du *B.I.M.P.*, vétéran des campagnes de Lybie, de Tripolitaine, qui a su gagner l'amitié de ses frères d'armes par son dévouement, sa bonne humeur et sa valeur. Il sera cité pour l'ensemble de ses campagnes qui le mèneront d'Égypte jusqu'à Belfort.

La 2ème section est cependant dans une position critique. L'ennemi tient toujours la cote 541, objectif de la 3ème compagnie qui a dû se replier, ayant eu beaucoup de pertes par mortiers.

Le capitaine Perraud donne l'ordre à la 2ème section d'attaquer la cote 541. Après un violent combat, l'objectif est pris.

Cependant le Girofano, objectif de la 2ème *D.M.I.* (Division motorisée d'Infanterie, nouvelle appellation de la *D.F.L.*) tient toujours.

Raoul Michel-Villaz[6] : *Ordre d'attaque, nous sortons de nos trous, Prévost tombe grièvement blessé, Devaux un obus lui enlève la tête. Nous continuons l'attaque à la grenade. Les premières lignes allemandes prises, un obus de gros calibre tombe sur notre secteur. De nombreux blessés et de tués : Devaux, Goisème, Duluc, Lechanteur, Arnoult, Ford, Mancault. Le lieutenant, une jambe sectionnée (…) sur trente-deux de la section, nous ne sommes plus que onze. Les Allemands contre-attaquent, nous tenons, leur occasionnant de lourdes pertes avant de nous replier derrière la colline. Nous voyons à la pointe du jour des quantités de cadavres italiens et allemands qui jonchent le sol.*

À trois heures trente, la 1ère compagnie occupe les cotes 541-290 et le ravin Della Falasia.

La 3ème compagnie s'est repliée sur la base de départ et la 2ème compagnie reste en réserve derrière la 1ère compagnie. À quatre heures, l'ennemi contre-attaque sur la cote 541. La position n'est plus tenable. Sans nouvelles de ses bataillons, le colonel Raynal se porte vers le *B.I.M.P.* Il trouve la piste encombrée de blessés et de brancardiers, d'hommes égarés qui reviennent vers l'arrière.

Puairau Piirani, l'infirmié Tahitien du B.I.M.P.
FONDS JOHN MARTIN

5 Entretiens 2011-2012
6 *Le Journal de guerre et livret militaire de Raoul Michel Villaz*
Archives de Nouvelle-Calédonie

Cauchemar dévastateur pour les hommes du Bataillon, le mortier allemand.
Dispersés sur les hauteurs, ils étaient quasiment indestructibles
et il provoquèrent de lourdes pertes chez les Français.

Max Noble
FONDS JOHN MARTIN

René Drollet
FONDS DROLLET

Louis Kasni Warti[7] : *Caché derrière un rocher, une de mes jambes dépassait. Les éclats de mortiers s'éparpillaient au ras le sol. J'ai été blessé à la cuisse gauche. Je me suis évacué seul, grâce à un mulet sur lequel un camarade m'a aidé à me hisser.*

L'ordre de repli est donné par le chef de bataillon. Le décrochage s'effctue en bon ordre. À huit heures, les bases de départ sont réoccupées. Les pertes de la nuit sont très lourdes. Le *B.I.M.P.* a quarante et un tués dont Robert Drollet, dit *Piment*, âgé de vingt-sept ans et quatre Calédoniens. Il compte par ailleurs quatre-vingt-quatre blessés dont le lieutenant Bellec, Tehoa, John Martin, Pierre Marmouyet, Tetuahira *(Ari Wong Kim),* Max Noble, René Drollet (blessé au thorax pour la seconde fois), Étienne Taerea, Tinihau Taupua, Faatupuarii Anania (sévèrement blessé par l'explosion d'une grenade au thorax, à l'avant-bras et au pied), et Marurai Teriitehau (blessé aux jambes et au crâne). Rai Rai et Étienne Taerea, tireurs au FM, se sont particulièrement exposés pour couvrir la progression de leur unité. Étienne Taerea a vidé chargeur sur chargeur avant d'être blessé à la cuisse gauche par un éclat de mortier.

John Martin[8] : *Quand on est parti à l'assaut de la ligne Gustav, il y avait plus de huit cents ambulances en faction. Allongé sur un brancard, j'aperçois Max Noble sur un brancard porté par des tirailleurs sénégalais. Je les appelle pour que nous soyons évacués ensemble. En posant le brancard de Max Noble, à côté du mien, un des brancardiers me marche sur le mollet, m'arrachant un cri de douleur. Il me faut immédiatement m'interposer : Max Noble pointe menaçant son pistolet vers le tirailleur sénégalais.*

Étienne Taerea, John Martin et Max Noble sont soignés à Meddalonce dans l'hôpital américain n° 64 qui est installé dans un lycée. René Drollet, détaché comme éclaireur, a été blessé au thorax par deux éclats. Évacué sur l'hôpital général 243, il rejoint l'unité le 17 juin 1944 à Castel Viscardo ; il est à nouveau engagé à San Casciano di Bagni puis sur la cote 732 à Rodicifani. Max Noble est évacué sur l'Afrique du Nord, le 28 mai 1944 sur *l'U.S.A. Seminole.* Débarqué à Oran le 31 mai 1944, il est dirigé sur Tunis à l'hôpital militaire Louis-Vaillard. Pendant sa convalescence, il est l'heureux

7 Entretiens 2013
8 Entretiens 2011-2013
9 District de la côte est de Tahiti

gagnant d'une loterie qui lui permet d'acheter à son retour un terrain à Arue[9].

Lors de l'attaque du Garigliano le 12 mai 1944, Gaspard Coppenrath, chef de char, met mitrailleuse à terre pour aider la progression de l'infanterie sous un feu précis d'armes automatiques avant d'être blessé gravement.

Le 13 mai, après une préparation d'artillerie, une nouvelle offe sive est engagée avec pour objectif le Girofano, les monts Valogna et San Andréa.

La 1ère compagnie soutient l'action du B.M. 21 par ses tirs de mortiers ajustés de 81 et de 60 pouces servis par Maitere Taarii, Georges Durietz, Marcel Lucas, Rereao Smith et Areti Mervin. L'ennemi se replie, la 1ère compagnie réoccupe sa position de départ.

Le 14 mai, la 1ère compagnie fait mouvement et s'installe entre le Liri et la route nord du Cantaluce. Les mortiers allemands tuent Atera Teuira et blessent Honoré Tuera. Atera Teuira était âgé de vingt-six ans.

Le 16 mai, le bataillon se porte à la lisière de San Giorgio pour maintenir le contact avec les éléments ennemis en déroute. En fin d'après-midi, les deux sections de la 1ère et de la 2ème compagnie sont sévèrement prises à partie par des feux nourris d'armes automatiques et des tirs de mortiers.

Jean Faivet[10] : *San Giorgio, un village, une bourgade même, fortement secouée mais pas rasée comme la plupart des villages que nous avions traversés (…) les mortiers arrivent. Nous recevons la première bordée, planqués le long d'un talus. Puis ordre est donné à mon groupe de rejoindre l'église. À peine arrivés,* les mortiers sont avertis : une averse s'abat sur nous.

Claude Hugon court porter secours à un camarade blessé sous les tirs violents d'armes automatiques et de mortiers. Le commandant Magny est fauché à bout portant par une mitrailleuse allemande. La section est tombée dans un traquenard. Les Allemands, une demi-compagnie installée à courte pente, dans des trous bien camouflés l'ont laissée approcher sans se dévoiler. Ils ont ouvert le feu à vingt mètres. La section a été décimée, vingt hommes sur quarante sont tombés.

Ce 16 mai 1944, le caporal-chef John Tetoea, atteint à la tête, décède de ses blessures. Il était âgé de vingt-six ans. Le soldat de 1ère classe Manea Teriihopuare Noho, âgé de vingt-sept ans, est tué. Victor Salmon est blessé par balle à la tête, le sergent Marc Darnois et Maihuti Raveino sont atteints tous deux par éclats d'obus.

Le 17 mai 1944, Henere Tuera, alors au volant d'une jeep de reconnaissance près de San Giorgio, est blessé à la cuisse par un éclat d'obus.

Le 18 mai à 20 heures, le bataillon repart en avant avec mission d'occuper la cote 69, dite des *jumelles* évacuée par l'ennemi, en face du village perché de San Andrea.

Le 20 mai, le bataillon se déplace et occupe la cote 81. Le capitaine Magendie prend le commandement du bataillon en remplacement de Magny.

Le 22 mai, les Anglais attaquent sur tous les fronts en partant de la rive droite du Liri vers Ponte Corvo. Le bataillon se porte sur le mont Della Communa. L'installation se fait de nuit par pistes de chèvres.

Les journées du 23 au 31 mai 1944 sont calmes. Perraud en profite pour faire récupérer les morts du bataillon et les faire enterrer au cimetière de San Giorgio.

Le 31 mai, le bataillon est aux abords du village de Ceccano à côté d'un moulin et d'une rivière, où les hommes se baignent et font leur lessive.

10 *Quand ronchonnait le tambour de guerre* Jean Faivet

Tuera Henere
FONDS JOHN MARTIN

JOHN TETOEA CAP/CHEF

NOHO MANEA

La progression en Italie est jalonnée de croix blanches. Dans les rangs tahitiens le tribut est lourd. À San Giorgio, sont tombés le caporal chef Tetoa et Manea Noho.

Défilé dans Rome d'une partie du BIMP, le 4 juin 1944.
FONDS PRIVÉ

Le 4 juin 1944, le *B.I.M.P.* doit relever le 4ᵉ *R.I.M.* à Castel San Pietro. Acheminé par camions, il apprend sur la route, la chute de Rome. Des éléments du *B.I.M.P.* partent pour Rome où ils défilent. Le bataillon est alors en patrouilles et en escarmouches au nord-est de San Pietro sur le village de Capranica.

Le 8 juin, le bataillon est relevé par une unité britannique puis transporté jusqu'à Valmontone, où il stationne en repos jusqu'au 13 juin 1944.

Le 13 juin, un nouvel ordre de mouvement est donné : le bataillon quitte Valmontone pour la région de Montefiascone, traverse Rome et relève le B.M. 11.

Le 14 juin, des patrouilles sont menées vers Cappelone pour reprendre la liaison avec la brigade blindée sud-africaine. Leur déplacement est rendu difficile par la destruction des ponceaux et la présence de mines.

Le 15 juin, le bataillon fait mouvement vers Castel Giorgio, puis le 16 sur San Casciano di Bagni occupée par les Allemands.

Le 17 juin, le bataillon est en position défensive. Au soir du 17, le lieutenant Hervé, fait la liaison avec les troupes sud-africaines.

Le 18 juin, un bataillon allemand tente d'occuper Casciano. Il se replie, arrêté dans son mouvement par les tirs nourris des mitrailleuses de Raymond Varney et de Tihoni Tetuaearo. Le Tahitien Teriitaparahutua Taoa est blessé dans l'accrochage.

Le 19 juin, le bataillon reprend sa progression avec pour objectif la rivière Orcia et son pont.

Le général de Gaulle en visite à Naples.
FONDS PRIVÉ

Le 20 juin, le bataillon doit couvrir le génie afin d'établir une tête de pont qui doit permettre le passage de la rivière de l'Orcia, le pont ayant été détruit. La progression est lente et difficile : le terrain est trempé et les hommes accusent trois nuits blanches pour une avance continue de quarante-huit heures.

L'artillerie allemande déclenche de violents tirs sur les 1ère, 2ème et 3ème compagnies tuant deux hommes et en blessant six, dont le 1ère classe Marc Mariassoucé. Il décède de ses blessures, trois jours plus tard à l'âge de vingt-quatre ans. Marc Mariassoucé est inhumé au cimetière numéro 12 à Miano près de Naples.

Le 21 juin, le bataillon est relevé sous le feu de l'ennemi et gagne Montefiascone. Marcel Lucas évacue sur son dos un camarade blessé sous les tirs de l'artillerie ennemie.

Le 23 juin, le lieutenant Hervé part avec un détachement vers Naples.

Le 26 juin, il est suivi du reste du bataillon. Une partie de la troupe est transportée par mer à bord du *Liberty ship Andreos Moore* d'Anzio vers Naples pour rejoindre Ducenta, le village de leur premier séjour. Les *Liberty ships* sont des cargos américains construits dès 1940 afin de faire des États-Unis *l'arsenal du monde libre.* Ces bateaux ravitaillent notamment les forces alliées de toutes sortes de marchandises : armes, nourriture, etc.

Le 30 juin, le bataillon eff ctue à Naples une prise d'armes pour le général de Gaulle. Le *B.I.M.P.* est cité à l'ordre de l'armée et reçoit la croix de guerre : *bataillon au passé glorieux qui, après s'être battu sur tous les champs de bataille des Forces françaises libres en Libye, en Èrythrée, à Bir Hakeim, à El Alamein et en Tunisie vient de fournir en Italie de nouvelles preuves de sa valeur. Le 12 mai 1944 a donné sur les pentes est du Girofano un des coups de boutoir décisifs de la bataille de rupture. Le 19 juin a fini en pointe du corps expéditionnaire atteignant son objectif dans les délais imprévus. À perdu soixante-huit tués dont le commandant Magny chef du corps et deux commandants de compagnies ainsi que cent quatre-vingt blessés. Les capitaines Perraud et Starky l'aumônier du bataillon, le sergent calédonien Tran Ape reçoivent la croix de la libération.*

Courant juillet 1944, le bataillon est en garnison au camp Leeze N23 à quatre kilomètres de Massiri. C'est la vie de garnison, les permissionnaires font alors du tourisme. Le lieutenant Bellec, de retour, reprend sa place dans la 1ère compagnie.

Le 7 août 1944, le *B.I.M.P.* en ordre de combat, embarque avec la 4ème brigade française Libre, dans le port de Tarente, au sud de l'Italie, à bord de l'*Empire Pride,* un des cinq paquebots aménagés en transports de troupes.

Bernard Tauiratea, malade, est évacué sur Oran le 6 août 1944 puis sur Alger à l'hôpital Maillot. Il réembarque le 29 mai 1945 sur le SS *Providence* pour Marseille.

Tutehauarii Teremate hospitalisé à Naples le 21 août 1944, n'embarque pour sa part que le 14 septembre 1944 pour Marseille où il débarque le 18 septembre. Il rejoint son unité dans les Vosges par camion le 25 septembre où il sera en position à Rhein comme servant de mortier le 14 octobre 1944.

John Martin convalescent embarque à son tour avec une vingtaine d'autres à bord du *Sampan,* un *liberty ship* de la Royal Navy. Cette deuxième vague est censée rejoindre le gros du bataillon sur la terre de France, une fois cette dernière nettoyée. À bord du *Sampan,* le sergent John Martin est chargé de la cambuse. Son adjoint d'office est un caporal de la Légion étrangère du nom de Sprinzer d'origine allemande qui s'est sauvé d'Allemagne en 1939 et s'est engagé dans la Légion. Le légionnaire Sprinzer et le sergent John Martin se penchent rapidement sur l'organisation du premier déjeuner de cette mémorable traversée et optent pour une salade de haricots blancs à la vinaigrette comme entrée. La cuisson des haricots secs ne pose pas de problèmes, la cuisine du *Sampan* ayant été mise à la disposition des *frenchies*. Il n'y a que la vinaigrette à préparer, une spécialité bien française, à condition d'avoir du vinaigre. Dans la cale du *Sampan*, entre les sacs de sucre, de riz et de haricots entassés pêle-mêle par les dockers italiens du port de Tarente, se trouve un baril porté à l'inventaire comme contenant du vinaigre. Les deux hommes se rendent compte qu'en fait de vinaigre, le baril contient du rhum.

John Martin[11] : *Le légionnaire Sprinzer ne s'alarme pas pour autant, se disant fort d'échanger un peu de rhum contre du vinaigre (…). Sprinzer revint effectivement quelques minutes plus tard d'un tour sur le pont avec un bidon de vinaigre. Il me dit avoir rencontré un marin-charpentier écossais, qui l'a aidé à opérer l'échange.*

Cette première transaction ouvre la voie à de nombreuses autres. Dès le deuxième jour de la traversée, du vrai pain est servi aux *free french* à chaque repas, en lieu et place de biscuits de mer. Le boulanger du *Sampan* a spontanément mis ses fours à leur disposition.

John Martin : *Nous apprendrons que ce baril de rhum avait été en fait entreposé par le marin-charpentier écossais lui-même à bord du* Sampan *au moment du chargement des vivres dans le port italien, pour sa consommation personnelle.*

L'équipage et les troupes embarquées apprennent que la prochaine étape est la Provence. Sur la proposition du sergent Marc Darnois, Fourlinnie, le commandant du *Sampan*, accepte l'organisation d'une bringue tahitienne entre les Français du bord pour fêter la nouvelle du débarquement. Les Tamari'i Volontaires ont toujours une guitare dans leur paquÉtage. Outre l'animation de la petite fête, les Tahitiens sont aussi chargés de la buvette car Fourlinnie « ordonne » avec un clin d'œil à John Martin : *Vous devez bien avoir quelque chose pour humecter un peu les gosiers ?* Ainsi, le *tomana*[12] Fourlinnie officialise la présence du rhum à bord. Le caporal Sprinzer récupère les boîtes de ration de Combat pour leurs sachets de poudre de citron. Marc Darnois met alors tout son savoir-faire antillais pour préparer un bon punch mais procède personnellement à la distribution du précieux breuvage, étant connu pour sa tempérance. Son souci de la discipline l'amène notamment à vérifier chaque ration qu'il sert en en prélevant une gorgée au passage. Il se mit très vite à l'unisson avec ses camarades.

La soirée se termine au son des guitares, sur le pont, très tard dans la nuit, quelques heures avant de toucher ce sol de France pour lequel les Tamari'i Volontaires ont quitté leurs îles, il y a maintenant trois ans, trois mois et vingt-six jours en passant par l'Australie, l'Égypte, la Palestine, le Liban, la Syrie, la Libye, la Tunisie et l'Italie.

11 Notes personelles John Martin
12 *tomana* : commandant

Prise d'armes à Rome, dans le cadre de la prestigieuse Villa Médicis.
FONDS PRIVÉ

Le débarquement de Provence
Cavalaire[1]

John Martin : *Ce 16 août 1944, de très bonne heure, tout le monde est sur le pont pour contempler au loin dans la brume matinale de l'été une bande sombre à l'horizon. Des clameurs se mêlent à l'émotion.*

Le spectacle est grandiose et au fur et à mesure que le soleil monte dans le ciel, la baie de Cavalaire offre une manifestation navale de grande envergure. Les cuirassés, les croiseurs, les torpilleurs, vedettes se croisent dans de grandes gerbes d'écume.

Des avions de chasse survolent l'armada dans un bourdonnement assourdissant de moteur. Les bâtiments en rade ont lâché leurs ballons captifs. Au loin, de premières explosions se font entendre. Sur la plage, dont une partie vient d'être occupée par les Alliés, quelques échafaudages métalliques genre *derrick* s'élèvent, sur lesquels apparaissaient des lettres de l'alphabet. Un haut-parleur diffuse des ordres en anglais. Les hommes descendent dans les chalands qui accostent le long du *Sampan*, par les gros filets de cordages déployés contre la coque, et rejoignent la plage. Vers dix-sept heures, harnachés et armés depuis le matin John Martin et ses camarades s'exécutent avec le sourire, persuadés que les copains ont nettoyé le passage.

John Martin[2] : *Un chaland de débarquement, c'est une grande caisse flottante métallique, vide. Les parois sont hautes et on ne voit rien à l'extérieur, à l'exception du conducteur derrière une lucarne. Son regard est impassible comme s'il menait un troupeau au pâturage. Cela nous réconforte dans un sens, nous allions débarquer la fleur au fusil.*

Quelques miaulements sur la tôle extérieure du chaland, impacts de balles incitent cependant à interroger le visage du conducteur toujours impassible. Soudain, un choc projette les occupants du chaland les uns sur les autres, entremêlant musettes, masques à gaz et fusils, puis la porte avant s'ouvre brutalement. Les hommes se retrouvent avec de l'eau jusqu'à la ceinture, sur un banc de sable, assez loin du rivage.

Le chaland est déjà reparti dans une marche arrière rapide. John Martin et ses camarades atteignent le rivage mi-nageant, mi-rampant, au milieu de petites gerbes d'eau soulevées par le tir d'une arme automatique. Le soldat Urupano, originaire des Gambier, disparaît et réapparaît dans les creux, à cause de sa petite taille. Seul le canon de son fusil plus grand que lui signale sa position. Le passage est censé avoir été nettoyé. John Martin et son camarade Étienne Taerea touchent enfin la terre de France. Tous deux, sans se concerter, remplissent leurs mains de sable qu'ils portent à leurs lèvres avec affction et vénération. Les Tamari'i Volontaires avancent rapidement vers une pinède qui surplombe le rivage, l'arme à la main, sous la conduite d'un officier de liaison, l'aspirant Jean-Pierre Aumont. L'acteur de cinéma dirige sur la plage les opérations d'orientation. Il les conduit à une bâtisse, genre petit bar, isolé dans le bois, où une dame qui doit être la patronne, s'active de verser à boire aux arrivants. Les Pacifie s gagnent ensuite les vignobles de la Croix-Valmer, à flanc de coteau, où ils passent la nuit, sous un orage mêlant les détonations du tonnerre et de la *D.C.A.*, les éclairs et les lueurs des armes. Dans l'obscurité, les troupes arrivent et repartent. On parle toutes les langues, les ordres fusent dans la nuit sans qu'on sache exactement à qui ils s'adressent. Vers trois heures du matin, alors que John Martin et ses camarades Raymond Lehartel, Mino Salmon, Paul Pietri essaient de s'assoupir un peu, ils entendent nettement parler en tahitien. Le *B.I.M.P.* censé nettoyer le passage des convalescent a été débarqué dans un secteur autre, hasard du *dispatching* d'abordage des chalands de débarquement réglementé par les Américains.

À droite de ces silhouettes, un Tamari'i Volontaire. Les équipements, y compris la carabine à crosse pliante, sont américains, excepté le casque plat Mk II anglais que le Bataillon portera jusqu'à Belfort. À gauche, uniforme des fusiliers marins auxquels appartient le Tahitien Gaspard Coppenrath.

1 Les descriptions sont issues du récit de John Martin.
2 Notes personnelles

Les commandos d'Afrique

Raymond Lehartel
FONDS LEHARTEL

John Martin[3] : *En fait, notre chaland d'éclopés du Sampan a débarqué en même temps que les unités combattantes. Heureusement que l'ennemi dans ce secteur n'a opposé qu'une résistance de principe.*

Les Tahitiens se racontent les uns aux autres depuis qu'ils ont été séparés et demandent des nouvelles du *fenua* (Pays).

John Martin : *Le Bataillon était une vraie famille : les lettres que chacun recevait du pays étaient lues par tous.*

Ainsi, ils apprennent que les éléments du *B.I.M.P.* sont aussi passés par le petit bar de la pinède. Lorsqu'un des Tahitiens voulut cependant monter à l'étage du pavillon, il en fut vivement empêché par la dame. La puce à l'oreille, les autres camarades passèrent outre l'interdiction pour trouver huit officiers de la Wehrmacht qui se cachaient.

Louis Kasni Warti, volontaire calédonien[4] :
À Hyères, nous étions assoiffés. Nous entrons dans un café pour nous désaltérer. Le café était tenu par des Italiens. Ils ont voulu nous vendre du vin au marché noir. Nous, les libérateurs tahitiens et calédoniens, avons mis à sac le café.

Sur le chemin de la Croix-Valmer, John Martin et ses camarades retrouvent leur camarade du Bataillon du Pacifique, Léon Garet, de Makatea.

Le 5 juin 1943, léon Garet, dit *Bonhomme*, a intégré les Corps francs d'Afrique qui sont dissous le 25 juillet 1943. Il est le fils du gendarme en poste dans les Îles sous-le-Vent qui a été berné en 1914 par les équipages des croiseurs-cuirassés *Scharnhorst* et *Gneisenau*. Léon Garet passe le 26 juillet 1943 au 1er groupement des Commandos d'Afrique qui a été créé la veille, soit mille deux cents hommes encadrés par le commandant Bouvet.

Leur devise est *Sans pitié*.

Léon Garet
FONDS GARET

Le *G.C.A.* est une unité principalement destinée aux opérations de débarquement par mer.

Léon Garet embarque sur le vapeur *Haricot* le 29 décembre 1943 qui se dirige sur la Corse où il stationne. Le 17 juin 1944, il débarque de vive force sur l'île d'Elbe et combat deux jours durant. Dans la nuit du 14 au 15 août 1944, les Commandos d'Afrique sont débarqués en avant-garde sur la plage du Rayol.

Ils ont pour mission de reconnaître et de guider par signaux les détachements qui suivent au large. Une vingtaine de minutes plus tard, ils escaladent dans la nuit les pentes abruptes de l'impressionnant promontoire du cap Nègre, les uns mitraillette, fusil lance-grenades et musette de grenade en bandoulière, les autres avec quelque trente kilos d'explosifs sur le dos. Une escalade périlleuse de quatre-vingts mètres, dans la nuit noire, pour réduire au silence la batterie qui se trouve au sommet et ses servants. Sur la partie droite du Rayol, un autre groupe escalade silencieusement la façade rocheuse dominant Pramousquier. La chance n'est pas avec le chef de groupe : une grenade allemande fait de lui le premier mort des commandos. Derrière ces détachements précurseurs, les six cents commandos de Bouvet approchent à bord de leurs LCA[5]. À une heure quarante, les commandos dégagent rapidement

La batterie du cap Nègre neutralisée par les Commandos d'Afrique.

3 Notes personnelles
4 Entretiens 2013

la plage et progressent déjà dans la nuit. Au soir du 15 août, le groupe des Commandos d'Afrique tient solidement les positions conquises, La Môle, le Canadel, le secteur du Cap Nègre.

Le 21 août, Léon Garet participe à l'assaut du fort du Goudon. Il poursuit le combat dans le Jura du 15 au 25 octobre 1944, à Belfort du 18 au 23 novembre 1944 puis en Allemagne en avril 1945. Léon Garet est dégagé de ses obligations militaires dans les années soixante. Cité trois fois, Léon Garet est un combattant de cran reconnu et audacieux.

La 1ère *D.F.L.*, qui a débarqué derrière le 6e corps américain du général Truscott, après avoir rassemblé ses éléments épars, doit prendre Hyères et progressera par la côte. Les opérations seront soutenues par l'artillerie des navires. Les Alliés sont aidés par les Forces françaises de l'intérieur qui constituent une vraie force militaire. Elle connaît le terrain, elle va jouer un rôle capital dans les libérations de Toulon et de Marseille face à une défense allemande efficace et les *F.F.I.* remplaceront en s'engageant les nombreux manquants du bataillon. Le 18 août vers 5 heures du matin, le bataillon prend la route de la Corniche pour atteindre l'objectif du Lavandou et prendre position. La cadence de marche est assez rapide malgré la fatigue des hommes.

John Martin[6] : *J'avais un certificat médical qui indiquait que toujours convalescent, j'étais exempt de marche. Ce certificat médical était écrit en anglais, mais passant de main en main d'officiers, il s'est vite perdu. J'ai donc marché comme les autres.*

Le 19 août, vers huit heures, le bataillon se dirige vers la Londe-les-Maures pour relever des unités américaines positionnées autour d'Hyères. Dès le milieu de l'après-midi, le bataillon passe à l'attaque pour prendre la Grande Bastide, franchir le Gapeau, occuper la ferme Decugis. La première ligne de défense couvrant Toulon a été percée mais l'*Hôtel du Golf* interdit le passage du Gapeau.

L'hôtel devait être attaqué par la compagnie antichars de la brigade transformée en commando spécial mais elle a été arrêtée dans la plaine du Gapeau. Les fusiliers marins se font moucher par les défenses du Golf Hôtel.

Edmond Magendie : *Sur la route entre le Gapeau et les premières maisons d'Hyères, on peut, de 186 à la Jumelle, compter neuf voitures qui ont été mouchées par les tireurs du Golf. De temps à autre, une jeep mitrailleuse, un half-track, salués par les salves de l'hôtel, renouvellent la tentative, crachant à pleines bandes de mitrailleuse, au hasard, vers l'hôtel. Si la voiture atteint le déblai de la route, elle est sauvée.*

Quelques-unes y parviennent, d'autres piquent par parfois dans le fossé ; l'équipage jaillit et disparaît. De 186, on assiste au spectacle avec des hurra pour les gagnants.

Le *B.I.M.P.* qui occupe les Maurettes, cote 186 se prépare à attaquer le Golf Hôtel. Le 20 août, la progression se fait sous les tirs d'armes automatiques venant de l'Oratoire et de premiers accrochages avec l'ennemi ont lieu. Les tirs de mortiers et d'armes automatiques ennemis redoublent d'intensité, puis l'artillerie arrête la progression des premiers éléments avancés pour les clouer au sol.

John Martin[7] : *Lors de notre progression vers le Golf Hôtel, les pièces allemandes des forts de Toulon nous arrosaient.*

Des lignes de barbelés intactes les empêchent par ailleurs d'avancer. Les vignes environnantes sont truff es de mines sur lesquelles plusieurs hommes et des brancardiers ont sauté en portant secours aux blessés.

Louis Kasni Warti[8] : *En plus des balles, la courante nous faisait aussi courir. Les vignes regorgeaient de grappes de raisins dont nous nous délections pour étancher notre soif[9]. Les raisins étaient cependant couverts de sulfate.*

Le bataillon se replie sur son point de départ. Deux Tahitiens sont tués dans la progression : le 1ère classe Tetioro Teariki et le soldat de 2ème classe Oreore Ahutoru, grièvement blessé, qui décède le lendemain à Saint-Honoré (Hyères). Le livre de marche du *B.I.M.P.* cite : *À la tombée du jour, à vingt heures, la 1ère compagnie du capitaine*

5 Landing Craft ssault
6 Entretiens 2011-2012
7 Entretiens 2011-2013
8 Entretiens 2013
9 Le bataillon d'infanterie de marine et du Pacifique entre en France avec la 1ère *D.F.L.* (Fondation de la France libre) : *L'aube nous réveille et dans la pénombre nous constatons que nous sommes couchés dans des vignes. Au-dessus de nos têtes, à portée de la main, juste en tendant le bras, de plantureuses grappes de raisins aux grains énormes, nous appellent, savoureux, sucrés, juteux.*

Carte postale d'époque, le palace Golf Hôtel du temps de sa splendeur.
FONDS PRIVÉ

55 HYÈRES — Le Golf Hôtel — LL.

Perraud amorce son mouvement en direction de la cote 186 vers Hyères : la section Bellec sur 186 et Salvat sur 156. Cette position est fortement tenue par les Allemands installés sur des falaises rocheuses.

À vingt-trois heures, la 3ème compagnie passe le Gapeau sous la protection de l'artillerie, objectif l'Oratoire en l'attaquant à revers. Vers deux heures, un tir d'artillerie bombarde les positions allemandes, pour soulager les sections Bellec et Salvat qui ont repoussé six contre-attaques. À trois heures, elles se jettent sur l'ennemi. À nouveau, elles sont obligées de revenir à leur point de départ. La 1ère compagnie est toujours arrêtée par les ouvrages ennemis de la cote 186 que la flotte bombarde de ses 105. La section de Bellec en profite pour coller au bombardement et passer les barbelés. L'attaque est réussie. Au cours du nettoyage de la position, le sergent Taero découvre l'entrée d'un tunnel d'où on lui jette une grenade. Dix minutes plus tard, la 1ère compagnie fait soixante-huit prisonniers, quinze minutes plus tard dix-sept autres. Le bataillon tient solidement le rebord est du massif des Maures… le mouvement de débordement par Hyères peut commencer.

Golf Hôtel

Le Golf Hôtel est une immense bâtisse dont les murs gris émergent au-dessus des pins.

Les Allemands l'ont transformé en une véritable forteresse avec des abris souterrains, des casemates blindées et des observatoires qui dominent la plaine côtière. L'artillerie allemande bien abritée est active. Ceinturée de barbelés, la position est défendue par de nombreuses armes automatiques. Les Allemands ont fait creuser par le service du travail obligatoire (STO) un tunnel qui débouche sur l'arrière de l'hôtel.

Edmond Magendie[10] : *(…) C'est un gratte-ciel de sept étages, entouré de jardins clôturés par des grillages renforcés de barbelés, flanqué de dépendances et de villas réparties dans les jardins. Hervé, que les Tahitiens surnomment Œil de lézard, reçoit l'ordre de préparer deux sections de trente voltigeurs : tenue légère, pas de casque, pas de sacs, pas de vivres, cartouches et grenades à foison, mitraillettes, carabines et pistolets pour tous sauf F.M.*

John Martin[11] : *On a tiré au sort car on était destiné à y rester. On me donne l'ordre de nettoyer le premier étage avec ma section canaque.*

Le plan :
- groupement 1 - lieutenant Salvat avec neuf hommes pour nettoyer le rez-de-chaussée ;
- groupement 2 - sous-lieutenant Loadec avec neuf hommes pour nettoyer le 1er étage ;
- groupement 3 - sous-lieutenant Duchesne avec douze hommes pour nettoyer le 2ème étage ;
- groupement 4 - lieutenant Malfette avec dix hommes pour nettoyer les descentes aux caves ;
- groupement 5 - un sous-officier avec huit hommes et quatre FM pour surveiller les étages supérieures à partir du 3ème étage en batterie après le réservoir d'eau ;
- groupement 6 - recherche du souterrain ;
- section de la 3ème compagnie - lieutenant Delsol en réserve et accueil des prisonniers.

Le 21 août à dix-huit heures quinze, l'artillerie déclenche sa préparation : huit cents coups de canon. La fumée des éclatements, la poussière enveloppent l'hôtel et tous ses étages jusqu'à ses deux pignons de tourelles. Les troupes d'assaut descendent dans le ravin du réservoir. Étage par étage, l'hôtel réapparaît, intact de ces bombardements. Pas une brèche dans ses murs de béton. Les groupes s'élancent dans les fumigènes, passent les barbelés et courent à leurs missions respectives. Un *feldgrau* court vers une carrière : une grenade éclate sur ses talons et l'étale en miettes. Aux étages, des rafales de mitraillettes abattent sans préambule deux ou trois *Fritz* qui n'ont pas le temps d'être surpris.

John Martin[12] : *Au premier étage, il y avait un seul bonhomme, un guetteur : on l'a entendu soupirer derrière une porte, mon Calédonien l'a abattu.*

Edmond Magendie[13] raconte que dans les jardins, une dizaine de prisonniers sont cueillis abrutis et aff
lés. Des râles et des appels fusent des tranchées eff
ndrées. Ici, un demi-buste, coupé par une poutre d'abri, écrasé, s'accroche de ses deux mains bleues du revers du déblai, la tête violette aux yeux rouges exorbités, souffle par saccades : *kamarad, kamarad.* Deux Tahitiens émus tentent de lui porter secours. Une bourrade les lance à la recherche du sous-terrain. Un des pionniers, essoufflé et livide, arrive. La section de pionniers est par terre : un coup de 155, le lieutenant Muller et deux hommes morts, le sous-lieutenant Morand, l'adjudant-chef Petré et sept hommes sont blessés.

Perraud, furieux, si calme d'ordinaire, pistolet au poing, menace un prisonnier allemand, prêt à l'abattre : « *Tunnel, tunnel* » qui le conduit à un éboulis au fond du hall. Inspiré, le sergent Maheux fait de même et trouve une deuxième entrée. Les *F.M.* sont mis en batterie, les voltigeurs hurlent : *heraus, heraus.* Lentement un mouchoir blanc se dessine, une trentaine d'Allemands se rendent et cent trente-sept prisonniers sont faits. Les prisonniers sont progressivement alignés contre un talus du Golf Hôtel, avec des *F.M.* en batterie les prenant en écharpe. Les soldats allemands inquiets de ces dispositions échangent des regards interrogateurs et par prudence commencent à vociférer pour renier Adolf Hitler et le Grand Reich. Le général Brosset arrive en trombe avec sa jeep radio qui fait un prompt arrêt et il saute à terre avec souplesse.

John Martin : *Le général Diego Brosset hurlait : Ne tuez pas les prisonniers, ne tuez pas les prisonniers ! Point était notre intention, nous étions plus en train a les fouiller.*

10 *La prise de Golf Hôtel* Edmond Magendie
11 Entretiens 2011-2012
12 Entretiens 2011-2012
13 Edmond Magendie, La prise du Golf Hôtel de Hyères le 21 août 1944

21 août 1944, le Golf Hôtel est investi. Le commandant Magendie et le capitaine Perraud posent sur les ruines de l'hôtel. Ce dernier sera tué d'une balle en plein front deux jours plus tard lors de l'assaut sur la Mauranne.
FONDS AMICALE 1ère DFL

La Garde

Le 22 août, le bataillon pénètre dans Hyères, où il bivouaque. Pendant que le bataillon est en repos, le BM 24 a poursuivi son avance dans la plaine du Gapeau et le village de La Garde mais ses éléments sont rejetés par une contre-attaque allemande. Le bataillon se prépare à attaquer La Garde pour soutenir le BM 24. Depuis une heure du matin, le 23 août, une nuit d'été illuminée par les obus et les incendies, le bataillon est en position avancée au nord de La Garde. Ses guetteurs veillent, recroquevillés dans leurs trous, se tassant chaque fois qu'une bordée de 88 les survole. Les Pacifie s du *B.I.M.P.* accusent six jours et six nuits sans sommeil depuis leur débarquement à Cavalaire, la marche forcée sous le chaud soleil de Provence, les assauts de la cote 186 et du Golf Hôtel à Hyères. Ils se reposent sous la voûte de maçonnerie d'un pont qui enjambe le ruisseau à sec, étendus les uns contre les autres. Dès l'aube, sur la colline à quatre cents mètres environ dans le petit bois brûlé, quelques mouvements sont signalés par les guetteurs. Les ordres sont de soutenir l'action des tirailleurs qui vont progresser vers le bois. Des 105 et des 155 de l'artillerie s'abattent sur le bois. Dans la fumée des explosions, les tirailleurs envahissent la colline. De premiers *feldgrau* se rendent. Henere Tuera au volant d'une jeep armée de reconnaissance nargue l'ennemi afin qu'il se dévoile par ses tirs.

Extraits du journal de marche du *B.I.M.P.* :

La deuxième compagnie est prise sous le feu de canons automoteurs allemands le long de la ligne de chemin de fer de la gare de la Garde. Ses pertes sont sévères : trente-deux tués et blessés en quelques minutes.

Malgré ses pertes, une patrouille pousse en re-connaissance jusqu'à La Garde. Deux habitants Reybaud et Albertini qui s'engageront dans le bataillon, indique que le village est inoccupé. Le capitaine Moret et une dizaine d'hommes se portent sur La Garde et y pénètrent vers dix-neuf heures.

Dans la nuit, l'ennemi riposte par des tirs d'artillerie de gros calibre sur le village. La 3ème compagnie reçoit l'ordre de pousser en avant vers le hameau de La Mauranne. Elle est arrêtée par les barbelés de la défense allemande, de nombreuses armes automatiques organisées en défense circulaire.

LA POPULATION
DE LA GARDE
A SES
HÉROIQUES LIBÉRATEURS
- - - - -
22 — 23 AOÛT 1944

Stèle du souvenir apposée sur l'entrée de la mairie de La Garde.

La Mauranne

Quelques maisons et une villa à l'orée d'un petit bois de pins avec un grand champ de deux cents mètres environ tout plat, que traversent plusieurs haies de barbelés. Les hommes déposent leurs sacs en recommandant à celui qui est chargé de les garder de bien en prendre soin. Les gorges sont cependant nouées : certains des sacs ne seront pas réclamés. La section des Tahitiens de Salvat est à gauche, les Calédoniens sont à droite avec, en deuxième échelon, les tirailleurs canaques et la section lourde. Les éclaireurs se meuvent dans les premiers fossés, entrent dans les jardins, cisaillent les clôtures et les treillages des villas.

La grande quiétude d'un après-midi ensoleillé de Provence propice à la sieste fait oublier l'omni-présence de la guerre. Les Allemands ne réagissent pas. L'ennemi silencieux attend peut-être que les unités assaillantes soient à meilleure portée. John Martin confie que c'est le moment où on a le plus peur. À quinze heures, les salves des 105 et des 155 foudroient les arbres de la pinède, crèvent les tuiles des villas, les enveloppent de fumée et de poussière. L'odeur de la terre labourée et celle de la poudre exaltent les sens. Les groupes profitent de ces salves pour sortir de leurs couverts et s'avancer avant la fin du tir vers La Mauranne en rampant ou en se courbant. Le capitaine Perraud ordonne l'assaut.

Les voltigeurs s'élancent, sautent par-dessus les barbelés. Le sentier menant au groupe de maisons est balayé par le tir d'une mitrailleuse. Ses balles traceuses claquent à cinquante centimètres du sol.

Le tir cesse pour le salut du groupe de tête : incident de tir ou remplacement du chargeur. Le tireur allemand est abattu. Les assaillants bousculent les défenseurs retranchés derrière les murs à coup de rafales de mitraillettes, qui se rendent. Les Tahitiens ont fait aussi une vingtaine de prisonniers qui sont acheminés vers l'arrière. Certains de ces prisonniers s'inquiètent de leur sort. Des tirs nourris provenant d'un ancien pigeonnier en lisière de la pinède à environ deux cents mètres du hameau répondent alors aux Pacifie s. Plus de cinquante Allemands y sont retranchés dans des trous.

Le feu est meurtrier, atteignant le capitaine Perraud d'une balle en plein front ainsi que le sergent-chef Temauri Fuller, le 1ère classe Henri Avaeputa et   le 2ème classe Albert Tua. Le caporal-chef Mahahe Teuru est fauché alors qu'il traverse les réseaux de barbelés battus par une arme automatique ennemie. Le caporal Claude Hugon voyant son chef de groupe s'écrouler, mortellement blessé, le remplace aussitôt afin de poursuivre la progression et atteindre un premier nid de mitrailleuse allemande qu'il réduit de son FM. Cette action héroïque lui vaudra d'être cité par le général Patch de la 7ème armée américaine : *For heroic achievment in action. In every action in which the battalion has been engaged, caporal Hugon has shown himself to be a model of courage and energy.* Comme Claude Hugon, le sergent Francis Bredin s'eff rce de maintenir l'esprit combatif de ses hommes, n'hésitant pas à s'exposer pour ajuster les tirs précis de son arme.

La deuxième section tente de contourner la redoute par les flancs ou à revers mais elle est accrochée dans la pente d'une vigne qui monte en escalier vers l'ennemi. Sous le claquement des balles, les hommes gravissent la pente par un petit fossé adossé à un muret de pierres sèches délimitant l'emprise de la vigne. Les sept ou huit hommes encore valides sont rapidement dans une situation critique.

Les Allemands lancent des grenades, utilisant la pente pour qu'elles parviennent sur les assaillants recroquevillés, mais sans succès. La position de la deuxième section, soumise au tir d'une mitrailleuse ennemie positionnée à deux cents mètres, devient cependant intenable.

Le petit talus offre heureusement un défilement suffisant pour la protéger et lui permettre de répliquer.

Le chef Porcheron, face à cette situation critique, monte vers eux, révolver au poing, avec un groupe de réserve. À quelques pas de la position, il tombe, tué net.

La section tahitienne conduite par le lieutenant Salvat blessé au bras occupe finalement le petit bois avec l'appui de deux chars des fusiliers marins.

L'un des chars a été touché et brûle.

La troisième compagnie réussit à son tour à contourner la résistance et obtient la reddition des défenseurs. Brix Etilage, tireur au fusil-mitrailleur a couvert le groupe avec précision.

Le caporal Frédéric Tefaafana a neutralisé une position ennemie servie par une arme automatique.

Seize hommes de la 1ère compagnie sont morts dans l'assaut sur La Mauranne : huit Calédoniens, cinq Tahitiens et trois tirailleurs canaques. L'ennemi s'est défendu avec acharnement, laissant plus de trente cadavres sur le terrain, quarante blessés et cent trente-sept prisonniers.

Roger Ludeau[14] : *L'ennemi se défend farouchement et ne recule pas d'un pouce, aussi quand les dernières grenades ont explosé, quand se sont tues les*

14 *Les carnets de route d'un combattant du Bataillon du Pacifique* Roger Ludeau

Brix Êtilagé
FONDS ETILÁGÉ

Claude Hugon - FONDS HUGON

Télégramme annonçant la mort des caporal-chef Charles Bernardino et du 1ère classe Ahutore Oreore.
FONDS PRIVÉ

LV

Réception

Copies transmises à

Cab. Mil.   2

Cab.   1
             ─
             3

Copie d'un télégramme expédié de PHILIPPEVILE

le 29 septembre 1944

et adressé à 15ème RTS à Gouverneur de Tahiti à Papeete

TEXTE N°   s.nº (163 P)

Prière prévenir avec grands ménagements verbalement et au besoin en deux démarches successives famille M. BERNARDINO (Bernard) à Mataiea (Tahiti) du décès du militaire BERNARDINO (Charles), Caporal-cnef, matricule 144 survenu par suite de blessure de guerre le 23 août 1944 - stop - Famille Mme FAHAAURARU à Punaauia (Tahiti) du décès militaire AHUTORE OREORE, 1ère classe Mle 432 survenu par suite de blessure de guerre le 21 août 1944 - stop - Aucun papier ne sera remis au cours de la démarche verbale - Fin - stop -

Papeete, le 30 septembre 1944.

Le Chef de Cabinet.

À droite, le caporal-chef Charles Bernardino décède dans l'ambulance à vingt-cinq ans.
FONDS JOHN MARTIN

Terii Narii qui deviendra le gardien de la maison des combattants à Papeete.
FONDS JOHN MARTIN

dernières rafales de mitraillettes, toute la position n'est plus qu'un vaste cimetière où des hommes ex-ennemis gisent maintenant par centaines unis dans la mort. (…) après un combat acharné, nous finissons par prendre les positions ennemies mais nos pertes sont lourdes.

Le caporal-chef Charles Bernardino décède dans l'ambulance à vingt-cinq ans. Chef d'un demi-groupe de voltigeurs, Charles Bernardino menait depuis trois jours des assauts successifs contre les positions fortifiés d'Hyères et de Toulon.

John Martin[15] : *Nous étions dans une vigne, sous le feu de l'ennemi. J'ai vu le caporal-chef Charles (Charlot) Bernardino blessé se tenant l'épaule. Ça va, ça va, m'a-t-il dit. Je lui ai crié Fa'aitoito[16]. Quand je suis allé le voir à l'hôpital, on m'a dit qu'il était mort, suite à une hémorragie interne. Affronter ensemble les mêmes épreuves, subir les mêmes privations, avaler les mêmes défaites, créent entre ceux qui les vivent, un lien aussi fort que le lien familial. La disparition d'un camarade est toujours perçue comme une injustice, elle peut provoquer abattement, ou alors accès de colère qui amène à vouloir zigouiller tout ce qui bouge en face.*

Une balle explosive a couché Maurihau Tamata de Rapa, déjà blessé à Rotonda Signali. Il a une fracture ouverte à la cuisse droite. Son courage lui vaut d'être cité une troisième fois, à l'ordre de la VIIe armée américaine du général Patch : *For heroic achievement in action during 1943 and 1944 in Africa, Italy and France. Throughout this period, the devotion to duty displayed by soldat de 1ère classe Tamata was in keeping with the finest traditions of the military service.*

Terii Narii a le bras fracturé par un éclat. Ont été aussi blessés, Aro Puhiri, Turi Rere et le vaillant Teheuira Poheroa.

John Martin : *Poheroa (nom prédestiné qui signifie « mort tout à fait ») a été touché par une rafale à la ceinture,* faisant exploser une de ses grenades. Secouru, emporté par ses camarades, le ventre ouvert, les entrailles maintenues dans un casque serré contre l'abdomen, il va cependant survivre.

Teheuira Poheroa est évacué sur les arrières vers l'hôpital annexe d'Hyères, puis hospitalisé à Saint-Anne à Toulon, à l'hôpital mixte d'Hyères et de Montolivet à Marseille. Il ne retrouve ses frères d'armes que le 7 avril 1945 à Paris. Ses blessures lui occasionnent de lourdes séquelles et une invalidité de 100 %.

Rere Turi s'est délibérément exposé en cherchant à avancer malgré le feu de barrage des Allemands.

À partir de la gauche, debouts, Calixte Jouette, Raymond Rolland des Nouvelles-Hébrides et Rai a Rai disparu le 19 septembre 1944 en traversant le Rhône sur un canot. Assis, à l'extrême droite Ernest Hintze dit Black.
FONDS CALIXTE JOUETTE

Un éclat d'obus lui a occasionné une fracture ouverte de la cuisse droite. Rere Turi est évacué sur Cavalaire. Le 10 septembre 1944, il est embarqué vers Oran, puis le centre d'orthopédie de Blida.

Il regagne Toulon le 3 octobre 1945.

Le général Brosset arrive en trombe sur la position de La Maurane et annonce que la route de Toulon est désormais libre. Le bataillon entre dans Toulon puis suit le mouvement de la 4ème brigade vers Aix-en-Provence, Arles et enfin Nîmes.

Le 30 août, la 4e brigade entre dans Nîmes où elle assiste à certains actes vengeurs de la Résistance.

John Martin[17] : *À Nîmes, les F.F.I. m'ont conduit dans les caves. Des cheveux dépassaient des bassins. Ils avaient été noyés par les allemands. Ils venaient me chercher pour leurs actes vengeurs : femmes tondues. Je leur ai dit que je ne m'occupais pas de cela, on était venu se battre avec des armes contre des soldats.*

Le général Gras témoigne que certaines unités *F.T.P.* ont été désarmées pour prévenir toutes exactions vengeresses contre les populations civiles.

15 Entretiens 2011-2012
16 *Courage*
17 Entretiens 2011-2012

En appui de la section tahitienne du lieutenant Salvat, deux chars des fusiliers-marins. L'un d'eux est détruit.

Le bataillon arrive autour de Lyon. Il laisse aux forces françaises de l'intérieur, dont des éléments des maquis du Vercors conduits par le commandant Huet, le privilège d'entrer dans la ville.

Le 9 septembre, le bataillon quitte Lyon pour se rendre à quarante kilomètres au nord à Saint Georges de Reneins où un grand bal les attend, accompagné de chants tahitiens avec guitares, *ukulele* et accordéons. Le 14 septembre, quinze anciens du bataillon, évadés d'Italie par la Suisse, portés disparus en majorité à Bir Hakeim rejoignent le bataillon où ils sont fêtés. Tihoti Snow est l'un d'entre eux. Évadé du camp de prisonniers de guerre de Bergame, Tihoti passe la frontière suisse le 13 septembre 1943. Il est interné dans le camp de Belisona puis dirigé sur Wil où il reste jusqu'au 19 septembre 1943, pour être dirigé sur Lutisburg jusqu'en février 1944, puis Aff lrogen jusqu'au 31 août 1944. Il traverse la frontière française, est hébergé au centre d'accueil des F.F.I. de Thonon-les-Bains jusqu'au 9 septembre 1944. Tihoti est dirigé sur Annecy, puis Chambéry, Grenoble, Lyon et retrouve le *B.I.M.P.* en opération à Marnay (Haute-Saône) le 14 septembre 1944. Il poursuit les combats avec son unité jusqu'à Belfort.

Le 15 septembre, le bataillon est à Dijon.

Le 18 septembre, deux soldats tahitiens T.A. et M.T. *disparaissent* de l'unité. Ils sont tous les deux portés déserteurs. T.A. rejoint l'unité le 3 mai 1945 et T.M. en juin 1945. T.M. prétend avoir combattu avec une unité FFI dans les Alpes. En détention préventive du 20 septembre 1945 au 26 octobre 1945, T.A est condamné à six mois de prison avec sursis. Il rejoint l'unité dès le 27 octobre 1945.

Le 19 septembre, le lieutenant Favreau signale la disparition du Tahitien Rai a Rai. L'un de ses camarades indique qu'il s'est noyé dans la Saône car son canot a chaviré. Rai avait vingt-six ans. Le capitaine Frizza certifie exacte la disparition de Rai a Rai[18] : *Décédé par immersion le 19 septembre 1944 à Saint-Germain-du-Plan Saône- et-Loire.*

18 Livret matriculaire de Rai
a Rai Fonds W 48 SPAA

Les Vosges

Le 20 septembre, le bataillon est à Villargent et le lendemain à Étroite-Fontaine. Le 24 septembre, le *B.I.M.P.* est en réserve à Athesans. Un détachement rend les honneurs au général de Gaulle au château de Bournel dans le Doubs. Le *B.I.M.P.* relève le BM 4 à Lyoffans et Andornay. Le 26 septembre, la 1ère compagnie du BM 4 a atteint la lisière d'Andornay et a procédé au nettoyage du village. La prise d'Andornay a contraint les Allemands à se replier. Les Allemands sont encore cependant à Clairegoutte et dans Frédéric-Fontaine adossés à la forêt de Chérimont.

John Martin : *À Clairegoutte, nous avons progressé de nuit entre les pierres tombales d'un cimetière. Les lueurs rouges des explosions dans la nuit donnaient au lieu une teinte apocalyptique.*

Le *B.I.M.P.* prend position dans Magny-Jobert. Lorsque le *B.I.M.P.* approche la lisière des Grands Bois, les Allemands en position défensive dans la forêt de Chérimont contre-attaquent par trois fois, au sud de Magny-Jobert, de Lyoffans et de Frédéric-Fontaine. Teriitaparahitua Taoa perd un doigt de la main gauche.

Dominique Courtin née Taoa[19] : *Mon père avait faim pendant les combats, un éclat d'obus a pulvérisé sa gamelle… son doigt ne tenant plus qu'à un fil était dans la gamelle* ».

Les contre-attaque allemandes échouent sous les tirs des mitrailleuses de 30 mm et armes automatiques du *B.I.M.P.* et notamment celles servies sans répit par Taumata Tiaihau et Marurai Teriitehau malgré ses jambes blessées. Évacué sur Lyon, Marurai Teriitehau qui devance sa fin de convalescence pour rejoindre rapidement son unité, décède de maladie en mai 1947 à Paris. Le mitrailleur Tihoni Tetuaearo est blessé à l'œil droit par un éclat de mortier ainsi que Tehare Hopuu qui a la joue gauche traversée par un éclat. Le *B.I.M.P.* engage la pénétration des bois de Nanue pour dégager Frédéric-Fontaine et prendre position autour de Ronchamp. La progression des patrouilles est eff ctuée dans des conditions difficiles : la pluie qui tombe depuis huit jours a transformé les chemins d'accès en marécages où les véhicules s'embourbent. Le *B.I.M.P.* évolue dans des périmètres boisés où les Allemands sont terrés en protection derrière des abattis souvent défendus par des feux denses d'armes automatiques, de mortiers et d'artillerie. Le sergent Henri Vidal et sa patrouille participent avec sang-froid au nettoyage des Grands Bois. Certains Tamari'i Volontaires font parfois preuve de folle témérité. Ainsi, Albert Ariihoro dit *Papepae* fait seul quatre prisonniers.

John Martin[20] : *De ma position, je vois Paepae quitter son trou et se rapprocher seul de l'orée du bois. Je lui indique d'un geste de la main que les Boches sont planqués juste de l'autre côté. Il me fait un signe approbateur et disparaît dans le bois. Il réapparaît enfin très amusé avec des prisonniers allemands qu'il a délogés tout seul.*

Il nous raconte qu'il a été attiré par la fumée d'un feu sur lequel il a déboulé en hurlant. Autour du feu, il

y avait quatre soldats allemands qui tentaient de se réchauffer. Terrorisés, ils ont jeté leurs armes au sol et se sont rendus. Je le sermonne et il me répond : « *C'est ainsi que l'on faisait la guerre en 18[21] !* »

Les *snipers*, les pièges et les mines entravent cependant la progression des unités du B.I.M.P. Smith Rereao est victime de l'un de ces pièges. Il était âgé de vingt-huit ans.

Ari Wong Kim[22] : *Nous étions en patrouille avec les distances de sécurité entre les hommes de la colonne soit une dizaine de mètres. Soudain, une déflagration. La stupeur passée, je me retourne : Smith qui se trouvait derrière moi a été décapité par l'explosion de la charge piégée dont il avait activé le mécanisme.*

Dernier d'une famille de dix enfants, Rereao Smith cultivateur est incorporé à la *C.A.I.C.T.* pour eff ctuer son service militaire d'août 1937 à avril 1938. Il est mobilisé le 2 septembre 1939 et renvoyé dans ses foyers le 15 mars 1940. Engagé volontaire le 12 décembre 1940, il est servant de mortier de 60 pendant la campagne de Libye. Pendant la campagne d'Italie, il s'affirme comme un très bon pointeur dans les combats du Garigliano et de Ponte Corvo. Il fait souvent office de fonctionnaire caporal.

Le commandement infléchit l'action par le nord : le bataillon prend la direction de Rocologne et de Ronchamp qui est pris le 2 octobre 1945.

Pendant quatre jours le *B.I.M.P.* livre de durs combats pour prendre les maisons une par une. L'ennemi fait front dans des combats au corps-à-corps. Les SS fanatiques bien armés ne se rendent pas. Les murs éventrés des habitations témoignent de l'acharnement des tirs.

John Martin : *À Ronchamp, le clocher de l'église était utilisé comme observatoire par les Allemands. Ils pouvaient suivre ainsi chacun de nos mouvements.*

Une fois Ronchamp pris, le bataillon s'installe en position défensive sous le feu des automoteurs ennemis qui tiennent notamment Champagney et les crêtes bordant l'ouest de la cuvette de Belfort. C'est l'automne, le temps devient froid, à la pluie succède la neige. Les Tahitiens sont très éprouvés par le froid. Certains ont les pieds gelés. Marc Darnois est blessé une seconde fois après Girofano.

John Martin [23] : *Il y avait un poste de fusil-mitrailleur qui était placé derrière un monticule. En allant le relever, il n'a pas pris de précaution, il s'est découvert et a ramassé la rafale : une jambe fracassée, on n'a pas pu la sauver, il a été amputé.*

Les Tamari'i Volontaires sont finalement relevés par de jeunes engagés originaires de l'Aisne qui les remplacent et montent en ligne sur les positions

Albert Ariihoro Manutahi dit Papepae ancien combattant de la Grande Guerre.
Cité en 1917, se portant volontaire pour les patrouilles dangereuses en lieu et place de camarades soutiens de familles.
Il refuse son rapatriement en 1943 pour suivre l'ensemble des campagnes du Bataillon du Pacifique.
FONDS JOHN MARTIN

19 Témoignage 2013
20 Entretiens 2011-2012
21 Le 25 octobre 1918, le BMP charge à la baïonnette et au son du clairon à la ferme du Petit-Caumont.
22 Témoignage 2012
23 Entretiens 2011-2012

défensives du bataillon pour entrer en Allemagne. Parmi eux se trouvent des anciens maquisards mais aussi quelques conscrits tahitiens.

John Martin : *Nous avons donné à ces recrues nos casques métalliques, nos armes.*

Les jeunes recrues du *B.I.M.P.* vont faire directement leurs classes au feu en combattant. Ils sont rapidement engagés dans l'offe sive d'envergure menée par la 1ère *D.F.L.* pour ouvrir la route de la basse Alsace vers Belfort.

Après la trouée de Belfort, le capitaine Hervé rejoint pour sa part le corps à Rossfeld le 4 janvier 1945.

Il est engagé dans les opérations de Strasbourg et de Colmar. Il est également volontaire pour le front des Alpes et participe à l'assaut des forts de l'Authion.

Il passe avec le *B.I.M.P.* la frontière italienne le 28 avril 1945 avant de rejoindre le détachement du Pacifique à Paris le 12 mai 1945. Le *B.I.M.P.* attaque la corne nord-ouest du Haut-du-Mont près de Sermamagny. Il enlève de vive force le pont d'appui du bois des Fouillis pour se regrouper sur la ligne des étangs de la forêt de Vaivre alors que les éléments motorisés du corps des fusiliers marins pénètrent dans les villages de Plancher-Bas, d'Auxelles-Bas jusqu'à Giromagny. Dès la lisière du village, les chars légers du 1er régiment de fusiliers marins sont accueillis par les tirs nourris des Allemands retranchés dans les maisons.

Le Tahitien Gaspard Coppenrath, chef de pointe, met hors de combat trois fantassins allemands a l'entrée du village d'Auxelle-Bas. Avec le soutien du 11e cuirassier, son peloton prend le village et capture une cinquantaine de soldats allemands.

Son char qui est le premier à entrer dans Giromagny est cependant détruit par le coup au but d'un *panzefaust,* tuant l'ensemble de son équipage et le blessant grièvement.

Le *B.I.M.P.* qui est entré dans Éloi piétine.

Les Allemands ont décroché pour échapper à la manœuvre de débordement et se sont regroupés en position défensive sur les localités de Rougement-le-Château, Fontaine et Montreux-le-Vieux. Rougement-le-Château est le dernier objectif du B.I.M.P. Le 4 décembre, le bataillon quitte le front des Vosges, il est placé au repos dans la région de Bordeaux. L'offe sive de Von Rundstedt va le rappeler en Alsace.

Entrée des chars français dans Giromagny. Le blindé de Gaspard Coppenrath est touché par un *panzerfaust*. Il est gravement blessé et l'ensemble de son équipage est tué.

La campagne d'Alsace

La 1ère *D.F.L.* reçoit l'ordre de tenir Strasbourg que les Alliés veulent abandonner face à l'offensive des Ardennes pour se replier sur les Vosges. Le général de Gaulle refuse tout repli stratégique : les Français défendront Strasbourg. Du 26 décembre au 30 décembre, la 1ère *D.F.L.* gagne le plateau lorrain en train. Elle relève la 2ème D.B. de Leclerc et s'installe sur un front large de quarante kilomètres de long, de Plobsheim à Sélestat. Le *B.I.M.P.* est chargé pour sa part de défendre les points d'appui de Rossfeld et d'Herbsheim, dont les avant-postes tiennent Neunkirch et Witternheim.

Le 5 janvier, l'infanterie allemande soutenue par de l'artillerie et des chars franchit le Rhin, à hauteur de Bichwiller et occupe les villages d'Offendorf et de Gambsheim situés à environ quinze kilomètres de Strasbourg. Les divisions allemandes d'élite progressent rapidement vers le *B.I.M.P.* Les régiments de la 198ème division écrasent les avant-postes de Neunkirch et de Witternheim avant de se heurter aux points d'appui de Rossfeld et d'Herbsheim.

Le *B.I.M.P.* est soumis à un violent tir de barrage. Rossfeld tient mais les Allemands encerclent Herbsheim. Les maisons effondrées du village sont le théâtre de combats féroces. Le *B.I.M.P.* repousse l'ennemi et se rétablit sur ses positions. Le bataillon est cependant rapidement isolé et encerclé. Une colonne motorisée réussit à franchir le périmètre d'encerclement pour lui apporter des vivres et des munitions et s'échappe avec les blessés. Pendant trois jours, le *B.I.M.P.* va résister aux attaques d'un ennemi très supérieur en nombre et en armes avant d'être relevé par le 1er bataillon de la 13ème demi-brigade de la Légion Étrangère.

Pierre Galenon est chef de poste radio dans la division d'infanterie motorisée. Son unité a été détachée au 1er bataillon de Légion avec pour mission d'installer et de maintenir la communication entre les unités. Sous les tirs de mortiers et d'artillerie, les chutes de neige et les sabotages, le Tahitien se distingue. L'encerclement ne peut être cependant rompu. L'État-Major donne l'ordre d'évacuer Rossfeld et Herbsheim. Sans appui d'artillerie, le bataillon de Légion devra sortir de vive force. Les légionnaires d'Herbsheim traversent l'Ill sous les tirs ennemis dans une eau glacée jusqu'à la ceinture. Pierre Galenon est grièvement blessé lors de la sortie de vive force du village d'Herbsheim. Un obus lui tranche l'artère humérale du bras gauche. Il est évacué sur un brancard à travers les lignes allemandes, dans des conditions de souffrance particulièrement difficiles pour être finalement amputé de son bras gauche.

Le *B.I.M.P.* se regroupe derrière la rive de l'Ill et se reconstitue au vu de ses lourdes pertes. Alors même que la bataille de Strasbourg s'achève, la

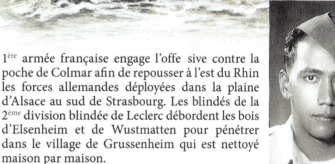

Pierre Galenon blessé, porté par ses camarades légionnaires pour traverser la rivière de Lill.

1ère armée française engage l'offensive contre la poche de Colmar afin de repousser à l'est du Rhin les forces allemandes déployées dans la plaine d'Alsace au sud de Strasbourg. Les blindés de la 2ème division blindée de Leclerc débordent les bois d'Elsenheim et de Wustmatten pour pénétrer dans le village de Grussenheim qui est nettoyé maison par maison.

René Tracqui pilote du char *Arcis-sur-Aube* est entré dans Grussenheim sous le feu d'armes antichar d'un Tigre et de deux Jagd Panthers qu'il met en fuite. L'ennemi contre-attaque violemment mais est contenu. René Tracqui interdit par ses tirs précis l'accès du village à l'ennemi qui se retire en laissant sur le terrain deux chars Panther, deux automoteurs et deux engins chenillés.

René Tracqui est affecté à la 2ème compagnie de chars le 2 juillet 1941. Il a gagné de Tahiti le Congo, le Centre-Afrique où il est affecté à la compagnie de chars du régiment de tirailleurs sénégalais du Tchad, puis le 501ème régiment de la 2ème compagnie de chars de combat. Le 20 mai 1944, il réembarque pour l'Angleterre puis le front de France pour toucher la Normandie le 4 août 1944 et participer jusqu'à la fin de la guerre aux combats de la 2ème division blindée de Leclerc, comme membre d'équipage du char *Montmirail* et pilote du char *Arcis-sur-Aube*. Il totalise plusieurs citations pour la destruction de chars Panther et de véhicules blindés de soutien. René Tracqui est rejoint par son frère Bernard Tracqui engagé dans la section des mortiers, cité, croix de guerre avec palme : *Adjudant de la division blindée, parfait sous-officier, adjoint de la section des mortiers, s'est révélé au cours de ses campagnes, par ses qualités d'ordre, de méthode, son ascendant sur la troupe, un véritable guerrier, toujours volontaire pour des missions périlleuses outre celles incombant à sa fonction.*

Pierre Galenon
FONDS GALENON

Bernard Tracqui 501ème régiment de la 2ème compagnie de chars de combats.
FONDS TRACQUI

René, Roger Devendeville cité, est aussi dans la 2ème DB qui a libéré Paris.

A. Sylvain, s'engage le 22 août 1943 à Casablanca dans les chars de combat, 4ème compagnie du 501ème de la 2ème D.B. Il libère Paris où il est né dans le deuxième arrondissement.

A. Sylvain, évadé de France par l'Espagne s'engage le 22 août 1943 à Casablanca dans les chars de combat, 4ème compagnie du 501ème de la 2ème DB. Il libère Paris où il est né dans le second arrondissement, participe à la campagne des Vosges et d'Alsace pour prendre Strasbourg. Le « béret noir »[24] est cité pour son audace. Son équipage de char Arcole empêche, malgré une réaction soutenue de l'ennemi, la destruction des ponts de Holtzheim et du Fort Joffre.

René, Roger Devendeville cité, est aussi dans la 2ème D.B. qui a libéré Paris.

24 A. Sylvain, dans ses lettres à l'adresse de sa mère, signe « le béret noir ».

L'Authion

À la mi-mars 1945, les recrues tahitiennes du *B.I.M.P.* venues des combats d'Alsace gagnent le front des Alpes. Dès avril 1945, l'objectif assigné à la 1ère *D.F.L.* et aux autres unités engagées est de reprendre aux troupes italo-allemandes le massif fortifié de l'Authion, d'investir le versant ouest des Alpes puis de pénétrer au Piémont.

Depuis août 1944, les troupes allemandes d'occupation de la zone sud de la France se sont repliées vers le Rhin sans pour autant dégarnir les Alpes. À la fin de l'année 1944, les troupes italo-allemandes tiennent le massif de l'Authion fortes de deux divisions allemandes de chasseurs de montagne aguerris et fanatiques, les 5ème et 34ème divisions renforcées de deux divisions italiennes, la Monterosa et la Littorio.

Le massif de l'Authion culmine à plus de deux mille mètres d'altitude. Il domine les vallées du Cairos, de la Roya et de la Beverra, avec des pentes raides et des ravins déboisés. Un chemin en lacets permet d'y accéder entre des arêtes rocheuses. Le massif de l'Authion est protégé par les forts de la Forca[25] au nord et de Mille Fourches[26] au sud, de la Redoute des Trois Communes[27] au nord-est et de Plan Caval[28] à l'est, protégés de réseaux de barbelés et de mines anti-personnel. Ces ouvrages militaires français ont brisé en juin 1940 les assauts des troupes italiennes.

À partir du 15 mars 1945, des patrouilles s'organisent afin de mesurer la ligne de résistance de l'ennemi. Les fortes chutes de neige et l'absence de visibilité reportent cependant le premier assaut à avril 1945. La 1ère division doit s'emparer de l'Authion pour dominer la vallée de la Roya entre Breil et Saorge, l'occuper pour prendre les crêtes dominantes de l'est.

L'attaque du massif est précédée de bombardements pilonnant le fort de la Forca mais les structures bétonnées résistent. Le bataillon d'infanterie de marine et du Pacifique du commandant Magendie, renforcé de chars du 1er régiment de fusiliers marins, engage le 10 avril 1945 l'assaut frontal de l'Authion vers la pointe des Trois Communes et Cabanes Vieilles. Deux compagnies du *B.I.M.P.* se ruent à l'assaut de la crête de l'éperon situé entre le fort de la Forca et celui des Trois Communes pour tenter de prendre la cote 2068 et le piton nord de l'Éperon. La cote 2068 est occupée. La progression du *B.I.M.P.* est arrêtée par les réseaux de barbelés et les tirs d'armes

Bornage de la route dite « de Kellermann et de Sérrurier ». Cette route sera celle de la 1er D.F.L. À la fin du conflit, la ligne de démarcation France - Italie, sera largement déplacée vers le nord-est, rendant aux habitants de plusieurs localités, la nationalité française.

automatiques en position dans la pente. Le piton nord de l'éperon protégé d'une tourelle blindée et les mortiers ennemis occasionnent des pertes sévères aux éléments du bataillon. Il ne reste plus que sept hommes valides sur le terrain à l'arrivée des sections de renfort.

Le lieutenant Albert Warren *Teuruarii* Vernier né le 26 octobre 1915 à Papeete, fils du pasteur Charles Vernier est tué par un éclat en plein cœur[29].

Il est inhumé au cimetière de l'Escarène numéro 10, rang 2, tombe 9.

L'acte de décès du 13 avril 1945 établi à Levens indique qu'Albert Vernier est décédé le 11 avril à quatorze heures à La Bollène Vésubie[30] dans les Alpes-Maritimes, crête de l'Authion. Son décès est attesté par Jules Demaret, lieutenant au bataillon d'infanterie de marine du Pacifique, en qualité d'officier de l'état-civil, sur la déclaration de deux témoins : André Dreyfus, âgé de trente ans, sous-lieutenant au bataillon d'infanterie de marine du Pacifiq e *B.I.M.P.* et Jean Rouleau[31] âgé de vingt-quatre ans, sous- lieutenant au *B.I.M.P.* Jean-Claude Rouleau est né le 23 mars 1921 à Périgueux. À l'armistice de 1940, alors âgé de dix-huit ans, il gagne Bordeaux avec Jacques, son jeune frère cadet de seize ans, pour tenter d'embarquer vers l'Angleterre. Les deux frères sont refoulés. Ils rejoignent Saint-Jean-de-Luz, où ils se glissent dans les rangs des soldats polonais du général Sanders qui partent en Angleterre. Jean-Claude Rouleau, 103ème volontaire engagé dans les Forces françaises libres, est finalement dirigé sur la Sierra Leone puis le Cameroun. En 1941, le jeune caporal entre à l'école des officiers *F.F.L.* de Brazzaville au Congo. Officier, il prend le commandement d'une section de tirailleurs congolais. Londres demande alors des volontaires pour le Pacifique. Jean-Claude embarque pour les îles Wallis et Futuna. Il commande une section chargée de la défense de Nouméa. Il part ensuite à Tahiti afin de former le second contingent qui relèvera le Bataillon du Pacifique. Il instruit les engagés volontaires qui gardent le souvenir d'un

chef qui les conduisait dans les vallées et les montagnes tahitiennes jusqu'au sommet de l'Aorai. Ils le surnomment *L'homme qui marche*, reconnaissable à sa grande taille et renommé pour son endurance. Jean-Claude Rouleau épouse Rose Martin le 8 mars 1944 à Tahiti, avant de participer aux combats qui libèrent l'Alsace, puis d'entrer en Allemagne.

En 1945, il gravit avec ses hommes les pentes de l'Authion dans les Alpes italiennes où son frère Jacques est grièvement blessé et sera amputé d'un bras.

Fait prisonnier en juin 1940, Albert Vernier est détenu après deux tentatives d'évasions, en *stalags* allemands jusqu'en 1943. Ramené en France, il s'en échappe via l'Espagne pour rejoindre les *F.F.L.* à Dellys. Il est versé le 9 décembre 1943 au bataillon mixte du Pacifique désigné pour encadrer les Tahitiens, gagne la Tunisie où il en rencontre quelques-uns.

Albert Vernier : *Vraie joie de pouvoir parler tahitien et de les entendre parler des Parents.*

Fatigué, et ayant obtenu une permission de convalescence, il la passe à Saida dans le Sud oranais.

Albert Vernier : *C'est le cœur qui commence à flancher, rapport aux traitements de toutes sortes auxquels j'ai été soumis depuis plusieurs années, et certainement beaucoup de prisonniers seront sur le flanc quand ils rentreront. Ma permission se termine ces jours-ci, mais je ne suis pas remis et vais tâcher de me la faire prolonger.*

Albert Vernier épouse, le 7 mars 1944, Madeleine Le Moal née le 14 juin 1914 à Paris, domiciliée à Oran et avocate de profession. Une fille, Anne Vernier, naît de cette union, le 17 décembre 1944 à Oran. Après la guerre, Madeleine Vernier se retirera dans la Sarthe à Précigné.

Anne Mossalgue[32] : *Frédéric Vernier, médecin-co-lonel venant de Bangui, cousin germain de mon père, lui demandera néanmoins de reprendre son poste d'active.*

Muté d'abord au Corps léger d'intervention le 20 novembre 1944, il est dirigé sur le *C.I.D.* de la 1ère *D.F.L.* le 20 janvier 1945. Il débarque à Sète le 17 février 1945, est promu lieutenant le 25 mars 1945 et rejoint le 6 avril 1945 le *B.I.M.P.* en station à Levens dans les Alpes-Maritimes, *unité la plus chère à son cœur*[33].

L'indestructible redoute des Trois Communes à 2085 mètres d'altitude. Le 12 avril 1945, ce fort est pris d'assaut par un char des fusiliers-marins soutenu par seulement cinq volontaires. Au terme d'une ascension périlleuse, le 1er BIMP, pénètre seul dans l'ouvrage et en ressort avec 38 prisonniers. L'ensemble du front allemand s'effondre le 24 avril 1945.

25 Le fort construit dans les années 1890 à 2078 m d'altitude est doté d'une façade ceinturée de deux canonnières doubles bétonnées.
26 À 2048 m d'altitude, le fort établi sur une ancienne redoute austro-sarde fonctionne en binôme avec le fort de la Forca dont il est la copie.
27 La Redoute des Trois Communes fut le premier fort des Alpes-Maritimes construit en béton armé sur l'emplacement d'une ancienne batterie sarde. La façade de gorge de forme pentagonale est en pierres de taille, entourée d'un fossé. Du point culminant du massif de l'Authion à 2080 m d'altitude, la Redoute surveille les forts de l'Ortiguié qui conduit au col de Raus et à l'ancienne frontière. Son rôle était de protéger les forts de la Forca et milles Fourches.
28 Trois blocs d'infanterie ont été coulés et armés : le bloc 4 équipé d'un créneau pour un jumelage de mitrailleuses, de deux créneaux pour fusil-mitrailleur et d'une cloche pour un jumelage de mitrailleuses, le bloc 5 armé d'une cloche pour guetteur et fusil-mitrailleur et le bloc 6 dôté de deux créneaux pour un jumelage de mitrailleuses.
29 «*Tout était conservé en l'état : les innombrables cartes de prisonniers et lettres (chacune remise dans son enveloppe), stylo, carnet de croquis, montre, pipe, l'uniforme taché de sang à la poitrine, jusqu'au portefeuille qui renfermait une quantité de fins papiers pliés, tous sanglants et transpercés comme à l'emporte-pièces, par le funeste éclat d'obus (...) je n'avais jamais cherché à en prendre connaissance bien que les conservant précieusement. Le sujet me semblait trop brûlant ! Tout comme l'avait ressenti ma mère. Elle-même ne s'y était jamais replongée, tant elle avait du chagrin (elle ne s'est jamais remise). C'est donc à moi qu'il incombe de remuer ce qui n'est même pas des souvenirs mais dont j'ai douloureusement ressenti les effets. Si cette intrusion m'a coûté, je profanais un peu ce qui me semblait à jamais enfoui. Elle me peut-être enfin me permettre de me situer, de m'identifier*». Sources : lettre d'Anne Mossalgue née Vernier, à l'auteur en date du 20 septembre 2013.

30 Située sur la route des Grandes alpes, ce village très ancien est construit à flanc de montagne sur un promontoire donnant sur la vallée de la Vésubie, aux portes de la forêt de Turini et le Mercantour.
31 Maeva Rouleau témoigne en 2013 que son père était appelé indifféremment Jean, Claude, ou Jean-Claude.
32 *Témoignage 2013*
33 Lettre de l'École de la France d'Outre-mer du 5 décembre 1945 à Monsieur le pasteur Vernier député du Pacifi ue : « *Au début de cette année, votre fils était venu à l'École et m'avait dit sa fierté d'être enfin affecté dans une Formation combattante. Il est tombé dans les rangs du Bataillon du Pacifique, l'Unité certainement la plus chère à son cœur* ».

97

De grande stature, Albert Vernier est reconnu comme un officier discipliné et brillant : « *Officier qui a commandé un détachement du C.L.I. pendant deux mois, à l'entière satisfaction de ses chefs. Physiquement très apte, cet officier a par son exemple et des qualités acquises une grande autorité sur ses hommes. Modeste avant tout, réfléchi et discipliné, cet officier s'impose de lui-même. Possède une bonne instruction générale (Élève de l'École normale coloniale) parle l'anglais et l'allemand. Apte au commandement d'une compagnie de campagne. Mérite d'être poussé* ». Signé : le chef de bataillon Daveau commandant le *C.L.I.*

Par son exemple et ses qualités, il acquiert rapidement une grande autorité sur ses hommes. Le 11 avril 1944, il n'a de cesse d'encourager et d'entraîner inlassablement vers l'avant ses fusiliers voltigeurs malgré des conditions de combat particulièrement difficiles.

Lors du nettoyage de Cabanes Veilles, il est alors mortellement fauché par un éclat d'obus.

Le *Vea Porotetani* publiera en mai-juin 1945 une nécrologie à la mémoire d'Albert Teuruarii Vernier (1915-1945) dont extraits :

O vai te taata tei ore i hitimaue i te faarooraa i te ati api ta M. Charles Vernier e to'na i farerei na roto i teie mau hepetoma i mairi aenei,

Quel est celui qui n'a pas été bouleversé en apprenant le nouveau malheur qui a atteint M. Charles Vernier et sa femme au cours de cette semaine.

À l'issue des combats, traversée du village dévasté de Cabanes Vieilles par le bataillon et les fusiliers marins.
JLS

Na te Vea no te avae no Titema 1944 i faaite mai i te poheraa no ta raua tamaiti hopea, o André, e inaha ! teie â te tahi tamaiti tei pupu i to'na ora no Fatani.

Ua fanau o Albert Teuruarii, te piti o te tamarii no to tatou hoa Peretiteni, i Papeete nei, i te 26 no Atopa

Par le *Vea* du mois de décembre 1944, on annonçait la mort de leur dernier enfant, André, et stupeur ! Voici qu'un autre de leur fils vient de donner sa vie pour la France

Albert Teuruarii, deuxième enfant de notre ami et Président, était né à Papeete

1915, oia hoi hoê matahiti I muri a'e I te haamataraa o te tamai rahi matamua. Na roto i na matahiti 12, tei pihaiiiho oia i te feia metua i te faaearaa i Raiatea, i farani e I Tahiti atoa nei (…)

le 26 octobre 1915, c'est-à-dire un an après le début de la précédente Grande Guerre. Jusqu'à l'âge de douze ans, il vécut avec ses parents à Raiatea (…) .

En fin d'après-midi, la tourelle blindée est anéantie, permettant l'occupation de l'éperon. L'autre compagnie du *B.I.M.P.* a réussi cependant à s'infiltrer par la route de montagne, vers Cabanes Vieilles sans être prise à partie par les forts de la Forca et de Mille-Fourches. Le génie s'active, au moyen de bulldozers, à rendre praticable un accès aux chars légers du commandant *Barberot*.
La section du B.I.M.P., sur le piton nord de l'éperon de la Forca, subit une contre-attaque et doit se replier. La cote 2068 de l'éperon est néanmoins conservée. Au soir de la deuxième journée, une brèche est ouverte dans la défense de l'Authion. Le 12 avril, les forts sont enlevés. Le *2ème* bataillon de Légion étrangère du commandant Jean Simon relève le *B.I.M.P.* fortement éprouvé.

Les Anciens
du BATAILLON d'INFANTERIE
de MARINE et du PACIFIQUE

A leurs 416 Camarades Morts au Combat
de 1940 à 1945 dont 56 Tués à L'AUTHION

France Toujours

Les Tahitiens dans la

Lorsque le *B.I.M.P.* entre dans Lyon libérée par les Forces françaises de l'intérieur *F.F.I.*, le sergent John Martin n'aura pas loisir de retrouver son ami d'enfance André, Marc, Teru, Temaevran Vernier, fils du pasteur Charles Vernier, président des églises protestantes de Tahiti. Celui-ci est tombé au combat le 21 juillet 1944 dans la cuvette de Vassieux-en-Vercors dans les rangs des FFI.

Son corps n'a pas été retrouvé. La tombe numéro 37 à Vassieux n'est donc qu'indicative. Le plateau du Vercors est une citadelle naturelle située à environ mille mètres d'altitude dans les Alpes du Dauphiné. Dès l'occupation de la zone libre et la dissolution de l'armée d'armistice, le Vercors accueille de premiers éléments armés qui seront renforcés en 1943 par les réfractaires du Service du travail obligatoire *S.T.O.*

Cette position stratégique a conduit à l'élaboration d'un plan tactique dit *plan Montagnards*, destiné à permettre l'accueil d'unités aéroportées

Résistance intérieure française

dans la France occupée lors du débarquement. À l'annonce du débarquement sur les ondes de la BBC, la République du Vercors est proclamée et l'ensemble des maquisards du Vercors et des maquis périphériques sont mobilisés. Le 20 juillet, les forces allemandes réagissent par l'encerclement du plateau. Le 21 juillet, quinze mille hommes de la 157ème division alpine du général Pflaum attaquent la citadelle montagneuse du Vercors, par les routes, par les *pas*, ces cols que l'on ne peut franchir qu'à pied, et par les airs. Des planeurs déposent des troupes d'élite en plein cœur du plateau à Vassieux-en-Vercors, là où étaient attendus les Alliés.

Chaque planeur transportait une vingtaine de SS armés jusqu'aux dents. Au total, quelques quatre cents hommes aguerris sont aéroportés, conduits par le commandant Schäfer. Les planeurs ont atterri avec une extrême précision à proximité de leurs objectifs. Un seul des planeurs fut détruit à l'atterrissage. De ces stuctures en tubes soudés, recouvertes de toile, les SS ont bondi l'arme au poing, tirant sur tout ce qui bouge. Les maquisards sont pris au dépourvu et massacrés.

Interprétation de l'intervention massive des parachutistes allemands contre les maquis du massif du Vercors.

André Vernier est tué les armes à la main aux côtés de son chef lors de l'investissement de la cuvette de Vassieux par les parachutistes allemands.

Gérard Galland[34] : *Je pense qu'André Vernier faisait partie de la garde rapprochée du capitaine Hardy. Ainsi, sur les onze hommes qui l'encadrent et se défendent jusqu'au sacrifice suprême, un seul, Calva, surnommé ainsi car il était originaire du Calvados, va survivre.*

Le capitaine Pierre Hazebrouk[35], dit capitaine Hardy, est responsable de la sécurité du terrain « Taille-crayon », la piste d'atterrissage de Vassieux. Sa fougue fait sa réputation et couvre le Vercors.

Le 21 juillet 1944, il se battra toute la journée dans les ruines de Vassieux face aux parachutistes allemands, souvent au corps-à-corps. Submergé par le nombre d'assaillants, il décidera en fin de journée de tenter de rejoindre les bois à l'ouest du village avec ses derniers hommes. Le capitaine Hardy, blessé par balle à la cuisse qui lui sectionne l'artère fémorale, tente de s'échapper. Les Allemands qui le poursuivent l'achèvent lui tirant à bout portant dans le sternum.

Comme leur chef, les derniers maquisards se font fait exterminer à leur tour en voulant rejoindre la forêt salvatrice.

André Vernier est né à Uturoa le 18 juillet 1921, île de Raiatea aux Îles sous-le-Vent. Adolescent, il est scolarisé dans le Lycée de garçons de Nîmes[36]. On le retrouve étudiant en droit à Lyon. Il séjourne dans la famille Gervit[37] de Vaugneray quelques mois de la guerre. André Vernier milite rapidement dans les jeunesses protestantes de résistance qui s'opposent aux lois raciales de Vichy. Cet engagement l'amène à rejoindre rapidement les rangs de la résistance armée au sein des Forces françaises de l'intérieur *F.F.I.* du Vercors. C'est une région qu'il connaît, deux de ses oncles sont installés dans le Dauphiné. André Vernier est aspirant dans le XI Cuirassiers sous le nom de « Rivière »[38] avec la charge d'intendant du camp 15 à Vassieux-en-Vercors.

Henri Vernier[39] : *Collégiens, pendant les vacances, des passages dans la Drôme et l'Ardèche chez nos oncles Paul et Gustave, chez les Combier d'Annonay, nous ramenaient aux racines dans ce Dauphiné adopté par l'arrière-grand-père Jean-Frédéric Vernier. Il s'était établi au hameau de Barcelonne, aux environs de Chabeuil. Pédagogue et évangéliste venu au siècle dernier par petites étapes de Montbéliard. C'est à Crest que se mêlent à la terre de France les restes mortels de nos parents et de nos grands-parents Vernier, eux qui furent dès le milieu du XIX siècle les aumôniers et amis de la famille de la Reine Pomare et de son peuple polynésien. Ils lui ont donné tout leur courage, leur force et leur cœur. C'est notre oncle Paul qui visita et prit soin de Paul Gauguin durant les dernières et tristes années de ce peintre exilé aux îles Marquises.*

Un autre Tahitien, Charles Higgins, né le 4 mars 1924, a gagné la France adolescent pour raisons de santé. Il réside dans la famille Levy à Lyon quand la guerre le surprend. Il doit gagner à son tour un maquis périphérique du Vercors pour échapper, comme beaucoup des jeunes des classes 1942 et 1943, au Service du travail obligatoire *S.T.O.* Il intègre les rangs des *F.F.I.* de la Drôme au sein du 3ème bataillon, 10ème compagnie, 2ème section sous les ordres du sergent Desclaux et du lieutenant Berthoz, commandant de la 10ème compagnie.

Le 13 août 1944, à vingt-deux heures, Charles Higgins est blessé en service commandé dans un accident de motocyclette vers Bourdeaux, au lieu-dit de Chamonix. Cet accident est dû à l'imprudence de son ailier, Jean Artaud, un motard de la 4ème compagnie. Charles Higgins est sérieusement blessé au genou et sa mâchoire est fracturée.

Son passager et camarade Liotard, sur le siège arrière, n'est que légèrement blessé à la main.

Les premiers soins lui sont donnés par Mme Hubert, afin qu'il ne soit pas conduit à l'hôpital civil de Dieulefit[40] par crainte de représailles éventuelles des Allemands.

Le maquis Joël

D'autres Tahitiens combattent dans les rangs de la Résistance. C'est le cas des deux frères Coppenrath. À 9 ans, Gérald est envoyé par ses parents avec son frère Michel poursuivre ses études primaires à Poitiers, d'où sa mère est originaire, puis il suit les cours du collège des jésuites au collège Saint-Joseph. Entré dans la résistance, Gérald participe avec son frère Michel à la libération de Poitiers. Dès décembre 1943, ils s'étaient rattachés au mouvement Défense de France distribuant des journaux clandestins reçus de Paris. Refusant de participer au Service du travail obligatoire (STO), *ces jeunes étudiants frais émoulus du baccalauréat et ces collégiens imberbes* pourvus de noms de guerre, *Marcel* pour Michel Coppenrath, futur archevêque de Papeete, rejoignent en juin 1944 le maquis *Joël* récemment créé qui opère dans les départements de la Vienne, de la Charente et de la Haute-Vienne. Leurs actions sont des sabotages et des embuscades sur les routes.

Les deux frères participent aux engagements de Pleuville le 3 août, de l'Isle-Jourdain le 4 août et de Saint-Maurice le 25 août 1944.

Le père Hubert Coppenrath témoigne[41] : *Leurs premiers pas d'apprentis résistants sont de chaparder des matériels divers à l'occupant.*

34 Entretien 2013 avec Gérard Galland, ancien maquisard du Vercors.
35 Lorrain d'origine et ancien Saint-Cyrien.
36 Dans une lettre signée R. Abelanet du lycée de garçons de Nîmes, cabinet de l'Économe à l'adresse du chef liquidateur des *F.F.I.* (maquis du Vercors) en date du 17 décembre 1947, il est mentionné « *Ne pas oublier André Vernier mort au Vercors* ».
37 Son frère Charlie en épousera la fille, Paule.
38 Sources Louis Didier Perrin ancien du C 15.
39 Henri Vernier : *En souvenir de mon frère Albert*
40 Dieulefit, village de trois mille cinq cent habitants est pendant la guerre un lieu de refuge pour plus de mille cinq cents personnes : réfugiés espagnols, Juifs, intellectuels et artistes français et étrangers
41 Entretiens 2012

Ils rendent par ailleurs visite à des tirailleurs sénégalais prisonniers. Lors de l'évasion de l'un d'eux, une lettre rédigée par Michel Coppenrath alors âgé de 16 ans est retrouvée par les Allemands. Michel est alors arrêté et emprisonné à Bordeaux où il reste détenu quinze jours. Il est finalement libéré mais Michel Coppenrath figure désormais sur les listes allemandes.

Michel est à nouveau emprisonné à 17 ans comme otage en représailles à l'assassinat d'un officier allemand. Il échappe au peloton d'exécution, gagne rapidement la clandestinité et rallie l'armée secrète. Agent de liaison, il monte plusieurs fois sur Paris afin de recueillir tracts et exemplaires de la presse clandestine.

Le père Coppenrath poursuit : *Mon frère m'a raconté qu'une fois, comble de malchance, sa valise s'est ouverte en plein métro et a laissé échapper tous les tracts.* Gérald, qui est plus âgé, se cache chez madame Gibraut puis en Vendée dans une ferme pour échapper au service du travail obligatoire *S.T.O.* L'étau se resserre rapidement sur Michel et Gérald. À l'annonce du débarquement, ils passent à la lutte armée dans les rangs du maquis Joël.

Cent soixante-dix-sept résistants composent le maquis Joël. Le maquis est issu d'une coupure en deux d'un maquis trop important commandé par les capitaines Guénot (*Fifi*) et Colin (*Adolphe*). En juillet 1944, le colonel Blondel décide de prendre *Fifi* avec lui et nomme le lieutenant de Crisenoy pour le remplacer à la tête du maquis Joël qui devient par la suite *maquis C du groupement D*. Ce maquis a deux tués au cours d'engagements au Vigeant, à St Maurice, Pleuville et Vivonne[42].

Gérald Coppenrath : *Tout en progressant, je fais l'inventaire de nos armes ; j'ai carabine et revolver[43]. (…) Un bruit confus d'autos en marche : les Boches (…), à trente-cinq mètres de nous, une moto montée par deux hommes casqués rejoint une traction avant et la dépasse (…), une autochenille passe maintenant (…), nous visons le conducteur et le servant juché sur sa pièce. Le bazooka fait entendre sa voix (…), coup sur coup deux détonations qui nous paraissent formidables donnent le signal de l'engagement. Nos balles claquent maintenant ; la motocyclette s'est affalée dans le fossé ; est-ce parce que ceux qui la montaient ont été touchés, est-ce parce qu'ils ont cherché à se protéger ? À cinq ou six cents mètres de là, cachée par la ferme, la tête de la colonne est aux prises avec nos fusils mitrailleurs qui viennent relayer les bazookas. Aussitôt après les deux explosions initiales, une flamme s'est élevée sur la route par-delà les ormes et les meules. Elle persiste. La riposte ne s'est pas fait attendre longtemps ; des mitrailleuses lourdes viennent d'ouvrir leur feu lent et tenace contre notre section, là-bas. Le combat s'est soldé à notre avantage puisque nous n'avons qu'un mort et qu'une dizaine de blessés dont deux ou trois graves seulement. Tous les groupes se sont bien tenus (…), Marcel (nom de guerre de Michel Coppenrath) qui dormait à poing fermé - c'est son*

À droite,
Gérald Coppenrath
au maquis.
FONDS COPPENRATH

activité favorite quand il n'a rien à faire de mieux, situation fréquente ici - a été réveillé en sursaut par le premier tir de bazooka et a décroché le cran de sûreté de son FM tout en se frottant les yeux ; il a failli abattre le Cerf (…) qui circulait à bicyclette sur la route portant un message. Lorsque les étudiants se furent rendu compte que le combat se déroulait aux abords de la route de Vernon, ils se déplacèrent vers la droite jusqu'à l'orée du bosquet qui faisait écran entre eux et les Allemands ; ils arrivèrent à temps pour voir s'enflammer le premier véhicule allemand, l'automitrailleuse qui avait été éventrée par deux torpilles. Le servant du canon n'eut pas le temps de le braquer sur le bois, car il fut fauché par une rafale de nos FM, tandis que l'un des occupants de la voiture était projeté sur la route par l'explosion et qu'un autre réussissait à s'enfuir. Josué tira tranquillement, chargeur sur chargeur, jusqu'au moment où son canon de FM, brûlant se mit à fumer.

Alors, il sortit une cigarette, l'alluma posément en disant à ses camarades. Eh bien ! Fumons comme lui… ! Au bout d'une heure, les fantassins allemands qui arrivèrent le long de la route en assez grand nombre réussirent à s'approcher jusqu'à cent mètres des plus proches d'entre nous, au pied d'une murette de la cour de la ferme ; Marquis, Marcel et les autres leur décochèrent leurs premières balles efficaces… Cela avait fini par durer deux heures. Les Allemands avaient des positions bien assises et protégées ; d'un moment à l'autre, ils pourraient avancer et encercler les groupes épars. C'est pourquoi Joël avait ordonné le repli.

42 *Le chemin de notre ville - 6 Juin - 6 septembre 1944* Gérald Coppenrath
43 Hubert Coppenrath : *Le revolver est celui du grand-père ; il était enterré dans le jardin. Les deux garçons l'ont déterré à son insu avant de monter au maquis.*

(…) Sur ce qui fut hier le terrain de combat, pas âme qui vive, pas la présence d'une voix humaine. Les Allemands se sont repliés (…), une dizaine d'otages civils ont été assassinés dans le parc de Landonnière : parmi eux le facteur qui nous avait porté du vin. On a retrouvé le corps du vieux vacher qui nous avait conseillé la prudence ; il a dû recevoir une balle allemande. Dans l'automitrailleuse, clouée sur son volant, le chauffeur se calcine encore. Le feu l'a dévoré. Dans le bois, j'ai trouvé le corps du Bouc, couché sur l'herbe restée verte sous les chênes : il a les yeux ouverts et deux balles dans la tête mais le sang figé n'a presque pas coulé.

Des natifs de Tahiti paieront de leur vie leur engagement dans la résistance française.

Jeanne Thérèse Marie Maistre est née le 19 avril 1895 à Papeete. Son père est capitaine d'artillerie de marine. Il rencontre Anaïs Daniel à Brest qu'il épouse le 13 mars 1893[44] avant d'être affcté dans les E.F.O.

Jeanne Maistre est membre du réseau Alliance[45] spécialisé dans le renseignement. Dénoncée, elle est déportée pour être exécutée d'une balle dans la tête le 1er septembre 1944 au Struthof de Natzwiller (Bas-Rhin). Son corps est brûlé avec cent six cents autres compagnons d'infortune.

Marie-Yvonne Bastit[46] : *Jeanne Maistre était la directrice de l'École d'infirmières et du dispensaire de la Croix-Rouge de Brest. J'étais une de ses élèves présentes en 1943 à la messe de rentrée de l'École à laquelle elle assitait avant de se rendre à la convocation de la Kommandantur. Sa sœur Marie et son époux Maurice Gillet avaient été tous les deux arrêtés (ils périront en déportation). Annie, son autre sœur à l'annonce de leur arrestation a emmené sa nièce de deux ans et demi et elles se sont cachées.*

À la fin de la guerre, elle remplacera sa sœur Jeanne à la direction de l'École des infirmières de la Croix-Rouge. J'ai été l'élève de Jeanne Maistre pendant un an et je me souviens d'elle dans sa grande cape d'infirmière de la

Le maquis « Joël » des frères Coppenrath participe à diverses actions de sabotages et d'embuscades sur les routes.

Croix-Rouge lorsqu'elle partit vers son destin[47] à la convocation de la Kommandantur ».

Éric-Marie-Gustave Petiti né le 9 avril 1913 à Papeete, est le fils d'Hélène Tinitua Redeuilh. Il est membre du réseau Orient. Pris, il est déporté à Buchenwald (matricule 77258), puis à Dora et enfin au camp d'Ellrich où il décède le 5 décembre 1944. Il fut emmené dans le même convoi que Eugène Jacquesson, natif de Tahiti qui, lui, reviendra des camps de la mort. Marie épouse Legendre[48] est la compagne d'André Legendre député communiste de la région parisienne. Elle milite dans les rangs des francs-tireurs et partisans *F.T.P.* Dans le groupe Vedel du réseau Brutus-Boyer, une Tahitienne du nom de *Povo Marenko*[49] est prise : *Comme elle a été torturée, passée à la baignoire, il est à douter que Madame Achiary n'ait subi le même sort.* Constantin André[50] est né à Papeete le 12 février 1895, il est l'époux de Marguerite Ruere Frisup. Constantin est domicilié à Saint-Nazaire, médaille militaire, croix de guerre 14-18 est membre des *F.T.P.F.* à Saint- Brévin-l'Océan. Il est d'abord interné au camp de Chateaubriand et relâché en 1941.

La gestapo l'arrête à nouveau le 2 août 1943.

Il décède à Buchenwald le 4 décembre 1943.

Eugène Jacquesson[51], né le 21 février 1889 à Tahiti, marié à Yvonne née Monnier, résidant à Avesnes-sur-Helpe sont arrêtés le 21 avril 1943 à Combourg. Eugène est déporté le 15 août 1944, dix jours avant la libération de Paris vers Buchenwald, puis Ravensbruck (matricule 76808) et au camp de Dora. Il est libéré en 1945.

44 Archives municipales de Brest
45 Le réseau Alliance fut un des plus actifs réseaux de renseignements de la résistance intérieure. Il va compter trois mille membres dont mille seront pris et quatre cent trente-huit d'entre eux abattus. Les membres sont dotés d'un matricule, d'un surnom ou d'un pseudonyme. Beaucoup ont des noms d'animaux et la police allemande les surnomme « l'Arche de Noé ». Un quart des agents sont des femmes.
46 Témoignage 2014.
47 Jeanne Maistre est internée à Brest du 21 au 24 novembre 1943 puis transférée à Fresnes où elle subit les sévères interrogatoires de la Gestapo. Elle est déclarée N-N (*Nacht und Nebel* : nuit et brouillard) destinée à l'élimination. Le 21 mai 1944, Jeanne Maistre est internée à la prison Jacques Cartier de Rennes et dirigée sur l'Allemagne la veille de la libération de Rennes par les Américains.

48 *Source* brutus.boyer.free.fr
49 *Source : memoiredeguerre.orange.fr*
50 *Source : ajpn.org*
51 *Source : ajpn.org*

L'Épopée des parachutistes SAS tahitiens

John Martin[1] : *Je n'ai connu certains des SAS tahitiens qu'à notre retour parce qu'ils se sont engagés et sont partis après notre départ de Tahiti. Ce que nous savons d'eux l'a été en écoutant leurs histoires au retour sur le Sagittaire.*

Ils étaient dix : trois natifs des Îles Sous-le-Vent, les deux frères Étienne et Albert Colombani ainsi que Orairai Mahahe, deux natifs des Marquises, Piutaioa Kiipuhia dit *Puma* et Tahiaumoea Tehaamoana, et les cinq autres de Tahiti : Nicolas Teo Tevaearai Paaeho, Pita Tihoni, Manarii Fateata, Punua Teai et Ernest Marama Teuaea.

Né Marcantoni, reconnu Colombani le 20 juin 1942 par Ambroise Colombani qui signe la dérogation lui permettant de s'engager dans la *C.A.I.C.T.*, Étienne Clémenceau Colombani change d'armes pour s'engager dans les parachutistes le 25 novembre 1942 et répondre au télégramme du général de Gaulle qui souhaite la création d'un bataillon de l'air. Étienne Colombani est aff cté le 23 juin 1943 à la compagnie lourde du 1er BIA.

Il est breveté parachutiste le 27 août 1943. Son frère, Albert Matahiapo Colombani, engagé dans la *C.A.I.C.T.* le 4 octobre 1941, confirme son engagement dans le corps des parachutistes le 23 juin 1943 à Londres. Il intègre la Compagnie lourde (Compagnie de commandement et d'engins *C.C.E.*) du 1er BIA commandée par le capitaine Larralde.

Orairai Mahahe a rallié les Forces françaises libre le 19 janvier 1942. Il choisit le corps des parachutistes le 26 novembre 1942.

Tehaamoana, engagé volontaire dans la *C.A.I.C.T.* le 7 février 1942 réengage le 23 juin 1943 à Londres dans les Forces françaises libres. Il est muté à la 3ème compagnie le 1er décembre 1943 et intègre le *Squadron* de commandement le 15 janvier 1944 puis le 1er *Squadron* le 1er février 1944.

Kiipuhia, surnommé *Piu*, est incorporé le 7 février 1943 dans la *C.A.I.C.T.* pour s'engager dans les parachutistes le 23 juin 1943. Il est aff cté au 1er *Squadron* de combat le 1er décembre 43.

Nicolas Paaeho s'engage dans les Forces françaises libres le 29 janvier 1942. Élevé par le père Alphonse de Taravao, Nicolas se destinait au séminaire. Punua Teai est incorporé dans la *C.A.I.C.T.* le 25 septembre 1941.

Il opte comme Étienne Colombani pour le corps des parachutistes le 25 novembre 1942. Le volontaire Pita Tihoni, âgé de dix-neuf ans, est incorporé dans la *C.A.I.C.T.* le 21 juin 1940. Il s'engage à son tour en novembre 1942 chez les parachutistes. Ernest Marama Tetuaea s'engage dans le corps des parachutistes le 7 février 1942. Il est aff cté à la compagnie de commandement du 1er BIA, le 1er juillet 1943. Les dix Tahitiens, acheminés par la goélette *Vaitere* à Makatea, embarquent le 23 mars 1943 sur le phosphatier *Trienza* pour la Nouvelle-Zélande, puis sur le SS *Monowai* pour la Grande-Bretagne. Ils atteignent le port de Glasgow le 2 juin 1943.

Paul Robineau mentionne, dans son ouvrage sur les paras calédoniens, que sept des volontaires parachutistes tahitiens ont embarqué de Sydney avec les six volontaires parachutistes calédoniens qu'il conduit en Écosse.

Cet itinéraire n'est cependant pas reporté dans les états si-gnalétiques des Tahitiens.

Pita Tihoni
de Teahupoo.
FONDS TIHONI

Au centre,
à son retour,
Albert Colombani
pose en compagnie
de Mamy, la seconde
épouse de son père.
En avant, le même
Albert, aguerri
et décoré.
FONDS MAEVA COLOMBANI

1 Entretiens 2011-2013

Durant les sauts d'école, instruction au sol de l'atterrissage et du repérage de la zone.

À Camberley, les Tahitiens confirment leur engagement chez les parachutistes. Ils découvrent la rigueur du climat britannique, conjuguée à la rudesse des entraînements. Le caporal Albert Colombani est hospitalisé pendant dix jours en novembre 1943 dans un hôpital américain en raison d'une pneumonie sévère. Étienne Colombani est à l'hôpital militaire d'Auckinleck du 10 au 18 février 1944.

Paaeho est hospitalisé à Fife Cupar du 20 novembre 1943 au 13 janvier 1944

consécutivement à un accident de saut. Il est finalement breveté le 6 août 1943. Les Tahitiens sont dirigés sur Ringway au *parachute training school* où, effectuant leurs sauts réglementaires, ils sont tous brevetés parachutistes. Le 1er BIA (bataillon d'infanterie de l'air) devient le 4e BIA puis le 4e SAS *(special air service)* : les SAS tahitiens intègrent le stick Juillard du 1er *Squadron* du capitaine Larralde.

Les Tahitiens sont entraînés par les Britanniques pendant plus d'un an afin de se préparer aux actions de guérilla sur les arrières de l'ennemi.

Le parcours d'Albert Colombani[2] permet de suivre leurs formations et stages commando :

- *Dirigé en train sur le camp de Camberley (...) séjourne du 3 juin 1943 au 14 juillet 1943 avant d'être affecté à la compagnie lourde du 1er BIA.*

- *Le 16 juillet 1943 (...) en formation dans le camp de Hardwick (...). Le quitte le 2 août 1943 pour le camp de Ringway afin d'y effectuer ses premiers sauts : (...) breveté parachutiste le 12 août 1943 (brevet n° 2204).*

Dans le camp de Hardwick, près de Chesterfild, les Tahitiens, encadrés par le caporal Oguer, subissent un entraînement commando particulièrement difficile. Ils font preuve de grand courage, car plus que les autres, ils souffrent du froid et de leur éloignement.

Le 11 septembre 1943 (...) station au camp de Cirencester dans le Glouceterschire pour

2 *Dossier matriculaire d'Albert Matahiapo Colombani* - Fonds W 48 SPAA

instruction commando, puis le camp de Cupar (région de Fife) près d'Edimbourg en Écosse du 29 novembre 1943 au 15 janvier 1944, le château d'Auckinleck (Ayrshire) du 16 janvier 1944 au 15 mai 1944.

L'automne 1943, les deux Tahitiens Albert Colombani et Manarii Fateata intègrent la section des mortiers sous les ordres du lieutenant Mairet. Les entraînements commando font d'eux des bêtes de guerre et des machines à tuer. Radio Paris à la solde de l'occupant les surnommera «les sanguinaires aux bérets noirs»[3].

L'insigne de béret des SAS français se distingue de celui des SAS britanniques : les Français ont cassé la couronne britannique pour ne garder que les ailes.

Paul Robineau[4] : *Nos instincts peuvent ensuite se donner libre cours avec l'instruction à l'arme blanche et en particulier au poignard qui nous est affecté et dont nous ne nous séparerons jamais plus (...) Attaque et défense, lancers seront répétés des milliers de fois jusqu'à ne pas manquer à tous coups, une boîte de conserve à environ quatre à cinq mètres. Tous les objectifs sont bons, de nombreuses traces subsistent partout (...) et des concours souvent orageux sont organisés en permanence.*

Josiane Paaeho[5] : *Mon père était un as du lancer de couteau qu'il aimait planter dans le bras de l'horloge en mouvement.*

Pour leurs entraînements, les SAS disposent d'armes et de munitions sans limitations. Ils privilégient, en équipement individuel, le colt 45, la carabine américaine à chargeur et crosse pliante, ou la Sten gun anglaise de calibre 9 mm Parabellum pouvant utiliser des cartouches ennemies.

Paul Robineau : *Ainsi, durant des heures chaque jour nous tirions des milliers de cartouches avec toutes sortes d'armes individuelles (...) fusils, FM, mitrailleuse (...) en position couchée, debout, chutant, courant sur cibles fixes et mouvantes.*

De petites limes d'évasion sont cousues à l'intérieur de leur béret noir. Leur tricot de corps est en cordage, il peut être déroulé et favoriser une évasion. Deux boutons de leur vareuse sont des boussoles et une poche spéciale de leur pantalon leur permet de cacher la terrible dague de commando *fairbairn* affûtée comme un rasoir, leur arme de prédilection dans le combat rapproché.

3 Témoignage 2012 de David Portier
4 *Les para calédoniens de la France libre* Paul Robineau
5 Témoignage 2011

FORCES AÉRIENNES FRANÇAISES EN GRANDE-BRETAGNE

▼

INFANTERIE de L'AIR

▼ ▼

Le lieutenant colonel Bourgoin Commandant l'Infanterie de l'Air en Grande-Bretagne certifie que le 1° cl Colombani Étienne du 2° Régiment de chasseurs Parachutistes a passé avec succès à la date du 6 Août 1943 les épreuves du Brevet de Parachutiste, de la "Parachute Training School R.A.F., Ringway

Londres, le 16

Insigne Britanique des SAS, *« qui ose vaincra ».*

Tout en haut, brevet de parachutiste britannique remis aux SAS brevetés à la fin du stage de Ringway. Au-dessous à gauche, le brevet des mêmes parachutistes français distingués par l'insigne des F.F.L. Ces marques de qualification brodées, se portent épinglées sur les blousons.
FONDS DAVID PORTIER

Attestation sur papier du brevet de Ringway

Étienne Colombani, breveté parachutiste le 6 août 1943. En 1946. Il s'engage pour la guerre d'Indochine où il participe dans les forces aéroportées, à des opérations de combats jusqu'au premier avril 1947. Il rejoindra ensuite d'autres corps pour finalement être rapatrié sanitaire vers la métropole le 11 octobre 1948.

Dans la nuit du 12 juin 1944, une dizaine d'avions des Squadron 196 et 299 de la Royal Air Force larguent quatre-vingts SAS sur la base Dingson à Saint-Marcel. Parmi eux se trouvent les *sticks* de l'aspirant Arsène Juillard et du sergent Alexandre Oguer du 4ème SAS encadrant les Tahitiens.

L'aspirant Juillard sera blessé accidentellement dans la nuit du 14 au 15 juin. Évacué sur la clinique des Augustines à Malestroit pour y être opéré, il est découvert par les Allemands. Emmené au fort de Penthièvre, il est fusillé le 13 juillet 1944.

Roger de la Grandière, contremaître d'une exploitation agricole à Tahiti avant-guerre, est parachuté dans la nuit du 17 juin 1944 avec un lot de quatre jeep Willis. Malheureusement, seule une de ces jeeps pourra être armée.

À Saint-Marcel, la résistance du Morbihan a installé un véritable camp retranché où sont organisés et équipés les volontaires F.F.I. Ces derniers représentent un effctif de deux mille cinq cents hommes aux ordres du colonel Chenailler dont le nom de guerre est Morice.

Le manoir de Sainte-Geneviève.

Leur poste de commandement est installé à la ferme de la Nouette qui dispose d'une logistique quasi militairc : unc sallc dc radio, unc armurerie, une infirmerie et surtout un terrain homologué pour les parachutages au nom de code *Baleine,* couvrant environ soixante hectares entre Saint-Marcel et Sérent. Le rassemblement de quelques milliers de combattants patriotes et de SAS autour de Saint- Marcel conduit le 18 juin 1944 à une réaction offe sive lourde des Allemands.

Le dimanche 18 juin, à quatre heures trente du matin, deux tractions avant de la Feldgendarmerie de Ploërmel, en patrouille sur la route de Saint-Marcel vers l'Abbaye, chacune avec quatre hommes à bord, sont mitraillées près du bois de Hardys-Béhélec pour le premier véhicule, et sur le chemin des Hardys pour le second.

Jean-Claude Guil[6] : *Le dimanche 18 juin, vers six heures du matin, maman réveille Jeanne, jeune fille de dix-sept ans qui demeurait chez nous : la bataille a commencé.*

Le père de Jean-Claude Guil exploite la ferme des Hardys-Béhélec, propriété de monsieur Philippe où le bataillon Le Garrec est stationné.

Le sergent Morgant, issu de la compagnie F.F.I. Cosquer forte d'une trentaine de cheminots d'Auray, armé d'un fusil mitrailleur Bren vient d'arroser la première traction de la police allemande tuant deux de ses occupants et en blessant un autre.

Le quatrième occupant réussit à s'enfuir et à donner l'alerte à Malestroit. Le second véhicule est arrêté par un coup au but d'un Piat servi par le SAS Pierre Pams : un occupant tué, les autres capturés.

Le capitaine Larralde et les SAS tahitiens sont alors en position au manoir de Sainte-Geneviève, propriété de la famille Bouvard et couvrent le secteur de Bois Joly, également tenu par le bataillon F.F.I. Le Gouvello. Vers huit heures quinze, un détachement de la 7ème compagnie du 2ème régiment de parachutistes allemands occupe le bourg de Saint-Marcel et se déploie rapidement vers Bois Joly. Ils progressent à travers les champs de blé et sous le couvert des taillis.

6 *Saint-Marcel dans la tourmente 18 Juin 1944 - 2012* Jean-Claude Guil

La contre-offensive
des SAS à Bois Joly.

Cinq résistants, surpris en conversation avec une adolescente de quinze ans aff ctée à la garde de vaches, sont abattus sans sommation. L'objectif des Allemands est de prendre la ferme de Bois Joly pour en faire un point d'observation et d'attaque de Sainte-Geneviève. Le groupe de Larralde et les Tahitiens se retrouvent rapidement en première ligne. Avançant en terrain découvert, les Allemands sont fauchés mais resserrent l'étau, en particulier sur Sainte-Geneviève. À dix heures, Sainte-Geneviève que les assaillants croient être le poste de commandement français, subit une nouvelle attaque allemande par deux compagnies appuyées par des tirs de mortiers.

Les tirs précis des SAS stoppent la progression ennemie ; les Allemands, dont les pertes sont très importantes, se replient. Les premiers blessés SAS et FFI sont évacués au moyen des jeeps le temps de la courte accalmie.

À quatorze heures, l'ennemi attaque une troisième fois, renforcé d'unités du 2ème régiment de parachutistes de la redoutable division Kreta, d'un bataillon d'infanterie de Géorgiens surnommés les *Cosaques*, le 275 DI et le 17e génie de Forteresse. Les Tahitiens du sergent Oguer se défendent farouchement. Pita Tihoni et les autres SAS tahitiens sont cités : *Parachutiste plein d'allant et de courage, a vaillamment combattu à Saint-Marcel le 18 juin 44.*

A été un exemple pour les patriotes qui combattaient avec lui.

Les SAS se battent au corps-à-corps et à la grenade, galvanisés par Marienne, le *lion,* qui, un bandeau blanc ensanglanté sur la tête, fait feu de toutes ses armes sur les unités géorgiennes assaillantes.

Albert Colombani est blessé et évacué sur un poste de secours à Sainte-Geneviève, plus proche que l'infirmerie de la Nouette. Une balle l'a frappé à la cuisse pour ressortir au niveau de la fesse.

Maeva Colombani, fille d'Albert Colombani[7] : *Mon père m'a raconté, comment, en position de tir de défense, une balle l'a atteint. Sous le choc, il a perdu connaissance. Lorsqu'il ouvre les yeux, une jeune femme lui prodigue de premiers soins.*

Malgré cette blessure, Albert Colombani quitte rapidement le poste de secours et retourne au combat.

Il est cité une première fois : *Parachutiste venant de Tahiti pour servir. S'est particulièrement distingué par son opiniâtreté à défendre sa position de Saint-Marcel. Blessé à la cuisse, a repris aussitôt que possible son activité, a fait preuve de belles qualités de combattant courageux plein de volonté et d'entrain.*

Le répit vient de l'air avec un *Squadron* de chasseurs bombardiers Thunderbolt de la Royal Air Force qui eff ctue, vers quinze heures trente, un *close air support* et déverse un feu ininterrompu pendant plus d'une heure sur l'ennemi qu'il disperse. Malgré la puissance du bombardement, l'ennemi se ressaisit rapidement avec l'arrivée de nouveaux renforts.

L'étau se resserre malgré les contre-attaques des *S.A.S.* et des *F.F.I.* qui tentent de conserver un périmètre d'appui jusqu'au décrochage qui a été ordonné.

En début de soirée, le décrochage est organisé à travers champs et bois à destination du château de Callac sous une pluie battante et par nuit sombre.

Une longue file de véhicules et environ deux mille hommes quittent le camp de Saint-Marcel dont le départ est salué par l'explosion du dépôt d'armes et de munitions de la ferme de la Nouette.

Manarii Fateata, sérieusement blessé, est évacué. Aline Sévéno, fille de la compagne bretonne de Manarii[8] : *Lors de la dispersion, Manarii a été mitraillé dans un champ de blé et a perdu un orteil.* Louis Guillaume alors âgé de vingt-quatre ans, agent de liaison témoigne : *Des parachutistes posaient des charges d'explosifs pour faire sauter le dépôt d'armement de Saint-Marcel qui n'avait pu être évacué. Fateata Manarii a été blessé lors de l'opération de repli, ayant perdu un orteil.* Évacué de Saint-Marcel, il est caché dans une famille bretonne et échappe à la traque des Allemands : *Il y avait deux charrettes pour récupérer les blessés et aussi deux femmes infirmières. Comme il était convenu, je me dirige vers elles, c'était pour prendre en charge le parachutiste Fateata Manarii qui, blessé à la jambe, et Tahitien à cause de la couleur de sa peau aurait été facilement reconnu en cas de fouille, par l'ennemi et de ce fait aurait été un danger supplémentaire pour l'hôpital de Malestroit. Avec Manarii, tantôt marchant, tantôt transporté sur mon dos, nous quittons Saint-Marcel pour aller à travers la nature jusqu'à Le Pasdrun en Plumelec où notre blessé fut soigné et nourri par Joseph Brunel et sa fille.*

Angèle Guillo, fille de Joseph Brunel qui sera maire de Plumelec de 1947 à 1971, raconte[9] : *Nous ne pouvions pas le garder à la maison. Nous étions très surveillés, de jour comme de nuit, par les Allemands. Nous l'avons caché sous une bâche dans un roncier éloigné de deux cents mètres environ de la maison le ravitaillant et changeant ses pansements. Manarii se devait de rester silencieux. Nous devions prendre garde à ne pas suivre le même chemin pour ne pas tracer de sentier qui aurait pu mener à la cache de Manarii.* Manarii Fateata reste ainsi caché trois semaines jusqu'à la libération de Vannes, puis il est transporté à la clinique de Malestroit.

Le sergent Alexandre Oguer et les Tahitiens Pita Tihoni et Mahahe Orairai[10] qui a été blessé pendant les combats de Saint-Marcel, tentent pour leur part de regagner le secteur d'Elven. Ils sont épuisés, affamés. Après de longues heures de marche, ils tombent dans une embuscade et sont finalement faits prisonniers.

Tehaamoana, Tetuaea, Teavaearai (*Paaheo*), Étienne Colombani, Kiipuhia et Teai ont été également faits prisonniers. Leurs groupes sont enfermés à la prison de Malestroit, puis celle de Vannes. En juillet 1944, ils sont tous transférés en Allemagne. Ils n'échapperont pas pour certains aux traitements brutaux réservés aux SAS. Leurs tortionnaires cherchent en eff t à connaître les points de ralliement des groupes *S.A.S.* après l'évacuation de Saint-Marcel, afin de capturer le

manchot (Bourgoin) ou le lieutenant Marienne (ce dernier sera assassiné par le gestapiste français Zeller dans la ferme de Kérihuel). Ainsi, Tehaamoana a les ongles des doigts arrachés avant de connaître le *stalag*. Lors de son retour avec les volontaires du Bataillon du Pacifique sur le *Sagittaire*, ironie du sort, le SAS Tehaamoana décède au large des côtes marquisiennes suite à un empoisonnement alimentaire et certainement faute de soins appropriés.

Pita Tihoni junior témoigne[11] : *Mon père a été frappé à coups de crosse sur la tête. Il m'a raconté que ses camarades français avaient été torturés, et qu'il avait entendu leurs cris venant des cellules voisines.*

Les SAS tahitiens prisonniers sont transférés en Allemagne pour être stationnés dans divers camps au gré de l'avance des troupes russes ou anglo-américaines : camp XII A près de Limburg libéré par les Russes le 23 avril 1945, le camp IV B près de Mulberg (Elbe) libéré par les Américains le 8 mai 1945.

Maurice Sauvé note dans son journal du 9 mars 1942 au 4 juin 1945[12] : *Stalag IV B de Mulberg dans l'Elbe, prisonniers : Oguer, Morizur, Goulancourt, Orairai, Tehaamoana, Teo, Tihoni et Teai.*

À leur libération par les Russes, les captifs SAS tahitiens sont dirigés sur Riesa, Hall et Leipzig avant d'atteindre Paris le 2 juin 1945. Georges Tehaameamea prisonnier tahitien du BP 1 suit le même parcours.

Une note du 22 février 1945[13] confirme la captivité des trois parachutistes tahitiens Tehaamoana, Orairai et Punua Teai :

Noms, prénoms	Grade matricule	Date de la capture	Nème de prisonnier
Goulancourt Georges	1er classe 36 317	21/06/44	84 096
Boucher Émile H	1er classe 36 107	21/06/44	84 098
Tehaamoana. T	2ème classe 35 843	21/06/44	84 106
Orairai Mahahe	1er classe 35 838	21/06/44	84 110
Punua Teai	1er classe 36 840	21/06/44	84 537

Liste des parachutistes français capturés le 21 juin 1944, prisonniers de guerre et arrivés au stalag IV-B *Allemagne le 5 septembre 1944.*

Après l'évacuation de Saint-Marcel le 21 juin 1944, Piutaioa Kiipuhia, porté disparu, est présumé fusillé. C'est en eff t le sort communément réservé aux SAS capturés par les Allemands.

Son nom figure notamment sur la stèle des SAS à Sennecey-le-Grand.

Adolph Hitler avait donné l'ordre suivant : *Les troupes S.A.S. prisonnières seront remises immédiatement à l'unité de la Gestapo la plus proche. La présence des troupes S.A.S. dans n'importe quel secteur doit être immédiatement signalée. Elles seront exterminées sans pitié.*

En réalité, Kiipuhia a été fait prisonnier puis

8 Témoignage septembre 2012
9 *Ouest France* du 27 septembre 2012
10 Mahahe Orairai est blessé à l'épaule gauche.

11 Témoignage 2011 de Pita Tihoni junior
12 David Portier, *Les Parachutistes SAS de la France libre 1940-1945*
13 Ministère de l'Air, Forces aériennes françaises de Grande-Bretagne, État-Major 1er bureau État-civil numéro 2328 Londres, *le 22 février 1945*
Fonds Fanny Pascual

interné successivement dans les *stalags* XII A de Limburg an der Lahn, VIII C de Hammel-burg-Mainfranken et IX B de Wegscheide. Il semble que Kiipuhia y ait perdu les ongles des orteils. Kiipuhia est libéré par les Américains le 9 avril 1945 puis dirigé dès le 11 avril sur l'hôpital de Francfort. Il rejoint la France, est à nouveau hospitalisé et subit plusieurs interventions chirur-gicales. Ces séquelles sont néanmoins davantage imputables aux conditions de sa détention en *stalag* qu'à des sévices.

René Machecourt qui croise le SAS Étienne Colombani au *stalag* XI B raconte : *Avec l'avance des troupes soviétiques, les prisonniers sont évacués d'un camp à un autre dans de longues marches dans la neige, à travers les sous-bois, sous les morsures des chiens et les aiguillons répétés des baïonnettes des gardiens dans les reins, les pieds à vif, les engelures. Les hommes sont épuisés, certains tombent et meurent.*

Lors de l'évacuation de Callac, Albert Colombani, bien que blessé par balle à la cuisse droite, avec un petit groupe de *S.A.S.* conduit par le capitaine Larralde, se fond dans la région d'Auray, échappe à la traque des unités allemandes et de la milice, encadre et forme les maquisards bretons au maniement des armes[14] : *Le capitaine Larralde et trois de ses hommes, le Tahitien Albert Colombani, le caporal-chef Hartmanshenn et Louis Goudivèze, sont guidés par deux gendarmes de la brigade de Port-Louis en direction d'Auray et les bords de la rivière d'Etel. Ils participent alors à l'encadrement de maquisards dont Alain Le Bobinnec et Charles Romieux, originaire de Groix, qui leur fournit des vêtements civils. En relation avec Firmin Tristan, ils obtiennent de faux papiers et peuvent*

ainsi circuler à peu près librement dans la région et obtenir des renseignements sur les défenses de Lorient, Auray et Pluvigner.

Le SAS Albert Colombani participe à l'accueil du Squadron jeeps du lieutenant Bodolec et avec les hommes de Bourgoin, rentre dans Vannes libéré puis Bourges. Fin août 1944, Albert Colombani et Manarii Fateata mènent dans la Loire avec le 4e *S.A.S.*, les opérations motorisées de reconnais-sance et de harcèlement des convois allemands (*opération Spencer*) fuyant l'avance alliée depuis le débarquement de Provence. Les *S.A.S.*, gibiers dans les landes bretonnes, sont devenus des chasseurs et de redoutables prédateurs décimant les colonnes allemandes. Les jeeps Willis possèdent une puissance de feu très importante ;

Parachutages sur le terrain Baleine du maquis de Saint-Marcel.

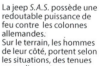

La jeep *S.A.S.* possède une redoutable puissance de feu contre les colonnes allemandes.
Sur le terrain, les hommes de leur côté, portent selon les situations, des tenues assez disparates.

14 David Portier, *Les Parachutistes SAS de la France libre 1940-1945*

elles sont armées de deux mitrailleuses jumelées Vickers à l'avant, d'une mitrailleuse Thompson sur pivot au centre et d'une autre à l'arrière.

Le Calédonien Francis Cornaille[15] fait une description de cette puissance de feu : *Une sentinelle en bord de route nous permet de repérer malgré un super camouflage anti-aérien, un grand rassemblement de nombreux canons tractés par des chevaux. La jeep de tête ne tire pas afin de provoquer la reddition immédiate de cette compagnie d'artillerie, prise au piège de la surprise. Mais cent mètres derrière Santino… qui aperçoit les hommes en vert courant en tous sens, ne peut se contenir et ouvre le feu. C'est alors le massacre général avec en action neuf mitrailleuses Vickers à 1200 coups / minute. Hommes et chevaux tombent pêle-mêle.*

En décembre 1944, face à la contre-attaque allemande dans les Ardennes belges, les frères d'armes Albert Colombani et Manarii Fateata sont à nouveau réunis. Les deux caporaux SAS tahitiens connaissent, dans le peloton

15 *Les parachutistes SAS de la France libre* David Portier

du sous-lieutenant Roger Fernandez, la rigueur du froid de l'hiver 1944 dans d'harassantes et dangereuses patrouilles de reconnaissance et d'infiltration des lignes ennemies.

Guy Le Citol[16] compagnon d'armes d'Albert Colombani et de Manarii témoigne : *Il faisait moins vingt degrés. Nous étions violets, transis de froid. Mes deux Tahitiens Colombani et Manarii changeaient littéralement de couleur, ils devenaient gris.*

Ils rivalisent d'audace avec les parachutistes américains de la 82ème division aéroportée américaine, celle qui a sauté sur Sainte-Mère Église le 6 juin 1944 et qui tient la ligne de défense face aux Allemands. Albert Colombani est à nouveau cité : *Bon gradé parachutiste, déjà cité depuis le débarquement. Lors de la campagne des Ardennes belges, s'est distingué plusieurs fois, notamment le 18 janvier 1945 à Houffalze et le 21, à Watermale.*

La Hollande

L'offensive allemande des Ardennes stoppée, les SAS sont relevés et cantonnés en Champagne puis regagnent l'Angleterre. En station dans le Suffolk, les deux SAS tahitiens pensent que la guerre se termine pour eux. Mais dans la nuit du 7 au 8 avril 1945, les deux Tahitiens sont parachutés en Hollande avec sept cents autres S.A.S. (*opération Amherst*), entre Hoogeveen et Groningen. La Reine Wilhelmine des Pays-Bas a souhaité, afin de limiter les destructions et les dommages collatéraux, que des unités parachutistes ouvrent la route à la progression des Alliés en Hollande. Ainsi, les SAS français sont chargés de soutenir les troupes du général Crerar, commandant la 1ère armée canadienne, qui progresse dans les polders de l'est du Zuyderzee. Albert Colombani et Manarii Fateata sont membres du *stick* d'Henri Stéphan qui est secondé par le sergent André Josse. Leur mission au sein du 1er *Squadron*, stick 6, est de prendre le contrôle de voies de communcations stratégiques et de harceler l'ennemi par des embuscades et des opérations de sabotage. Ils atterrissent dans une pépinière et se regroupent dans les bois de Gieten, d'où partent les embuscades et les missions de harcèlement.

Conduits par le sous-lieutenant Henri Stephan, les accrochages avec les forces ennemies se succèdent, audacieux, violents et meurtriers.

Albert Colombani est à nouveau cité : *Parachuté dans le nord de la Hollande, à l'intérieur des lignes ennemies allemandes, dans la nuit du 7 au 8 avril 1945. Durant les six jours qui ont précédé l'arrivée des forces alliées, a fait preuve du plus grand courage, participant dans les régions Rolde-Borges, à plusieurs opérations de harcèlement sur les positions ennemies isolées.*

À l'extrême gauche, à la limite de la page et bandana sur la tête, Albert Colombani, assis dans les taillis.
FONDS DAVID PORTIER

Indochine : une autre guerre

Albert Colombani ainsi que Manarii Fateata sont tous les deux cités par la reine Juliana de Hollande.

Après l'opération Amherst, les deux parachutistes tahitiens sont ramenés sur l'Angleterre puis la France.

Albert Colombani embarque à Marseille, le 20 novembre 1945 sur le *Capitaine Paul Lemerle* et débarque à Fort-de-France le mois suivant.

En instance de rapatriement pour les *E.F.O.*, il est affecté au bataillon d'Infanterie coloniale des Antilles jusqu'au 14 avril 1946. Il retrouve, à l'embarquement sur le *Sagittaire*, le Bataillon du Pacifique qui rentre à Tahiti. Kiipuhia est sur le *Sagittaire* ainsi que Tehaamoana, Paaeho et Orairai. Manarii Fateata, volontaire pour l'Indochine comme Étienne Colombani et Ernest Marama Teuaea, ne revient pas à Tahiti. Après son séjour en Indochine, il s'installe en Bretagne où il exerce le métier de marin pêcheur. Il est enterré à Sarzeaux.

Étienne Colombani, emprisonné dans le *stalag* XII puis dans le *stalag* XI B, est libéré par les Anglais le 6 avril 1945.

En novembre 1945, est envisagée la création d'un groupe de trois bataillons de choc de parachutistes de type SAS destiné au corps expéditionnaire français pour l'Indochine. Le lieutenant-colonel Pâris de Bollardière est pressenti pour en assurer son commandement. Le 3ème bataillon ne sera cependant jamais créé faute d'eff ctifs.

En janvier 1946, Étienne Colombani est en station à Montlouis, village enclos dans les remparts construits par Vauban. Montlouis est situé à proximité de Font-Romeu à plus de mille cinq cents mètres d'altitude.

Manarii Fateata est volontaire pour l'Indochine comme Étienne Colombani et Ernest Marama Teuaea
FONDS SEVENO

En ce début de conflit en Extrême-Orient, l'équipement destiné aux volontaires français est grandement fourni par les Américains, y compris les avions et leurs équipages.
JLS

La citadelle est superbe mais la nuit la température chute. À l'extérieur, la couche de neige dépasse le mètre. À l'arrivée d'un télégramme officiel réclamant des volontaires pour l'Extrême-Orient, Étienne se porte volontaire.

Le 2 février le 2ème R.C.P. prend la route de Perpignan puis de Toulon. Le 4 février la 2ème compagnie emmenée par le capitaine Vervelle embarque sur le croiseur *Gloire*. Étienne Colombani, matricule 338 débarque à Saigon, le 23 février 1946. Avec lui, les Tahitiens Ernest Marama Tetuaea et Manarii Fateata, anciens du 4ème S.A.S.

Dès le 27, les Tahitiens sont engagés dans les opérations de Cochinchine.

Pendant tout le mois de mars 1946, le 1er bataillon opère en coups de mains et embuscades, dans le secteur de Nha Be (4 mars 1946), Hoc Mon (8 mars), Ba Queo (19 mars), Vinh Loc (21 mars), Ba Dien (22 mars) et Thu Duc (28 mars).

Le 17 avril 1946, le bataillon regagne par voie routière l'aérodrome de Seno au Laos.

Le 24 avril le bataillon est parachuté à Ban Kai et occupe Vientiane.

Le 9 mai 1946, les S.A.S. sont parachutés à Luang Prabang. Le largage s'eff ctue en deux vagues de six avions à Ban Sing à vingt kilomètres environ au sud de Luang Prabang.

Étienne entre dans Luang Prabang.

Le 13 mai, le 2ème bataillon de parachutistes de choc mis sur pied à Mont-de-Marsan quitte Marseille à bord du *Ville de Strasbourg* à destination de Saigon. À son bord, André Josse, le frère d'armes d'Albert Matahiapo Colombani, qui débarque à Saigon le 20 juin 1946. Le lieutenant André Josse sera tué lors de l'opération Dédale, opération aéroportée destinée à dégager Nam Dinh, ville industrielle des filatures avec une population européenne. Les attaques ont lieu simultanément en direction du canal, l'une par la rue Balloy, l'autre par la rue Richaud. En arrivant au canal, le lieutenant Josse est tué par l'explosion d'un obus piégé[17].

Du 19 au 20 mai, les SAS procèdent à des opérations de nettoyage avant d'être renvoyés vers Vientiane par voie routière.

Le 1er juillet 1946, le groupement de parachutistes de choc devient la 1ère demi-brigade de parachutistes SAS, totalisant un eff ctif de huit cent cinquante-deux hommes. Ce même jour, Étienne Colombani passe caporal.

Le 10 août 1946, est engagée une opération aéroportée sur Siem

17 Raymond Muelle Bérets rouges en Indochine La demi-brigade S.A.S. février 1946 - juin 1948

Reap. Les rebelles ont occupé Siem Reap par surprise. Les avions ont décollé de Tan Son Nhut larguant les hommes par *stick* de six. Quelques coups de fusils les accueillent. Le terrain d'aviation est rapidement occupé. Angkor Vat, à quatre kilomètres, est attaqué. Des reconnaissances sont ensuite menées jusqu'à la frontière siamoise.

Le 4 septembre 1946, la 2ème compagnie opère dans le secteur d'Hoc Mon.

Étienne Colombani perd l'audition de l'oreille droite suite à un tir de mortier. La blessure provoquera à terme une surdité totale.

Le sergent René Lesecq et le sergent-chef Armand Couvreux attestent de l'incident de Vientiane : Étienne est déclaré inapte au rang de parachutiste. Le 1er avril 1947, Étienne Colombani est mis à la disposition du chef du T.F.I.S. Il est cassé de son grade le 13 avril 1947 et redevient 1ère classe.

Le 28 mai 1948, il rejoint la 2ème compagnie-école du Génie de Cochinchine, puis le 15 août 1948, la 75/1ère compagnie du Génie. Le 20 août 1947, Étienne Colombani est aff cté à la 5ème compagnie du 2ème R.M.C., avant d'être muté le 1er septembre 1948 à la 52ème compagnie de sapeurs routiers où il ne sert pratiquement pas.

Étienne est rapatrié sanitaire, le 11 octobre 1948 et entre à l'hôpital militaire de Fréjus, le 17 novembre 1948 puis à l'hôpital de Michel Levy le 28 mai 1949 et à l'hôpital Pierrefeu, le 1er août 1949.

Ernest Marama Tetuaea continue avec la demi-brigade SAS et participe aux opérations aéroportées notamment en plaine des giongs. La plaine des Joncs est une gigantesque cuvette inondée que les joncs, hautes herbes aquatiques, recouvrent, cachant des bassins de vase profond reliés entre eux par des canaux que seuls les initiés peuvent parcourir en sampan. Quelques pistes submergées joignent les giongs, îles fertiles où sont parfois bâtis des villages. Seize dakota et Ju 52 larguent plus de trois cents parachutistes qui investissent la plaine des giongs.

Ernest Marama Tetuaea est cité : *Vieux parachutiste, en Indochine depuis février 1946 a participé à toutes les opérations de la demi-brigade. Parachuté à Vientiane, Luang Prabang, Siem Reap au Tonkin et dans la plaine des giongs s'est toujours montré un combattant remarquable. Le 5 février à Xoncai (Cochinchine) s'est porté à*

l'assaut des rebelles qui essayaient d'encercler une compagnie voisine donnant ainsi un bel exemple de courage - Signé lieutenant Cartalade, le 15 juin 1948.

La prière du parachutiste [18]

Je m'adresse à vous, mon Dieu
Car vous me donnez ce qu'on ne peut obtenir de soi.
Donnez-moi, mon Dieu, ce qui vous reste,
Donnez-moi ce qu'on ne vous demande jamais.
Je ne vous demande pas le repos, ni la tranquillité, Ni celle de l'âme, ni celle du corps,
Je ne vous demande pas la richesse, ni le succès, ni la santé.
Tout cela mon Dieu, on vous le demande tellement.
Que vous devez ne plus en avoir.
Donnez-moi mon Dieu ce que l'on vous refuse.
Je veux l'insécurité et l'inquiétude,
Je veux la tourmente et la bagarre ;
Et que vous me les donniez, mon Dieu,
Définitivement.
Que je sois sûr de les avoir toujours car je n'aurai pas toujours le courage de vous les demander.
Donnez-moi, mon Dieu, ce qui vous reste,
Donnez-moi ce dont les autres ne veulent pas.
Mais donnez-moi le courage
Et la force et la joie,
Car vous êtes le seul à donner, ce qu'on ne peut obtenir de soi.

18 Le *S.A.S.* calédonien Paul Klein trouve dans les effets personnels de l'aspirant Zirnheld tué en opération cette composition personnelle qui devient le crédo du parachutiste.

Le SAS porte une Denison smoke (veste de saut de parachutiste). L'arme longue est un fusil d'assaut allemand Sturmgewehr MP44 calibre 7.92, cartouche du fusil mauser raccourcie à 4,5 cm. Culasse fonctionnant en automatique grâce aux gaz récupérés en un point du canon, ramenés vers la culasse pour la débloquer et engager la cartouche suivante. Hausse 100 à 800 m, chargeur courbe de 30 cartouches, poids 5,5 kg, crosse bois plate en bois lamellé collé. Il a l'avantage de pouvoir tirer en rafale ou en coup par coup avec la précision d'une carabine. Tir par rafales courtes et espacées afin d'éviter la surchauffe du canon. Il pouvait utiliser une grenade à fusil mais de faible portée. Sa simplicité, l'emploi très large de la tôle emboutie, rendent sa fabrication facile et bon marché, il commence à sortir des usines fin 1944 et se répand dans l'infanterie et le Volksturm. La position du chargeur rendait inconfortable le tir couché. Il inspirera après-guerre les Russes pour la création de la kalachnikov. Le pistolet automatique semble être un colt 45 américain, calibre 11,43, chargeur de 7 cartouches.
FONDS COLOMBANI

À gauche, combattants autochtones en poste dans la célèbre plaine des joncs.
ECPA

L'épopée parisienne

Les éléments tahitiens et kanaks du *B.I.M.P.* sont relevés à Belfort le 25 octobre 1944 et sont dirigés sur la capitale afin d'assurer la garde du gouverneur militaire de Paris, le général Koenig *le Vieux lapin*, leur chef de guerre de Libye et de Bir Hakeim.

Les volontaires arrivés en gare de Lyon sont d'abord cantonnés dans les magasins à fourrage de l'armée, boulevard Victor, avant de s'installer pendant onze mois environ à la caserne de la Tour-Maubourg, à proximité des Invalides, où siège le gouverneur militaire de Paris.

John Martin[19] : *Nous faisons la connaissance de la vie de caserne. Nous avions connu quelques casernements au Liban et en Syrie mais le plus souvent nous avions connu les campements et les tentes.*

Les Tamari'i Volontaires eff ctuent l'ensemble des gardes d'honneur des cérémonies officielles de l'hiver 1944-1945.

John Martin : *Nous avons même gardé des bureaux de poste et des banques lors de la mise en circulation des billets de Pleven. Nous étions chargés de*

Les volontaires qui ont abandonné peu à peu leurs armes renouent avec les guitares qui ont fait leur légende. Déjà, en 1941 sur le *Queen Mary* voguant d'Australie vers le Moyen-Orient, les frères Piirani avaient constitué une petite formation musicale intitulée *The Piirani Brothers*. De gauche à droite Teina Taie, Teriitemoehau Pihahuna, Taumata Tiaihau, Fareaiti Tuiho. Debout Pierre Marmouyet
PHOTO ÉMILE SAVITRY - COURTESY SOPHIE MALEXIS

saisir ceux qui faisaient du marché noir lors des échanges qui se tenaient dans les bureaux de poste et les banques de Paris. Les files d'attente étaient énormes. J'avais la charge de vingt-deux bureaux de poste du 3ème arrondissement. Une vingtaine de soldats m'assistaient doublés d'un inspecteur en civil et d'un agent de police soit trois préposés dans chaque bureau de poste. Nous croisions des personnalités du monde parisien dans ces bureaux de poste : je me souviens de l'acteur Jules Berry venu changer ses billets dans un bureau de poste du 3ème. L'hiver s'installe sur la capitale parisienne, la neige tombe.

19 Entretiens avec M. de Chazeaux

En Hommage
aux Soldats du PACIFIQUE
partis
des premiers de l'EMPIRE
pour
la Libération de la FRANCE
1940 - 1945

À la caserne de la Tour-Maubourg, inauguration d'une stèle dédiée au Bataillon du Pacifique. Parmi les Tamari'i Volontaires, on reconnaît le radio-mitrailleur Natapu Mara entre les deux hommes du premier plan. FONDS TAOA

John Martin : *À la caserne de la Tour-Maubourg, nous ne pouvions pas ouvrir la fenêtre de nos chambres situées au 1er étage, bloqués par vingt-cinq centimètres de neige. Nous étions mal chauffés ou pas chauffés du tout, faute de charbon : nous dormions avec nos godillots, les chaussettes et la capote.*

Les soldats du Bataillon du Pacifique retrouvent peu à peu la vie civile, bercés par un régime de permission permanente. Il leur suffit de franchir le poste de police de la caserne de la Tour-Maubourg pour se retrouver directement dans la rue au contact des populations parisiennes : *Océaniens ou Parisiens, c'est à qui retiendra un volontaire chez lui malgré les difficultés de logement et de ravitaillement*[20]. Un comité d'accueil océanien est créé, animé par MM. Bergé, Cosnier, Fabre, Gervolino, Métais, Ventrillon pour recevoir et distraire les volontaires, leur ouvrir leurs foyers, organiser des permissions de détente en province, à la campagne.

John Martin[21] : *Aucun Tahitien ne s'est jamais perdu dans Paris (…) comme Omai emmené par Bougainville qui se dirigeait dans Paris, allait au spectacle, sans jamais se perdre. Le Tamari'i Volontaire allait dans Paris, il revenait, avait fait des emplettes. On lui demandait où il avait acheté telle ou telle chose (…) Il répondait le magasin là-bas. Quelle rue ? (…) je ne sais pas. Il ne regardait jamais les noms de rues mais il pouvait vous ramener sur ses pas. Comme dans le désert (…), il avait ses points de repère. Le désert, c'est un peu comme l'Océan, et le Tahitien est un navigateur.*

Les volontaires qui ont abandonné peu à peu leurs armes renouent avec les guitares qui ont fait leur légende. Déjà, en 1941 sur le *Queen Mary* voguant d'Australie vers le Moyen-Orient, les frères Puairau avaient constitué une petite formation musicale intitulée *The Puairau Brothers*.

Teriitemoehau Pihahuna dans sa chambre de la caserne de la Tour-Maubourg. L'uniforme et le casque sont américains.
PHOTO ÉMILE SAVITRY
COURTESY SOPHIE MALEXIS

René Drollet entouré par sa famille d'accueil en France.
FONDS DROLLET

20 *Les Volontaires du Pacifique à Paris Journal de la société des Océanistes. Tome 1, 1945* Édouard Bergé
21 Entretiens M. de Chazeaux

FONDS LEHARTEL

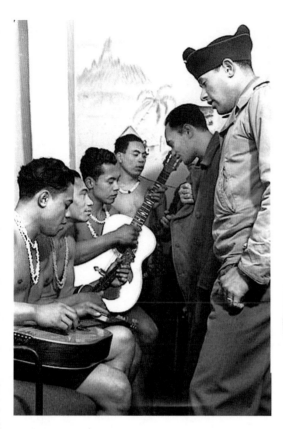

Dans la chambre de John Martin, caserne la Tour- Maubourg 1945.
De gauche à droite, Frédéric Tefaafana, Teriitaparahitua Taoa,
Teriitemoehau Pihahuna, Taumata Tiaihau, debouts Revatua Teupootahiti et
le sous-officier présumé Philippe Bernardino.
PHOTO ÉMILE SAVITRY COURTESY SOPHIE MALEXIS

Hintze et Bernardino. FONDS HINTZE

Ainsi, les Tamari'i Volontaires stationnés à Paris accompagnent Joséphine Baker dans ses tournées au *théâtre aux armées*.

Le *Paumotu* Octave Neri et son ami Robert Pihahuna montent un petit groupe de musique tahitienne, la société parisienne étant alors très friande de mode hawaiienne. Neri, avec sa guitare de marque Gibson achetée à un soldat américain qui avait débarqué à Cavalaire en

Octave Neri
et Robert Pihahuna.
FONDS NERI

Provence, accompagné de *ukulele*, se produit avec son groupe dans de petits cabarets parisiens.

John Martin[22] : *Neri jouait en virtuose de la guitare couchée à la façon hawaïenne.*

Le gitan Django Reinhardt qui découvre le groupe tahitien est interpellé par la façon *paumotu* (Tuamotu) de jouer, consistant à pincer les cordes avec trois doigts sur une rythmique tambourinante, mais surtout par la Gibson de Neri. Django joue lui aussi avec deux doigts, ayant perdu l'usage des autres doigts de sa main gauche dans l'incendie de sa caravane.

Le virtuose tente d'emblée de négocier l'achat de la guitare. Neri qui refuse de se débarrasser de l'instrument concède néanmoins son prêt à Django et acquiert de ce dernier le privilège de l'accompagner dans ses tournées avec son groupe des îles. Django permet ainsi aux Tamari'i Volontaires de se produire dans les cabarets de la capitale, du Moulin Rouge au Lido, et d'accompagner des artistes en vogue comme Stéphane Grapelli, les sœurs Étienne ou le jazziste Joe Bouillon marié à la chanteuse et danseuse américaine Joséphine Baker.

Django Reinhardt
et Stéphane Grappelli.

Les amours et les premiers mariages se nouent, les désillusions aussi.

John Martin[23] : *Je me suis marié, la guerre terminée, à la mairie du 7ème arrondissement, rue de Grenelle. Pour l'anecdote, j'avais trois témoins et mon épouse trois auxiliaires féminins, engagées comme elle. Nous sommes rentrés dans la mairie comme une patrouille.*

22 Entretiens 2011-2013
23 Entretiens M. de Chazeaux

Caserne de la Galinière

Les 300 survivants des bataillons du Pacifique

premiers volontaires de la France-Libre

attendent leur rapatriement

Ils sont 300, aux larges visages basanés, au doux parler gutural, qui attendent, à la Caserne de La Galinière, près de Saint-Laurent-du-Var, leur rapatriement, le retour vers leurs Iles enchantées du Pacifique, pour la fin de janvier ou février...

VOLONTAIRES DE LA PREMIÈRE HEURE

Dans les premiers jours de 1941, des indigènes de Tahiti et de la Nouvelle-Calédonie, vinrent à la France Libre, et formèrent le tout premier bataillon colonial de l'armée de Gaulle, le bataillon d'infanterie de marine. Mais il s'en trouva tant, qu'on dut former un deuxième bataillon des Iles, dit bataillon du Pacifique.

Début mai 1941, ce bataillon quitte la Nouvelle-Calédonie pour l'Australie, d'où il est envoyé peu après en Syrie. Là, il s'incorpore à la 1re Division Française Libre à la fin de l'année.

DE BIR-HACKEIM A BELFORT

Les bataillons des volontaires du Pacifique participent à la campagne lybienne et, notamment, aux terribles combats de Bir Hackeim. C'est après ces combats que les deux bataillons qui ont subi des pertes énormes, fusionnent pour former le bataillon d'infanterie de marine du Pacifique. Ce seront eux qui, après l'offen...

Hôtel des Invalides
septembre 1945.
Le général de Gaulle
fait ses adieux au
Bataillon du Pacifique
à la caserne
Latour-Maubourg.
À sa droite,
le capitaine Robert Hervé.
FONDS JOHN MARTIN

Nicole Lehartel : *Mon père âgé de vingt-huit ans rencontre ma mère Hélène Kovacs d'origine hongroise tapissière dans le faubourg Saint-Antoine. Je suis née de cette union le 2 avril 1946. Le télégramme annonçant ma naissance est adressé à mon père lors de leur escale en Martinique. Il est alors chez la sœur Desroches d'origine tahitienne avec son inséparable Volta Grand, mon parrain.*

Hélène Kovacs et sa fille Nicole Lehartel arrivent en août 1946 sur le *Ville d'Amiens*. Hélène est mère au foyer. Un garçon naît un an plus tard, elle fait des yaourts qu'elle livre au restaurant Thyrel puis reprend la confection de rideaux et de housses, avant d'entrer au département de l'État-civil de la mairie de Papeete jusqu'à sa retraite.

Extrait d'une lettre datée du 27 mai 1946 de l'épouse d'un S.A.S. tahitien au gouverneur[24].

Monsieur le Gouverneur, je me décide à vous adresser une demande. Je n'ai pas l'honneur de vous connaître. Car depuis mon arrivée à la Martinique, j'ai mal aux yeux et au nez ce qui m'ennuie beaucoup pour me présenter dans cette situation. C'est le seul motif de mon manque de politesse et maintenant je n'ose plus. Je vous prie de bien vouloir m'excuser. Je sais d'après les gens d'ici que vous êtes très bon et je compte sur toute votre indulgence pour me donner satisfaction. Car hélas, je vais vous embêter avec mes histoires. Mais je ne veux les confier qu'à vous. Je suis décidée à rentrer en France et je voudrais revenir par le Sagittaire d'abord pour raisons de santé. Ensuite, j'ai reçu de ma pauvre mère une lettre me disant être prise de douleur depuis mon départ et ne pouvant pas travailler et je lui ai confié mon fils âgé de sept ans bientôt pour lui pour elle je voudrais rentrer et puis je voudrais être présente à la levée du corps de mon frère exécuté par les Allemands le 23 juin 1944 à La Pierre Lever à Poitiers. Je suis la seule de la famille qui soit allée reconnaître l'endroit où il a été enterré. La seule faute c'est d'avoir suivi mon mari si loin et maintenant je ne peux plus vivre à la pensée que je suis séparée par ma propre faute, de ceux que j'aime et je vois avec terreur que si je ne rentre pas par le prochain courrier jamais plus je ne pourrais rentrer. Monsieur le Gouverneur, je suis décidé à travailler à bord et à faire le voyage sur le pont comme pour venir à Tahiti si vous voulez bien me donner la permission de partir. Je vous le demande et je vous remercie dans l'espoir d'avoir l'honneur de vous connaître.

Jean-Raymond Bodin[25] : *En Angleterre, après son hospitalisation et sa convalescence, Rémond Bodin mon père épouse sa visitante à l'hôpital, marquise italo-allemande dont les armoiries sont celles d'un serpent ailé, réfugiée à Londres avec son fils et sa fille aînée. Cantatrice, elle parle et écrit onze langues.*

24 Fonds W 48 SPAA
25 Entretiens 2012

Les retours

Le 20 septembre 1945, le Bataillon du Pacifique gagne en train le sud de la France. Les Tamari'i Volontaires stationnent à partir du 23 septembre à Saintes dans la caserne Taillebourg.

Le 21 décembre 1945, le bataillon est dirigé vers Saint-Laurent du Var. Il est cantonné à compter du 25 décembre 1945 à la caserne La Galinière.

Il quitte La Galinière le 18 février 1946, arrive à Marseille le lendemain, et prend station dans le camp de Sainte-Marthe.

Le 14 mars 1946, les volontaires tahitiens et calédoniens embarquent à Marseille sur le *Sagittaire*[1] qui doit les ramener à Tahiti et à Nouméa.

Les conditions de voyage sur le *Sagittaire* vont se révéler particulièrement spartiates mais les passagers vont s'en accommoder.

John Martin[2] : *Le* Sagittaire *qui d'ordinaire est prévu pour deux cents passagers a transporté sur le retour plus de deux mille personnes : il y avait avec nous les Calédoniens (trois cents environ), mais aussi tous les fonctionnaires qui relevaient l'administration des E.F.O. Il y avait par ailleurs des marins, quelques aviateurs et quelques parachutistes tahitiens : nous avons fait notamment la connaissance de Kiipuhia, Tihoni Pita, Albert Colombani, Nicolas de Taravao. Tehaamoana meurtri par sa détention en Allemagne est mort à bord. Il nous avait raconté sa terrible histoire.*

Jean-Pierre Moni de la Somac[3] : *Agé d'une dizaine d'années, j'étais à bord du* Sagittaire *avec ma mère pour aller retrouver mon père à Tahiti. Je me souviens de John Martin : il me donnait sa confiture.*

Les hommes se casent ou se glissent entre les appontements et tous les recoins du navire qu'ils ont aménagés en niches. Les couples ont le bénéfice d'être isolés des hommes de troupe mais leur intimité reste assez peu préservée. Guy Brault s'est aménagé une petite basse-cour de fortune où il prend soin de quatre coqs de combat. L'un deux effarouché par les taquineries de Tamari'i Volontaires s'échappe de sa cage à son ouverture pour se réfugier sur le gaillard arrière et tombe à la mer au grand dam de son propriétaire.

Paul Robineau[4] : *Sept cent vingt-trois officiers,*

---

1 Le paquebot mixte *Sagittaire* anciennement dénommé le *Washington* est mis en service en 1929 est vendu à la C.G.T en avril 1939 pour effectuer la liaison Marseille Nouméa. Il stationne aux Antilles d'octobre 1942 au 15 juillet 1943 où il est réquisitionné par la France libre. Il regagne Marseille le 17 avril 1945 pour reprendre son ancienne ligne jusqu'à la fin de l'année 1953.
2 Entretiens *2011-2012*
3 Témoignnage 2011
4 Paul Robineau *Paras calédoniens de la France libre*

Tous les Tamari'i Volontaires ne seront pas sur le *Sagittaire* en 1946. Dès 1943, plusieurs d'entre eux ont été renvoyés dans leurs foyers. Melbourne 1943.
AUSTRALIAN WAR MUSEUM

sous-officiers et soldats fourmillent sur un navire qui en temps normal transporte cent à cent vingt passagers. *En plus du bataillon, il y a la première relève du Pacifique, médecins et administrateurs. Tous les hommes sont logés en shelters, c'est-à-dire en entreponts hâtivement aménagés de bas-flancs et de paillasses superposées. Quelques camarades mariés ont leur épouse à bord répartis dans les trois classes. Le confort est pratiquement nul : manque d'espace, problèmes de toilettes, d'hygiène élémentaire. Seule la nourriture est acceptable mais les repas doivent être échelonnés en plusieurs services.*

Les cales sont pleines de valises et de caisses remplies de toutes les acquisitions, les trophées et les prises de guerre.

Une jeep entière répartie en lots de pièces détachées est embarquée pour Tahiti par le *F.N.F.L.* Edwin Vivish, véhicule qu'il remontera à son arrivée à Tahiti.

De nombreuses armes de guerre, des explosifs, des grenades sont cachées dans des malles et des caisses avec des munitions en grande quantité.

Certaines de ces armes ressortiront de leurs caches notamment lors de l'escale de la Martinique dans le cadre des rixes qui seront légion sous l'emprise du rhum blanc. Des lieux de boisson seront ainsi saccagés par des tirs vengeurs. Les passagers à bord du *Sagittaire* s'organisent pour agrémenter leur voyage. Chants, matchs de boxe, se suivent au gré du périple du *Sagittaire*. Lors du passage de l'équateur, les néophytes sont baptisés dans la tradition neptunienne.

Paul Robineau : *Nous organisons souvent des réunions, des intermèdes musicaux, des conférences, des concours, des jeux.*

Après quarante-cinq jours de voyage, les premières îles polynésiennes se profilent enfin à l'horizon.

Le 5 mai 1946, les Tahitiens sont de retour à Papeete.

Jean Tran Ape[5] : *Le retour au Caillou ne fut pas exubérant. L'accueil était plutôt froid par rapport à Tahiti. Là-bas, les pirogues étaient venues au-devant du bateau, et il y avait des groupes de chanteurs et la musique qui nous attendaient sur le quai.*

Roger Ludeau[6] : *Dans le lagon où nous venions d'entrer, des dizaines de pirogues et de vedettes, plus fleuries les unes que les autres, nous font escorte.*

Sur les quais, c'est la foule des grandes circonstances.

Louise Carlson[7] : *Toute la population s'est mobilisée pour accompagner dignement le Bataillon du Pacifique : marins, soldats, aviateurs. La fête fut réussie et dura plusieurs jours. Les écoles ont été fermées, certains bureaux administratifs aussi pour permettre aux familles de participer aux réjouissances. Fini les conserves et le rata.*

Paul Robineau[8] : *L'escale à Papeete est titanesque, hors du commun et pour tous, restera le vrai symbole de la fin de la guerre et de notre retour. En effet, les Tahitiens rentrent chez eux après, pour certains, plus de quatre années d'absence. Toutes les îles sont là pour les recevoir. Dès l'entrée en rade, le Sagittaire est entouré de centaines de pirogues fleuries et multicolores. La foule immense massée sur le quai et sur les bâtiments des alentours, forment un mouvant drapeau tricolore. Toutes les poitrines entament en chœur des chants aux accents inoubliables, composés pour la circonstance. C'est féérique, grandiose, bouleversant. On croit rêver. Le navire, après un laborieux accostage, est pris d'assaut avant même que soit fixée la coupée. Les embrassades, les rires, les pleurs, les chants se mêlent, les fleurs jonchent les ponts, les salons, le quai, la mer. Durant une semaine, nuit et jour, les îles organisent de fantastiques ma'a (repas) gratuits, et danses folkloriques en grands costumes, des réceptions permanentes, officielles aussi bien que privées. Les routes sont presque bloquées, les districts envahis, les trottoirs du centre-ville creusés pour préparer des milliers de repas. Cette immense kermesse est incroyable, prenante, endiablée ; d'ailleurs on en parle encore comme de la plus grande fête jamais*

À gauche en uniforme, Louis Graffe lors de son retour vers Tahiti, via l'Australie.
FONDS GRAFFE

organisée en Polynésie française et croyez-moi, ce n'est pas peu dire.

Tous les Tamari'i Volontaires ne sont pas sur le *Sagittaire*, certains sont revenus ou vont revenir au gré de leur parcours par d'autres cheminements. Natua *a* Tama, fait prisonnier à Bir Hakeim et survivant du *Nino Bixio*, est rapidement pris en charge à sa libération par les services militaires de santé. Ayant contracté la tuberculose lors de sa détention en Allemagne dans le *stalag* IV C, commando 22A, il ne retrouve Tahiti que le 22 juillet 1948. Odette Teipoite Marama Frogier[9] relate le retour de héros de Bir Hakeim : *Mimi appelle Loulou Drollet et lui annonce l'arrivée à Makatea de deux volontaires survivants de la bataille de Bir Hacheim. Ils venaient d'Australie où ils avaient embarqué sur un phosphatier (...) Il s'agissait de Marcel (Louis) Graffe, il boitait, son ami Teore, lui aussi avait été gravement blessé. C'est comme cela qu'ils descendirent à Vaiaau à Makatea vers 1946.*

Claude Lestrade[10] : *À mesure que les victoires alliées se multipliaient et que la France se libérait kilomètre*

5 Témoignage 2012
6 *Les Carnets de route d'un combattant du Pacifique* Roger Ludeau
7 Notes personnelles. Conseillère municipale de 1970 à 1993, Louise Carlson fut maire de Papeete de 1993 à 1995.
8 Paul Robineau *Paras calédoniens de la France libre*
9 *Les Histoires d'Odette, Tahiti belle époque* Odette Frogier
10 *Quelques souvenirs de Tahiti entre 1942 et 1945* Claude Lestrade

par kilomètre (...) quelques volontaires étaient revenus avant les autres, généralement pour raisons de santé (...) par exemple Pierre (Peter) Challier gravement blessé à la jambe (gendre de M. Vienot (...) fils du fondateur de l'école protestante. Le 18 mars 1945, Peter Challier en qualité de passager du Liberator AL 504 a décollé d'Angleterre pour les Açores puis Dorval au Canada. En Dakota C47, il gagne Washington, puis Dallas, El Paso, San Diego et Los Angeles. De la base navale de San Diego, il regagne, en Grunman, Alameda à San Francisco où il embarque pour Tahiti le 18 avril 1954 à bord du S.S Monmactern. Il arrive à Tahiti le 30 avril 1945.

Maadi Gobrait, âgée de quarante-un ans, débarque en provenance de Nouvelle-Zélande du navire Samlistar[11] à Makatea le 26 avril 1946.

René Machecourt[12] devait embarquer sur le Ville d'Amiens qui quittait Marseille en juin 1946. Les cabines étant réservées exclusivement aux femmes, un officier de liaison de la Royal Air Force britannique de l'ambassade de Grande-Bretagne à Paris lui trouve un passage sur un petit paquebot de la compagnie française transatlantique Oregon qui l'emmène en dix jours à New York.

Il séjourne dans cette métropole américaine pendant deux semaines avant de gagner Saint-Louis dans le Missouri puis la côte ouest, San Francisco où il séjourne jusqu'à fin décembre 1946.

À San Francisco, Adèle Nimau, la mère de Georges Tehaameamea, engagé volontaire dans le Bataillon du Pacifique, tient le Tahiti Café où tous les Tahitiens de passage, combattants ou résidents aiment à se retrouver.

Corinne Mac Kittrick[13] : Mon père Bob démobilisé en France retrouve son ami Machecourt pendant son transit aux États-Unis lors de son voyage de retour vers Tahiti.

Beaucoup de Tahitiens sont restés en France comme Faatupuarii Anania, Francis Bredin, Tom

11 Note du service de la sûreté W 48 Fonds W 48 SPAA
12 Témoignage de Thie ry Chauvet
13 Témoignage 2013

Durant les manœuvres d'accostages au quai de Papeete, quelques familles impatientes approchent du *Sagittaire* à bord de leurs canots.
FONDS TRAN APE

126

Clark, René Hintze, Louis et Marcel Lucas, Te-riitemoehau Pihahuna, Teriitaparahitua Taoa, Teriimana Tarahu, Jean Temauri, Revatua Teupootahiti, Taumata Tiaihau, Ariipau Tinitua, Fareaiti Tuiho, Henri Langlois, Fareaiti Tuiho et Octave Neri.

Marurai Teriitehau convolera avec Janine Collard.

Il décède malheureusement le 18 mai 1947 à l'hôpital de Tenon dans le 20ème arrondissement à l'âge de vingt-cinq ans.

Moeterauri Tetua dit *Bimbo* séjourne à Toulon aux côtés d'Andrée sa future épouse. Il est employé à l'usine à pétrole. Ils embarquent tous les deux l'année suivante sur le *Ville d'Amiens* pour Tahiti. Renée est alors enceinte de six mois de sa fille Turia. À bord se trouvent aussi Pierre Galenon et son épouse qui accouche d'une fille à bord, ainsi que Marie-Louise Hablot future épouse du SAS Nicolas Paaeho.

D'autres, revenus à Tahiti, repartiront.

C'est le cas d'Ari Wong Kim. Ce dernier, qui s'est engagé à seize ans sous l'identité de son frère Tetuahira Teaupahere, postule à Tahiti pour la police. Sa véritable identité déclinée, le droit de port de ses médailles lui est retiré.

Enfin, certains Tahitiens se fixeront en France après avoir été démobilisés à leur retour d'Indochine.

Les anciens Tamari'i Volontaires installés en France exercent divers métiers : Revatua Teipootahiti travaille aux chemins de fer *S.N.C.F.*, Ari Wong Kim est employé au Bon Marché, Fareaiti Tuiho est manutentionnaire aux Établissements Repiguet, rue de Stalingrad à Bobigny, Francis Bredin exerce comme expert-comptable au cabinet Georges Simandoux, rue Ampère dans le 17ème arrondissement.

la orana oe Tamari'i Tahiti.
FONDS JIM SHUTTS

Maeva, Iaora oe tamari'i

La Marine à *Fort-de-France* fait parvenir par câble la date probable d'arrivée du *Sagittaire* à Tahiti et ses escales :

Départ *Fort-de-France*	:	13 avril 1946
Arrivée à *Christobal*	:	18 avril 1946
Papeete	:	5 mai 1946
Port-Vila	:	18 mai 1946
Nouméa	:	21 mai 1946

Par télégramme du 30 mars 1946[14] adressé de *Pointe-à-Pitre* par le capitaine Hervé au gouverneur de Papeete est communiquée une liste des militaires du Bataillon du Pacifique embarqués à bord du *Sagittaire* : *Très sensibles votre cordial message moral excellent adressons pensées affectueuses à tous à bientôt STOP (…). Militaires bataillon sont : (…)* ;

L'orthographe erronée des noms de la liste sera corrigée par les autorités locales qui en profiteront pour distinguer les marins des volontaires du Bataillon du Pacifique, aux fins de publication pour avis officiel.

La liste initiale mentionne quatre parachutistes : *Tihoni, Teai, Tevaearai* et *Orairai* mais aussi des engagés volontaires de 1939 : *Vermesh, Lecaill, Langomazino, Bambridge.*

Marc Darnois accompagne ses frères d'armes tahitiens pour découvrir ces îles dont ils lui ont tant vanté les charmes et pour se faire démobiliser à Tahiti.

Maurice Scemama, un ancien de la 2ème DB est aussi sur le *Sagittaire* pour découvrir Tahiti à l'invitation des Tamari'i Volontaires.

Maurice Scemama[15] : *La guerre terminée, nous n'avions pas beaucoup d'opportunités de reconversion professionnelle. Je rencontre mes frères d'armes tahitiens d'Afrique dans un bistro à Marseille. Ils m'ont dit : on rentre demain à Tahiti. Viens avec nous ! Je les ai donc suivis.*

En janvier 1942, Maurice Scemama participe malgré son jeune âge à un attentat contre un officier allemand de la commission d'armistice. Il franchit la frontière espagnole pour être incarcéré au camp de Miranda d'où il s'évade. Repris, la Croix-Rouge américaine le prend en charge et l'évacue sur Casablanca avec d'autres prisonniers. Il tente de s'engager mais il n'a que quinze ans et demi.

À Constantine, falsifiant ses papiers d'identité, il s'engage au Corps-francs d'Afrique.

Maurice Scemama participe à la campagne de Tunisie. À la fin des combats, il rejoint les Forces Françaises libres à Sabratha près de Tripoli où stationnent la colonne Leclerc et les Tahitiens de la Brigade française libre.

Avec sa nouvelle unité, la force L du général Leclerc, il embarque pour la Grande-Bretagne au sein de la 2ème *D.B.* qui est intégrée à la 3ème armée blindée du général Patton.

Le 1er août 1944, avec les deux frères Tracqui et Devendeville, Maurice Scemama débarque à Utah Beach en Normandie et entre rapidement en action pour la libération d'Alençon, Écouché, puis Paris.

Il poursuit sa poussée vers Vittel, Baccarat, Dompaire, Strasbourg. Après un court séjour dans le Sud-Ouest, il reprend les combats en Alsace, participe au franchissement du Rhin, et arrive à Breschtengaden en Bavière, où se trouve le nid d'aigle d'Hitler.

Maurice Scemama reste un peu plus d'une année à Tahiti, visitant les îles. Il regagne la France pour s'engager dans le conflit d'Indochine. Rendu à la vie civile, il crée en 1952 à Marseille l'Académie de guitare classique[16].

Le gouverneur p.i des E.F.O. reçoit du capitaine Hervé, commandant le Bataillon du Pacifique les noms des militaires rapatriés par le *Sagittaire* qu'il fait insérer au bulletin de presse[17]. Les rapatriés sont : *Dedeyn, Narii, Bernardino (Philippe), Orairai (Mahahe SAS), Grand Walter, Ponotua, Martin (John), Poheroa, Noble (Max), Puairau, Rahuri (Rauhuri William), Roihau, Wolher (Alexandre), Salmon Tepau, Vidal (Henri), Salmon Outoa, Lecaill, Teai (Punua SAS), Hugon (Claude), Tihoni (Pita SAS), Bambridge (Jean-Roy), Tevaearai (Paaeho SAS), Smith (Édouard), Teanuanua, Vermersh, Tamata Maurihau, Ferrand (Roger), Teraiefa Langomazino, Teremate (Tutehauarii), Tefaafana (Frédéric), Tetuafo, Mouraura (Paihura dit Pakere), Taie (Teina), Teriitua (Terii), Tapeta (Hutia), Ellis (Georges), Turi (Rere), Etilage (Brix), Tuiho (Taua), Lehartel (Raymond), Tehei (Teiho), Lucas Marcel, Taputu (Tuarae), Taerea (Étienne), Temariiauma (Taputea), Tehaameamea (Georges), Tehuritaua (Tepupuniteraioutou), Vahine (Tavae), Tanetui Tane, Vaiteaio (Vaitaio Faatau), Teanio (Teamo Wilfred), Allaume (Marcel), Urupano, Aro, Amaru (Teahotoa), Ariioehau, Bremond (Antoine), Bordes (Fareura), Clark (Tom), Brothers (Joseph), Durietz (Georges), Drollet René, Farone (Émile), Haami (Mihinoa), Pautu, Hopuu (Taare Tau), Pietri (Paul Prosper), Hamitauhei (Haamitauhei Pautunou), Roita (Taputu), Leon Sere, Salvanayagam (Amédée), Manutahi, Tauiraatea (Teraiareva), Ariihoro (Manutahi Albert dit « Paepae »), Tetoka (Tetoia Manihiti), Maitere (Taari), Taupua Taihoropua, Musihutu, Taero (Faatea dit « Tchakoi »), Manihiti, Teupoo (Etera), Manutahi Olivier, Tracqui Pierre (F.N.F.L.), Nonaca, Tetuaunauna.*

14 Fonds W 48 SPAA
15 Entretiens 2013
16 *Sources : Français libres*
17 Fonds W 48 SPAA

Le Commandant de la Marine dans les *E.F.O.* fait publier à son tour la liste complète[18] des officiers, sous-officiers et matelots embarqués à destination de Papeete sur le *Sagittaire* : *Lieutenant de vaisseau : Cadeac D'Arbaud, Enseignes de vaisseau Bastard de Villeneuve et Antoine, Second maître fusilier Dubois, Quartier maître torpilleur Thibaudet, Maître mécanicien Morienne, Second maître Boucard, Petit, Quartier maître Aubry, Bambridge, Brault, Carlson, Fagu, Firiapu, Fevre, Hagel, Homai, Raoulx, Salmon John, Varney, Voirin, Teihotu, Wolher, Leboucher, Faille, Grand Jean, Matelots Drollet, Iotefa, Nordman, Mai, Poheroa, Salmon Alexandre, Salmon François, Salmon James, Sharood, Teamo, Tehae, Tehotu, Teio, Tirao, VanBastolaer, William, Vivish, Frebault, Bourgade, Tapare, Nauta, Aurima, Teriitahi, Vanaa, Tauraua, Tekuravehe, Terorotua, Vahateani, Teaotea, Agnieray, Thebault, Hamblin, Wolher, Levy, Pambrun, Pouirai, Arapari, Nouveau, Pasquini, Taupua, Raparii, Dauphin et Estall.*

Par décret, l'Administrateur en Chef des Colonies, Gouverneur des *E.F.O.* a créé une commission en charge de l'établissement des cérémonies et réjouissances pour le retour des hommes du Pacifique et le passage à Papeete des Néo-Calédoniens de cette unité.

Le Chef du Cabinet militaire, propose le programme qui est adopté par la Commission.

La commission se constitue du Maire de Papeete, Président du Comité des fêtes, M. Charon, conseiller privé, Président de la Ligue de la France libre, M. Montaron, conseiller privé, Président des anciens combattants, M. Quesnot, membre de l'Assemblée représentative, Madame la Présidente de la Croix-Rouge, M. le Commandant de la Marine, M. le Commandant Supérieur des Troupes, M. le Président de la Chambre de Commerce, M. le Curé de Papeete, M. le Pasteur Preiss, M. le Chef du Service des Travaux publics, M. le Délégué du bureau des Affaires politiques, M. le Chef du Service de la Sûreté, M. le Chef du Service du Ravitaillement, M. le Chef du cabinet militaire, M. Aubry, Président de district de Faa'a, père d'un combattant de la guerre 1939-1945 tué à l'ennemi, M. Tehei Teihotua, Président du Conseil de district de Punaauia, ancien combattant, un sous-officier européen, ancien combattant, désigné par le Commandant supérieur de la Marine, un sous-officier tahitien, ancien combattant, désigné par le Commandant supérieur des Troupes, un commerçant notable de Papeete désigné par le Président de la Chambre de Commerce, un habitant notable désigné par le Maire de Papeete, deux représentants de la Colonie étrangère désignés par le Maire de Papeete.

18 Fonds W 48 SPAA

Le quai que les Tamari'i ont quitté cinq ans plus tôt. Au-dessus des boniters, les commerces situés directement sur les quais et aujourd'hui disparus, puis l'Hôtel Tahiti derrière les arbres et qui cache la cathédrale, le petit square de la Mutualité près du poteau électrique, puis à droite, au-dessus de la proue du cotre, le Fare Tony.
FONDS PRIVÉ

CELEBRATION A PAPEETE

DU

RETOUR DES VOLONTAIRES

DU PACIFIQUE

Sous le Haut Patronage de Monsieur
Le Gouverneur p. i. Jean-Camille HAUMANT
et avec le concours de toute la population.

PROG

DIMANCHE 5 MAI
A L'AUBE
ARRIVÉE DU "SAGITTAIRE"

Au large de Papeete. — L'arraisonnement et la visite des passagers s'opérant en haute mer, le navire restera stoppé quelque temps avant d'entrer.

De loin, les Volontaires apercevront sur les collines et le rivage de Papeete une Croix de Lorraine lumineuse et des inscriptions de bienvenue.

Le navire est accueilli au large par les vedettes officielles. Les vedettes de pêche et de plaisance participeront au mouvement, arborant tous leurs pavillons. Deux d'entre elles porteront l'orchestre tahitien et la fanfare des anciens de l'Harmonie Tahitienne et de l'École des Frères.

Les batteries de la Marine et des Forces Terrestres saluent à coups de canon. Coups de sirènes et volées de cloches.

Accueil dans la passe par une flotille de pirogues avec équipages en costumes anciens. Rassemblement des pirogues au débarcadère de la Marine (place Bougainville).

Pour l'arrivée du navire, à titre exceptionnel, les décorations des Volontaires morts pour la France pourront être portées par des personnes de leur famille, de préférence par leur mère. A cette occasion, ces personnes se joindront aux Anciens Combattants.

Le navire approche du rivage, — un Otea le salue à son passage — puis du quai où des emplacements sont réservés, suivant un tracé à la chaux sur le terrain, aux Autorités, aux détachements de l'Armée et de la Marine, aux musiciens et chanteurs, aux familles (pères, mères, épouses) de tous les Combattants, aux Écoles et au public.

Le plan des emplacements sera distribué aux services et groupements intéressés et affiché à la Mairie, au Port et à la Poste.

Sur le quai, un arc de triomphe a été élevé. — Himene et orchestre tahitien.

Les amarres sont lancées: cet orchestre et les chœurs cessent quelques minutes, pour permettre aux troupes rangées sur le quai de rendre les honneurs, dans le plus grand silence. — Marseillaise.

L'échelle est placée. Les arrivants reçoivent couronne ou collier de fleurs.

Après les effusions familiales, les Volontaires, à leur gré, emportent leurs bagages ou les déposent au hangar des passagers, où ils seront pris en charge par des représentants de l'Armée et de la Marine qui les feront porter à leurs quartiers respectifs.

Un radio-reportage en langues française et tahitienne organisé par le Service de l'Information, sera diffusé simultanément par les stations de la Marine — FUM sur 40 m. (7.500 kc.) —et du Radio-Club Océanien — FO8AA sur 42 m. 98 (6.980 kc.)

A 10 HEURES
A LA CATHÉDRALE. — Service d'actions de grâces.

A 11 HEURES
AU TEMPLE DE PAOFAI. — Service d'actions de grâces.

A MIDI
Déjeuner pour les Volontaires, Tahitiens et Néo-Calédoniens, à la Marine et à la Caserne.

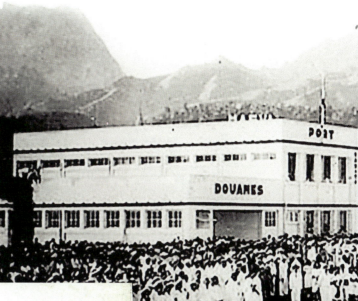

MME

A 19 HEURES
VIN D'HONNEUR A LA MAIRIE. — Discours de bienvenue
prononcé par le Gouverneur Jean-Camille HAUMANT et traduction en langue tahitienne.

Les Combattants des deux guerres et les pères, mères et épouses des Volontaires sont invités au Vin d'Honneur.

A 20 HEURES
BAL POPULAIRE. — Place de la Mairie
avec intermèdes de chants et danses du pays.

Buvette gratuite à l'usage exclusif de tous les Volontaires.

Des bars payants installés place de la Mairie, autour de la piste de danse, organiseront un dancing qui sera ouvert tous les soirs, durant le séjour du "SAGITTAIRE" à Papeete.

Radio-reportage et diffusion du discours et des chants par les stations FUM et FOSAA.

———————

LUNDI 6 MAI
A 8 HEURES
SALUT AUX MORTS. — Avenue Bruat.
Avec les Volontaires, la Garnison, toutes les Autorités et les Enfants des Ecoles.

A MIDI
GRAND REPAS TAHITIEN. — Place Albert 1er

Pour les Volontaires Tahitiens et Néo-Calédoniens, de 12 heures à 19 heures, avec Himéné de Mataiea, Faaone et Punaauia, Otea, Aparima, etc. . . de Papeete (Patutoa). Hitiaa, Paea et Papeari. Chœurs de Papeete et Punaauia —Fanfare.

Congé lundi 6 mai pour les services publics sous réserve du maintien d'une permanence. Liberté d'action pour le commerce.

Pendant ces deux jours, fermeture des dancings, restaurants et débits à Papeete à 24 heures, à Punaauia et Arue à 2 heures du matin.

Les prix des consommations seront affichés. Les taxis afficheront également leur tarif. La préoccupation de gagner de l'argent passera au second plan. Il est demandé aux particuliers qui peuvent le faire de mettre leurs voitures personnelles à la disposition du Comité de réception, moyennant le remboursement de l'essence. (S'inscrire aux Travaux Publics). Tous tiendront à honneur, non seulement de recevoir magnifiquement les Enfants du pays, mais encore de rendre l'escale agréable aux Néo-Calédoniens.

Papeete, le 29 avril 1946.
Le Maire, Président du Comité,
Alf. POROI.

Approuvé:
Le Gouverneur p. i.,
Jean-Camille HAUMANT.

Le Gouverneur prononce son allocution

Allocution aux volontaires du Pacifique

Sources : Fonds W 48 SPAA

Volontaires du Pacifique, mes chers amis,
Depuis un an, vous avez dû entendre bien des discours. Après le feu des combats, vous avez connu le feu des paroles. C'étaient de bonnes paroles, mais puisque la guerre était finie, vous ne demandiez plus rien que de retrouver votre île natale, vos familles et vos amis, la vie civile, enfin, plutôt que des discours. Rassurez-vous. Je parlerai seul ce soir et je m'adresse à vous au nom du gouvernement, de l'assemblée représentative, de la Ville de Papeete, des chefs de districts, de la Ligue de la France libre, des anciens combattants, de la Croix-Rouge, des Dames Tahitiennes, des Mères, au nom, surtout, du Pays, de tous ceux qui, depuis de longs mois vous attendaient si impatiemment. En France, vous avez eu un grand succès. Les journaux ont parlé du bon caractère des Tahitiens, de leur musique et de leurs danses. Cela vous a parfois piqués, nous le savions par vos lettres. Mais ils ont parlé aussi, et surtout, de ce que vous avez fait pendant la guerre, au coude à coude avec vos frères d'armes de la Nouvelle-Calédonie. Vous avez combattu en Lybie, en Égypte, en Tripolitaine, à Helfaz, à Bir Hakeim, à Rotonda Signali, à El Alamein, sur la ligne Mareth, sur le djebel Garci, Girofano, à San Giorgio, à Di Liri, à Cosciano di Bagni, à Hyères, à Toulon, dans les Vosges, à Ronchamp. Ces noms glorieux sont inscrits sur votre fanion qui porte la Croix de la Libération, la Croix de guerre avec quatre palmes et la fourragère. D'autres ont combattu dans l'aviation, et les marins ont lutté, de longues années, contre l'ennemi et contre la mer. Vous portez de nombreuses décorations et beaucoup d'entre vous ont été blessés. Ces paroles, ces éloges ne s'adressent pas seulement à vous, qui venez de débarquer du Sagittaire. Vos camarades déjà revenus y ont leur part, et je n'oublie pas davantage les anciens combattants de 1914-18, cette guerre sanglante qui malheureusement n'a pas été la dernière. Vous vous êtes conduits en dignes descendants de vos grands ancêtres, les colonisateurs du Pacifique et (...) le monde entier sait maintenant que les aimables Tahitiens, ces

La famille Vivish accueille son fils Edwin embarqué sur le *Cap des Palmes*. Ce 5 mai 1946, les écoles ont été fermées, certains bureaux administratifs aussi : la population tahitienne entière s'est mobilisée pour accueillir dignement ses enfants : *«iaorana oe Tamari'i Volontaires»* : marins, soldats du Bataillon du Pacifique, parachutistes, aviateurs.
FONDS VIVISH

doux joueurs de guitare sont aussi des hommes capables et vaillants. Hélas, beaucoup d'entre eux sont tombés dans cette longue suite d'aventures et de combats. Ils ont tout donné, et nous disons notre admiration et notre respect à leurs familles. Demain nous saluerons leur mémoire. Nous ne les oublierons jamais, ceux qui sont morts de l'autre côté de la Terre, sans que leurs yeux aient été fermés par leur mère ou leur épouse. Ce sacrifice et vos longues épreuves vous rendent encore plus chers à la France. Le Général de Gaulle vous l'a dit, l'an dernier, devant l'Arc de Triomphe, il vous l'a prouvé en faisant accorder le titre et les droits de citoyens à tous les originaires, hommes et femmes, de l'Océanie française, en faisant rétablir ici une assemblée où siège des représentants de tous les archipels. Vous avez vécu de longs mois dans la Métropole. Vous savez que ce n'est ni dans les cinémas, ni dans les bars, que l'on apprend à connaître la vraie France et la France elle aussi sait que Tahiti n'est pas un pays où l'on se contente de faire la sieste et de chanter. Vous qui avez (…) qui depuis 1940 avez vu beaucoup de choses, vous saurez dire autour de vous, avec sincérité ce que c'est vraiment que la France. Vous avez souffert au loin et peut-être rapportez-vous quelques mauvais souvenirs. Vous avez droit à toute notre amitié et à notre appui. Je vous demande de rejoindre fraternellement vos familles et vos amis, et de vous remettre gaiement au travail. Nous vous y aiderons. L'administration, bien entendu, reprendra tous ses anciens collaborateurs. De plus, vous trouverez à la caserne une liste d'emplois nouveaux dans l'administration et dans le commerce, qui pourront convenir à beaucoup d'entre vous. Enfin, nous donnerons des facilités à ceux qui veulent faire de l'agriculture. Je salue spécialement le capitaine Hervé, que j'ai eu le plaisir de rencontrer l'été dernier à Paris et je lui dis toute ma satisfaction de le voir de retour. Je suis également heureux de reconnaître parmi vous des figures sympathiques aperçues à la caserne de la Tour Maubourg lorsque j'y allais pour vous rendre visite avec M. Alexandre (…) et M. Charon, président de la ligue de la France libre, ici présent. Quelques-uns d'entre vous se sont mariés en France. Je souhaite la bienvenue à leurs épouses. Elles arrivent dans un très agréable pays. Elles montreront, j'en suis certain, toute la raison nécessaire en face des petites surprises du début, pour s'adapter à une vie nouvelle et rendre heureux autour d'elles ce qui est probablement le meilleur moyen de se rendre heureux soi-même. J'ajoute

que l'administration pourra probablement procurer des emplois à quelques-unes d'entre elles. Aujourd'hui est un jour de bonheur : Tahiti a retrouvé ses enfants. C'est aussi un jour de chance, puisqu'il nous permet de recevoir les volontaires de Nouvelle-Calédonie. Au nom de tous, je leur souhaite la bienvenue parmi nous. J'espère que l'escale leur sera agréable et qu'ils se sentiront ici chez eux. Vous m'en voudriez, enfin, de ne pas exprimer nos remerciements unanimes à l'état-major et à l'équipage du Sagittaire, grâce à qui le pavillon commercial métropolitain flotte de nouveau dans le port de Papeete. Le Sagittaire vous a ramenés, c'est bien. À son passage de retour, nous le remplirons de coprah pour la France, ce sera bien aussi.
Et maintenant assez de paroles ! Vivent les Volontaires du Pacifique.
A votre retour !

Les groupes des districts louent par leurs chants les Tamari'i Volontaires.

Himene du district de Mataiea pour l'arrivée des volontaires

Programme officiel de l'accueil Fonds W 48 SPAA

1er couplet
Iaorana oe e te tavana rahi e te tavana Oire
Iaorana au Gouverneur et au Maire
**Iaorana toa hoi o te feia mana
tei ratere mai te moana**
Iaorana aux voyageurs prestigieux
arrivés par la mer
**To tatou nei farerei raa i nia
te tahua Tarahoi (bis)**
À l'occasion de notre rencontre ici à Tarahoi.

2ème couplet
Iaorana oe e te mau aito te aito Patitifa ra
Iaorana aux aito (guerriers, héros)
aux aito du Pacifique.
Manava iaora tatou e raroa ê te maru farani
Bienvenue à nous tous qui vivions
sous l'égide de la France
Matou teie o tahiti Nui e te farii nei ia oe
Nous Tahiti Nui, nous voici pour vous accueillir
Unauna to oe te aito e ua tui to roo i te ao
Vous vous êtes couverts de gloire. Votre
renommée s'en est allée de par le monde
Aue râ oe et te mau tamarii tei ofati roa i te ara
Oh enfants chéris qui avez su remporter
la victoire loin de chez vous
Aita roa hoi o te nuu amui otohe hare muri
Jamais les alliés n'ont reculé
E ua fati te tara hitara te aito o te nuu Patiri
Vous avez démoli la puissance d'Hitler,
le Chef de l'armée du tonnerre
Ua uvaavaa te tiare no oe tena te haua rii au
Toutes les fleurs fleurissent pour vous
**Tahiri hia ra e te hupe toetoe e
aroha tamarii ai'a (bis)**
La brise fraîche du soir épand leur parfum,
témoignage d'amour du Sol natal

3ème couplet
Tei vaioâha te patotoêre ta'u faaroo a'e nei e
C'est à « Vaioaha », que j'ai entendu
résonner le « toere »
**Ua huri ta'u tua, ua huri ta'u
aro ua tuu i tana rauti**
Je me retournai, je regardai :
c'était l'appel au combat
Te ui nei au i te afai vea i te torea iti mata ra
J'ai questionné le messager
Torea aux yeux mobiles
**Eaha tei oe aehuehu nei i te
hui raatira o te ai'a ra**
Qu'est-ce qui trouble ainsi la
population de notre terre natale ?
**Ta'u hioraatu i te mau tamarii
ua tapoi hia e te ata (bis)**
Un nuage s'est étendu sur nos enfants.

4ème couplet
Te aito e
O les aito (Guerriers)
Haere mai to ai'a here o tahiti tee i te vaiuri rau
Revenez dans votre cher pays
Tahiti aux eaux verdoyantes
Ua rau o te oto o te manu (bis)
Aux chants variés des oiseaux
**Teie te parau e te mau tamarii,
tiimai a poe te tiare**
Chers enfants. Venez, venez-vous
parer de ses fleurs
Afai tuna oe i te roo maitai no te taua ai'a
Vous qui avez su porter au loin la bonne
renommée de notre pays natal
**Ua riro te fetia o te rê ia oe a'u
mau tamari'i here ra (bis)**
Vous avez gagné l'étoile de la victoire,
pour vos enfants chéris.

5ème couplet
Anapa te miti rauti rare ra, e parau api tena
Un appel retentissant fait scintiller la mer,
c'est signe de nouvelles c'est un présage
**O te reo pii mai o Moûa roa râ,
i te pii raâ mai Tetufera**
Venu des hauteurs de *Mouaroa* où se tient l'arii,
que peut annoncer cette voix qui appelle ?
**Pûuru mapiti a arii to uta,
faara i te hui tamari'i**
Tetufera - Puuru mapiti, avertissez les enfants
A tia i nia Vaiuririnui, ahu me i te maro tainoa
Lève-toi, Vaiuriririnui, ceins-toi
les reins du Maro tainoa,
**Ua hatuatua te matai o Teva,
ei rere raa ia no oe**
Le vent de Teva s'est levé pour
t'envelopper et te porter
Ei tere raa ia no Vaiuriri i te Pûtaurua Tarahoi.
De Vaiuriri jusqu'à Tarahoi.
**Retour du Bataillon du Pacifique,
chœur à six voix[20].**

Iaorana e to matou mau tama here e
Iaorana nos chers enfants,
Fa'ahanahana tatou, iaora e Maeva
Réjouissons-nous. Iaora et Maeva (bienvenue)
Te oroa oaoa i te outou taeraa mai
Fêtons joyeusement votre retour
E mahana rahi poupou
Aujourd'hui est un grand jour de fête
Tei amui ia tatou
Nous sommes tous réunis
I roto i te oroa rahi o te fenua here
Pour cette grande fête de notre pays aimé
Iaora ta matou mau faehaau 'tea tei hei mai
Iaora à nos soldats que nous couronnons
Tei ia outou te fetia hanahana
Glorieusement décorés
Iaora to outou mau raatira aravihi e
Iaora à vos chefs expérimentés
Iaora to outou hoa here e
Iaora à vos amis chers
E faarii papu tatou ta tatou tamarii
Accueillons chaleureusement notre enfant
Tei faaite hia mai tona ra hoi raa mai
Dont le retour nous a été annoncé
Oia tei haere roa i te tahua Bir Hacheim
Ils sont allés sur le champ de
bataille de Bir Hakeim
Inaha te hoi nei i tona aia here e
Néanmoins ils reviennent en sa chère patrie
Oaoa ana'e tatou
Réjouissons-nous
To tatou farerei raa
De notre rencontre
Teienei mahana i te arofa o Tahiti e
En ce jour d'aff ction de Tahiti
Tahoe ana'e tatou i teie taurua
Unissons-nous en cette fête
Na roto i te here
Dans l'amour
Iaora ! Iaora !
Iaora ! Iaora !

Le capitaine Robert Hervé[21], commandant le Bataillon du Pacifique remercie au nom de ses hommes l'accueil qui leur fut réservé : *Après cinq années d'absence, le cœur gonflé d'émotion de joie et de fierté, les volontaires tahitiens du Bataillon du Pacifique ont enfin retrouvé leur pays natal. Là, un accueil exceptionnellement chaleureux et vibrant suivi de réceptions grandioses les attendait. Ils y ont été particulièrement sensibles ainsi que leurs camarades néo-calédoniens déjà repartis vers leurs foyers. En leur nom et en mon nom personnel, j'adresse à tous ceux qui se sont associés à ces manifestations et notamment à M. le Gouverneur, M. le Maire, aux Autorités civiles et militaires, au Comité des Dames tahitiennes, aux chefs de districts et à toute la population nos remerciements émus et l'expression de notre affectueuse gratitude.*
Le capitaine de Frégate de Rogier, commandant la Marine dans les *E.F.O.* remercie la communauté chinoise[22] sous l'égide du Consul général de Chine[23] :

Monsieur le Consul Général, Je vous remercie très vivement au nom des marins démobilisés pour les cadeaux que vous avez fait distribuer aux volontaires de la Marine qui viennent d'arriver sur le Sagittaire. Ce geste des représentants à Tahiti d'une nation amie et alliée a été unanimement apprécié. Je sous demande de transmettre tous nos remerciements aux associations et particuliers chinois qui ont participé à ces dons. Le lendemain, 6 mai 1946, une gerbe est déposée au Monument aux morts et le *S.A.S.* Teoheau Moeva Tehaamoana, décédé en mer à bord du *Sagittaire*, est inhumé. Son corps n'a pas été immergé car l'équipage du *Sagittaire* a offe t à sa dépouille un de ses cercueils de bord pour qu'il puisse reposer en terre polynésienne. Ses restes mortels seront transférés dans les années cinquante à Nuku Hiva.

La cérémonie est chargée d'émotion, comme en attestent les oraisons prononcées par le gouverneur Haumant et le lieutenant Paul Robineau parachutiste calédonien.

Allocution prononcée par le gouverneur Jean-Baptiste Haumant[24] : *Tehaamoana Teoeheau, ton nom s'inscrit le dernier sur la liste des Océaniens morts pour la France. Parmi tant de destins tragiques, le tien est peut-être le plus cruel. D'autres sont tombés dans l'animation de la lutte, pleins de force et d'espoir. Ils n'ont pas connu l'appréhension. Toi, parachutiste, soldat d'élite, tu as passé à travers tous les dangers. Tu es parti, il y a sept semaines, joyeux, détendu, croyant l'aventure finie, et la maladie t'a frappé alors que le navire fendait déjà les eaux océaniennes. Le fil de ta vie a été trop court. Moins heureux que tes camarades de route, tu n'as pu boucler le cercle, tu n'as pu terminer le glorieux voyage commencé il y a cinq ans. Tehaamoana, ceux qui salueront ta tombe s'inclineront en même temps devant la mémoire de tes héroïques compagnons dont les ossements jalonnent la route de l'Égypte à l'Alsace. Repose en paix.*

Allocution prononcée par le lieutenant SAS calédonien Robineau[25] : *Un bien triste devoir m'incombe aujourd'hui : celui de saluer une dernière fois le premier parachutiste mort pour la France, mon camarade Tehaamoana. Je ne pourrais rendre de plus grand hommage que de retracer le destin glorieux de ce soldat d'élite, de ce militaire des Forces aériennes françaises libres. Volontaire, il le fut deux fois en choisissant la glorieuse destinée du ralliement et de la bataille et de plus dans le corps le plus dangereux*

Paul Robineau
FONDS FANNY PASCUAL

20 Programme offic l de l'accueil W 48 Fonds Gouverneur Service du patrimoine archivistique et audiovisuel de la Polynésie française
21 Fonds W 48 SPAA
22 *Lettre* du 15 mai 1946 Fonds W 48 SPAA
23 Le docteur Ya-Ho envoyé par le gouvernement de Tchang-kai-Chek
24 Fonds W 48 SPAA
25 *Discour original*. Sources : Fonds W 48 SPAA, différent de celui publié dans *les Paras calédoniens de la France libre* de Paul Robineau

des commandos parachutistes. Il quittait ses îles, le 23 mars 1943, nous rejoignait (...) pour subir en Angleterre le dur entraînement des S.A.S. Il dut souffrir des froids d'Écosse, des terribles exercices, des privations, sans une plainte, fier et sûr de sa proche participation à la libération de la France. Il fut breveté et chacun sait ce que cela représente, après huit sauts, en août 1943 au camp de Ringway et subit avec succès après une année d'efforts et de volonté les épreuves du brevet anglais, si rare et réputé des Special Air Service. Il connut les combats de rue, les combats sans arme, l'apprêté des sabotages, la sauvagerie des armes blanches. (...) Il fut parachuté en Bretagne (...) Il participera aux combats sanglants de Séraut-Saint-Marcel où en une nuit nous devions laisser quarante pour cent de notre effectif. Fait prisonnier quelques jours plus tard, le 21 juin, dans une embuscade en forêt de Callac, il ne devait ressortir des geôles allemandes qu'à la libération. Il sut porter haut et bien le glorieux béret rouge, les ailes SAS, et les ailes à Croix de Lorraine. Au nom de tous mes camarades parachutistes absents et présents, au nom de tous ceux du fameux bataillon Bourgoin, au nom des patriotes du Morbihan, et en mon nom personnel, je te dis merci pour la tâche accomplie. Adieu Tehaamoana, et sache la douleur que nous éprouvons devant le destin cruel qui a voulu que tu nous quittes si près des tiens, si près de cette terre d'Océanie française enfin libre pour laquelle tu t'es si bravement battu.

Lorsque le *Sagittaire*[26] quitte enfin Tahiti pour Nouméa emportant avec lui les survivants du corps expéditionnaire calédonien, des engagés tahitiens les accompagnent.

Charles Frogier dit *Bébé*, le clairon, volontaire dans le Bataillon du Pacifique mais rapatrié sanitaire en mai 1944, qui a réengagé, débarque aussi à Nouméa où, démobilisé, il s'installera définitivement.

Il est accompagné de Pau Colombani, volontaire de la première heure, mais qui n'avait pu suivre les Tamari'i Volontaires à cause d'une appendicite. Il sera instructeur en Indochine.

Le Chant des volontaires du Pacifique[27] salue le départ du *Sagittaire* pour Nouméa

Juin 40, la France est à terre
Présent répondront les volontaires
De toutes les îles du Pacifique
Ils vont d'abord sauver l'Afrique
Puis ce fut dans toute l'Italie
En France puis en terre ennemie
Qu'ils connurent des jours héroïques
Les Volontaires du Pacifique

Refrain
Accepte que le Régiment
Veuille honorer ton nom
Dont nous sommes si fiers
Toi vaillant volontaire
Et demain leur si grand courage
Nous rendra plus fort dans les orages
Portant la victoire par nos armes
Comme eux jadis sans une larme
Pour le drapeau que nous suivons
Sans un seul mot tout notre sang
Nous le donnerons sans compter

26 Une dizaine d'adolescents partent faire leurs études en France dont Christa Winkelstroeter.
27 Fonds Félix Vautrin *secrétaire général des anciens combattants de Nouvelle- Calédonie*

Une reconversion difficile

Après les festivités d'accueil, le retour à la vie civile s'impose pour tous les Tamari'i Volontaires.

La désillusion apparaît lorsqu'ils apprennent que des élections ont eu lieu six mois avant leur arrivée, et bien que des emplois leur aient été promis, il est évidemment impossible pour la colonie des E.F.O. de les satisfaire tous.

Vaitua Juventin[28] : *Tous les boulots sont pris par ceux qui sont restés et les femmes de leur génération sont presque toutes mariées. Il n'y a pas beaucoup d'offres d'emploi pour ceux dont la compétence consiste à plonger à pleine vitesse au milieu de balles traçantes pour détruire des locomotives.*

La liesse du retour passée, Guy Juventin survit en trouvant des petits boulots de jardinier, repeint des murs ou travaille comme docker sur le port.

Grâce à son ami Charley Cowan, Guy intègre finalement en juin 1947 le service des Finances pour eff ctuer des remplacements. Il réussit avec succès un concours de la fonction publique qui titularise sa position comme cadre supérieur des Affaires administratives.

En 1951, l'armée tente de convaincre Guy Juventin de réengager pour l'Indochine. Il décline l'offre, déçu par une armée de l'Air qui néglige ses pilotes et ses vétérans. Sa pension d'ancien combattant lui paie juste quelques paquets de cigarettes. Il est réinscrit dans la réserve, et passe adjudant en 1952, son grade militaire définitif.

Vaitua Juventin raconte[29]: *Un jour, Guy Juventin est convoqué par le gouverneur Petitbon. Le faisant s'asseoir, il lui lance : Dites, pendant la guerre, vous n'étiez pas un truck dans l'aviation ?*

- Euh, oui, un peu, rétorque mon père.

- Parfait, parce que je n'arrête pas de recevoir du courrier adressé au service de l'aviation civile des Établissement Français d'Océanie. Or, il n'y en a pas. Alors je vais vous détacher une secrétaire, et vous allez m'organiser tout ça. Et en vitesse, parce qu'apparemment, il y a déjà un vol d'hydravion de prévu.*

Le 26 septembre 1951, Guy Juventin devient agent de l'Aviation civile. Avec l'aide de cette secrétaire et de l'expérience administrative qu'il a acquise, il met en place les structures de l'Aviation civile en Polynésie française. Posté à l'étage d'un des plus hauts bâtiments de Papeete qui sert de tour de contrôle improvisée, il dirige l'amerrissage des hydravions dans la rade du port.

À la fin des années cinquante, Guy Juventin rejoint la Nouvelle-Calédonie en plein boom économique grâce aux mines de nickel, où il est commandant d'aérodrome pendant deux ans. Il est ensuite versé à l'aéroport de Nouméa-Tontouta. Après ce séjour de trois ans en Calédonie, il revient à Tahiti pour occuper le poste d'adjoint du commandant de l'aéroport international de Tahiti-Faa'a. En 1969, Guy Juventin reprend la direction de l'aérodrome de Raiatea[30] jusqu'à sa retraite en 1981, au rang de chef technicien de l'Aviation civile. Il est aussi instructeur au petit aéro-club de Raiatea.

En mai 1987, Guy Juventin assure temporairement la gestion des affaires courantes de la mairie de Taputapuatea[31] qui connaît un blocage politique de ses institutions. Il est alors nommé médiateur par l'administrateur d'État aux Îles Sous-le-Vent pour sortir la commune de la crise politique qui l'aff cte.

28 Fils de Guy Juventin Témoignages 2013
29 Notes et Témoignages 2013
30 Îles Sous-le-Vent
31 District de l'île de Raiatea

Avant 1947, le ciel de Tahiti n'était sujet à aucune réglementation.
Cette année la, et durant une année, un transporteur calédonien va créer une liaison régulière entre Nouméa et Papeete.
Il fallut alors installer une aide à la navigation et à la sécurité des amerrissages et décollages dans le port.
Lors de son escale de quelques jours nécessaires au repos de l'équipage, les Tahitiens avaient le temps de répondre au courrier arrivé par l'hydravion, mais aussi, l'appareil, grâce à ses qualités d'amphibie, proposait quelques allers-retours entre Papeete et la piste de Bora Bora.
Le contrôle que va mettre en place Guy Juventin devra gérer les mouvements d'autres hydravions ; ceux des deux Grumman de la première Air Tahiti en 1950, puis enfin, avant que l'aéroport de Faa'a soit opérationnel, ceux du gros quadrimoteur néo-zélandais de la *T.E.A.L.*
JLS

L'Administration est le principal pourvoyeur de postes. Dans une lettre du 7 mai 1947, le gouverneur *P.I.* Jean-Baptiste Haumant dresse à l'Inspecteur général des Colonies un état nominatif des demandeurs d'emploi[32]. Il indique cependant que les anciens volontaires, classés en fonction de leurs états de services par son chef de cabinet Giovanelli et le capitaine Hervé, commandant du Bataillon du Pacifique, déclinent souvent les offres pour des raisons de convenance personnelle. Ainsi, certains ne travailleront que quelques mois. Louis Graffe n'occupe son poste au service du ravitaillement que quelques jours. Le poste de planton à Raiatea est refusé trois fois.

ÉTAT NOMINATIF DES POSTES ADMINISTRATIFS
Extraits (Sources : archives territoriales)

POLICE : *Drollet René, Vidal Henri, Mouaura Paihura, Vermeersch*[33], *prisonnier de guerre 39-45 âgé de quarante et un ans, Manutahi Olivier, Roita Taputu, Teissier Valentin, Hagel Wallace de nationalité américaine, Haami Mihinoa postulant pour la police des districts.*

DOUANE : *Langomazino prisonnier de guerre 39-45, Lehartel, Wohler, Salvanayagam, Hugon, Pietri, Allaume, Brémond, Mauritua, Tehaamemamea, Tapeta, Manutahi, Tehei, Tefaafana.*

MUNICIPALITÉ : *carrière de Tipaerui, Teurahutia a Amaru, Moe a Temahahe, chauffeurs, Tuterai a Maruhi, aide-maçon Maraetefau Temauri, aide employé Edmond Toomaru, Langomazino*

Après guerre, John Martin chargé de la gestion du magasin de ravitaillement recrutera parmi les anciens volontaires. Avec lui, le Tamari'i Volontaire Roger Ferrand, assis, et debout, l'ancien F.N.F.L. Pierre Nouveau dit Dédé.
FONDS JOHN MARTIN

Léo adjoint au chef des travaux municipaux.
Le parachutiste Albert Colombani est recruté dans la police municipale de Papeete avant d'être intégré dans la police urbaine. Orairai Mahahe, natif de Bora Bora est embauché comme planton au tribunal d'Uturoa à Raiatea. Le gouverneur Sicaud ancien du 3ème *S.A.S.*, le fait nommer gardien à la prison d'Uturoa.
Alors que les fonctionnaires métropolitains continuent d'affluer vers les *E.F.O.*, pour défendre leurs intérêts et leur avenir professionnel, certains vont se lever pour constituer le Comité des volontaires lors des événements du *Ville d'Amiens* en 1947. Parmi eux[34], on retrouvera Marcel Marcantoni, Benjamin Colombani, Pierre Tixier, Émile Lecaill, Moe Pateamai dit *Bimbo*, Paul Pietri, Wilfred Teamo, Émile Tuahine, Calixte Jouette, Ernest Drollet, Poheroa Tavae, et Temauri Ahutapu. Ils sont accusés de complot contre l'État et jugés en novembre 1947 avant d'être finalement acquittés sous les acclamations populaires.
Louise Carlson[35] : *mon époux Hans Carlson ancien F.N.F.L. du Cap des Palmes passa quelques temps au service de l'Économie rurale avec son inséparable ami René Leboucher, tous deux intéressés par la botanique et l'agriculture. Après son travail, il se rendait souvent sur le port où Pouvanaa a Oopa leader du R.D.P.T. (Rassemblement du Peuple tahitien) avait ouvert un* fare café *dont les hypothétiques bénéfices auraient permis à de jeunes Polynésiens de poursuivre leurs études en France. Hans tenait les comptes de la boutique dont les résultats s'avérèrent négatifs. Rien d'étonnant à cela car tous les camarades consommaient à crédit, c'est-à-dire gratuitement.*
Comme Brix Etilage ou Taero Taerea, des Tamari'i Volontaires vont réengager pour l'Indochine. John Martin renonce à partir pour préserver son mariage. Raymond Varney sera tué le 14 août 1952 à la tête de sa section lors d'un débarquement de vive force sur le Song-Thai-Binh. La majorité des désormais *anciens combattants* retrouve une vie simple, parfois teintée d'amertume. Si quelques-uns racontent, à qui veut bien les entendre, le chemin qu'ils ont parcouru et le sacrifice de leurs compagnons d'armes, d'autres préfèrent taire pudiquement la violence de leur vécu, se sentant parfois mal compris d'un entourage qui n'avait pas connu les atrocités de la guerre. Le 28 août 1966, Ariihoro Albert Manutahi dit *Paepae*, vétéran des deux guerres mondiales, adresse à son ami John Martin une longue lettre[36] décrivant sa solitude. S'il semble accepter son nouveau sort, *Paepae* réaffirme en homme d'honneur sa loyauté envers la Mère-patrie (*Mama farani*).

32 Lettre du 7 mai 1947 Fonds W 48 SPAA
33 Vermesh : plusieurs écritures distinctes sont répertoriées dans les documents offic ls
34 Bruno Saura *Pouvanaa a Oopa Père de la culture politique polynésienne*
35 Notes personnelles.
36 Fonds privé

Ce 18 juin 1947, des héros de guerre sont décorés. Au centre, Teaka Makario dit Pou, né à Reao en 1913. Volontaire F.N.F.L. à bord de la corvette *Cdt. Drogou*, il est ici décoré de la médaille de la résistance et de la Croix de guerre. À gauche, les deux aviateurs Félix Lagarde et Guy Juventin. À l'extrême droite, Pierre Galenon amputé de son bras gauche.
FONDS SOPHIE GALENON

Le 28 août 1966, Ariihoro Albert Manutahi dit *Paepae*, vétéran des deux guerres mondiales, adresse à son ami John Martin une longue lettre[37] décrivant sa solitude.
S'il semble accepter son nouveau sort, *Paepae* réaffirme en homme d'honneur sa fidélité envers la Mère-patrie *(Mama farani)*.

À l'hôpital

Le 28 août 1966

À mon ami frère d'armes John Martin

Cher John, je t'adresse quelques nouvelles de moi de l'hôpital.
Je vais bien encore bien grâce aux médicaments que l'on me donne depuis six ans (…)
Je n'arrive pas à rester debout longtemps ni marcher loin. Il me faut m'asseoir tous les deux cents mètres.
C'est pourquoi j'ai rendu le drapeau de 14-18 au Président. Il s'est fâché pensant que j'exagère sur mon état
physique. Ce n'est pas vrai que je suis lourd. C'est la maladie.
C'est pour cela qu'il ne faut plus me choisir pour le drapeau à Paris. Il ne faut plus autoriser (…) les soldats âgés et malades à partir pour
Paris par avion. Il suffit de voir mon état.
L'argent de la Mère-patrie *(Mama Farani)* ne doit pas être dépensé pour rien. Quant à la Légion d'honneur, qu'il te la donne d'abord et
ensuite à moi. Informe le Capitaine M. d'annuler la demande que j'ai faite auprès de vous deux. Merci.
Voici ce que j'écris régulièrement à P.P., frère d'armes aussi et au bureau de l'hôpital, à C. infirmier major et surveillant à l'hôpital et à la
pharmacie.
La maison des vieillards est devenue une maison pour aveugles alcooliques et bruyants, grossiers et irrespectueux envers les autres vieillards
surtout lors du paiement des pensions (…)
Avec l'argent de ces pensions, A.P. dénommé Dynamite achète de l'alcool et du vin pour ces vieux aveugles.
Depuis que j'ai informé P. Ils sont fâchés et associent mon nom à toutes les injures les plus grossières possibles.
Les autres vieillards sont étonnés que je ne les cogne pas. Je respecte les aveugles. Je leur ai dit à tous les deux qu'ils n'avaient pas des yeux
pour voir leur sexe, mais ils verront mon poing sur leurs lèvres.
Et j'ai dit que c'était malheureux de voir les aides de la Mère-patrie *(Mama Farani)* ainsi dépensées en alcool.
Et quand ils n'ont pas d'argent, c'est avec l'argent de leurs amis, et de leur famille qu'ils boivent.
J'ai honte, moi l'ancien combattant volontaire de la respectable et glorieuse Mama Farani (Mère-patrie), lorsqu'ils m'insultent.
Ils veulent aussi me chasser, c'est une maison de vieux pour les civils et non pour les soldats et que celle des soldats se trouve à Vaininiore.
H., un Paumotu de Anaa (…) Qu'on le ramène dans son île de Anaa et qu'il ne soit plus autorisé à revenir à Tahiti. Il est anti-Français.
Il insulte aussi de Gaulle et les Français aussi, et par derrière il insulte les anciens combattants volontaires. Il mange la nourriture et l'argent
de Mama Farani (…) Il mange et boit sur les anciens combattants.
Aide-moi John. Le Colonel T. t'aime bien.
Ton vieux frère d'armes, Manutahi Paepae
John, j'ai aussi demandé à T. de me donner mon argent de secours : 2 000 francs, car le complet kaki est très cher. 2 000 aujourd'hui
contre 10 000 avant. Et, le complet civil coûte entre 5 000 et 10 000. Et, vous savez que je ne manque aucun jour férié et aucun défilé.
Aide la caisse d'aide à couper l'argent de ces vieux qui boivent de l'alcool et qui ne s'achètent pas de vêtements.
J'aide aussi Taeura Rua, soldat 14-18 dans la cour. Il est devenu fou. Sa famille ne vient plus le voir, depuis bien 10 ans maintenant.

Adresse : Manutahi Ariihoro Albert dit Paepae à l'asile des vieillards 204, rue des Poilus tahitiens Papeete

37 Lettre écrite en tahitien et traduite par Corinne Mac Kittrick. FONDS PRIVÉ

Conclusion

Les *Tamari'i Volontaires* engagés dans le Bataillon du Pacifique, la marine, l'aviation, les troupes d'élite comme les parachutistes SAS, les fusiliers marins, les blindés, furent de redoutables *aito*[38] apportant leur lot de courage et de sacrifice à la victoire du monde libre sur les tyrannies. On peut s'interroger sur les raisons d'une telle détermination à se confronter à un ennemi si lointain. Il y avait sans doute au départ, pour ces jeunes gens des îles, une occasion inespérée de s'extraire de l'isolement. La volonté combative était vive par ailleurs. À travers l'élan patriotique, dans cette colonie du Pacifique où tous n'avaient pas encore acquis la citoyenneté française, s'exprimait ainsi le besoin, peut-être encore inconscient, de faire exister le peuple polynésien au sein de la Nation. À l'instar de leurs aînés du bataillon mixte du Pacifique en 1914-1918, les *Tamari'i Volontaires* du Bataillon du Pacifique s'unissent pendant la guerre autour du drapeau de la Royauté tahitienne, que leur avait remis la princesse Terii Nui o Pomare le jour du départ. Ce désir de reconnaissance se manifeste parallèlement sur leur sol natal, qui voit l'émergence de Pouvanaa a Oopa et d'un courant visant à rétablir un équilibre socio-économique au profit de la population tahitienne. L'attachement à la Mère-patrie n'est pas remis en question, si ce n'est dans le comportement dominant qu'elle adopte sur le territoire de la colonie. Après la guerre, des volontaires rejoindront Pouvanaa dans sa contestation du système colonial. Illustrant cet état d'esprit qui balance étrangement entre le respect de l'État et le besoin d'affirmation, dans un courrier adressé à John Martin en 1966, un auditeur de Radio Tahiti émet le souhait de voir flotter le drapeau royal à Tahiti[39]. Les *Tamari'i Volontaires* auront participé, à leur manière, au travail d'intégration des Tahitiens dans la société française en gagnant, par leur engagement, la considération des *Popa'a*. Forts de leur nouveau statut, des volontaires choisiront de rester en France, d'autres reviendront à Tahiti accompagnés d'épouses françaises ou européennes et deviendront acteurs ou observateurs de la modification progressive des relations entre la France et Tahiti, tiraillés entre un inébranlable sentiment patriotique et une conscience particulière des revendications nationalistes polynésiennes. Sensible à la valeur de ses frères d'armes et au service héroïque qu'ils avaient rendu par amour pour leurs deux patries, John Martin paraissait navré de voir ceux qu'il considérait comme sa *seconde famille* négligés par les nouvelles générations. Il est encore temps de retrouver la mémoire et de faire vivre l'héritage des *Tamari'i Volontaires*.

---

38 Guerriers
39 Le statut d'autonomie de la Polynésie française (1984) lui permet de déterminer librement ses signes distinctifs (drapeau, hymne) aux côtés de l'emblème national et des signes de la République.
40 Il s'agit de la Princesse Terii Nui O'Tahiti Pomare

Lettre d'un auditeur anonyme de Radio Tahiti à John Martin

FONDS PRIVÉ Traduction Kairina Mapakai

Iaorana oe na roto ite ie rata iti   Iaorana oe à toi à travers cette lettre
Eere te parau rahi roa tau e hinaaro nei e faaite atu ia oe terara te manao nei
vau e mea tia mau ia faahiti ia.
Ce n'est qu'un sujet de peu d'importance dont je vais te faire part, mais qui mérite d'être entendu.
Ua pua pu roa tou aau ite faaroo raa i te Radio Tahiti i te ahiahi i mairi ae
nei no te aamu o te Bataillon du Pacifique ota outou i haere aenei.
J'ai été très ému en entendant à Radio Tahiti hier en fin de journée,
l'histoire du Bataillon du Pacifique auquel vous vous étiez joints.
Ua pahono oioi noa outou ite aniraa ate Tenerara de Gaulle
no te haere e paruru ite hau Metua ite rima ote Enemi
Vous avez répondu promptement à l'appel du général de Gaulle pour partir
défendre la Mère-patrie aux mains de l'ennemi.
Aita outou i haapao faahou ita outou mau vahine, to outou mau metua,
ta outou mau tamari'i e aita to outou manao i hoi faahou i muri.
Vous ne vous êtes pas préoccupés de vos épouses, de vos parents, de vos enfants,
vous n'êtes jamais revenus sur votre décision.
Ua faahiti atoa mai oe i anapo ite ie parau o etii ore i moe hia iau.
Tu as également parlé hier soir de quelque chose que j'ai bien retenu
Outou te mau metua ote ie mau aito. Vous les parents de ces *aito* (guerriers)
Teie hoe parau faahiahia roa. Voilà un sujet remarquable.
Ua riro outou, teie mau volontaire, ei Aito no to tatou Aia O Tahiti.
Vous êtes devenus, vous les volontaires, des *aito* (au sens *défenseurs*) pour notre terre natale Tahiti
Ua faahiti toa mai oe e ua haere mai nei te Arii Vahine Pomare mate tai
e ua horoa mai i te nuu bataillon ite reva o Tahiti.
Tu as également mentionné que la Reine Pomare[40] est venue vous voir en pleurant
et qu'elle avait confié au régiment du Bataillon du Pacifique le drapeau de Tahiti.
E to matou hoa e, e Aito oe, e Auaha parau oe no matou i radio Tahiti i mutaa iho nei, te ani atu nei vau
ia oe, eere anei na teie reva noto outou Aia i haapuai ia outou i to outou revara'a.
Cher ami, toi le *aito* (Guerrier), tu étais notre porte-parole à Radio Tahiti alors,
dis-moi, n'est-ce pas ce Drapeau qui vous a donné la foi, et encore plus de la force,
Ia ite outou ito outou reva e roaa mai ia outou te tahi tiaturiraa
e aorera te tahi puai rahi taae. Eere anei ?
Quand vous regardiez le drapeau, vous gagniez en confiance et en force différente. N'est-ce pas ?
No reira, teihea te ie reava. C'est pourquoi où est ce drapeau ?
Aita paha to tatou e reva ? Ahini e ereva to taou e ite ia tahiririri mai.
Peut-être nous n'avons pas de drapeau. Si nous avions un Drapeau, nous le verrions flotter au vent (pavoiser)
Mea rahi roa te taata Tahiti roa i ite nei te hio te huru oto ratou reva no te mea aita ratou i ite ae nei.
Nombreux sont les Tahitiens qui ne comprennent la signification de notre drapeau car ils ne l'ont jamais vu.
E mea tia anei te reira ? Je pense que cela est ?
E to matou mau aito e eita anei outou e oaoa ia ite outou ito outou reva ia tahirihiri mai ?
Aussi chers guerriers, ne seriez-vous pas heureux de voir votre Drapeau pavoiser ?
Ia manao vau oia. No reira, note haamanao raa ite mau aito no Tahiti
eita anei e nehenehe ia huti atoa ito taou reva.
Je suis certain que si. C'est pourquoi pour se souvenir de nos *aito* de Tahiti,
ne peut-t'on pas lever aussi notre drapeau.
Te hoe teie haamanao raa oaoa rahi note mau Huiraatira e oia
toa noto tatou mau Aio note Bataillon du Pacifique.
Ce serait pour les populations et aussi pour les soldats du Bataillon du pacifique
une heureuse commémoration.
Te ani haehaa atu nei vau ia oe mei te mea e e tia ia oe ia haaparare teie parau na roto ite
Radio Tahiti note faaite atu ite Mau aito o Tahiti no te Bataillon du Pacifique.
Je te demande humblement si tu pouvais diffuser cette lettre à Radio Tahiti
pour informer les *aito* du Bataillon du Pacifique.

Iaorana outou paatoa et to matou aito   Iaorana à vous tous ainsi qu'à nos *aito*

CHRONOLOGIE

1939

Les E.F.O. entrent dans la guerre	3-sept-39
Publication au JOEFO de l'acte de mobilisation générale	15-sept-39
Mobilisation d'un détachement autonome de 207 hommes *C.A.I.C.T.*	
Noël Hilari volontaire embarque pour le front	12-déc-39
Offensive allemande sur les frontières occidentales	10-mai-40
Le Tahitien Robert Lequerré engagé dans le 41ème *R.M.C.I.* est tué au feu à Grundwiller	4-13 juin-40
Pétain est chargé de conduire le gouvernement	16-juin-40
André Ropiteau résident de Maupiti est tué	20-juin-40
Willy Bambridge, Léon Vermeersch, Henri et Albert Vernier sont faient prisonniers	juin-40

1940

Appel du général de Gaulle	18-juin-40
L'armistice est signé à Rethondes	22-juin-40
Les notables de Papeete demandent au gouverneur de poursuivre la lutte	23-juin-41
Annonce de la cessation des hostilités	25-juin-40
Drame de Mers-El-Ké-bir : la flotte britannique ouvre le feu sur le flotte française	3-juil-40
Les Nouvelles-Hébrides rallient la France libre	18-juil-40
Rediffusion de l'appel du général de Gaulle	30-juil-40
Création du comité de la France libre des Dames tahitiennes *C.F.C.D.T.*	30-juil-40
La bataille d'Angleterre s'engage	8-août-40
Démobilisation partielle de la *C.A.I.C.T.*	10-août-40
Création du Comité des Français d'Océanie	18-août-40
Promulgaton des lois d'exception de Vichy	20-août-40
Création du comité de la France libre	27-août-40
Plébiciste	2-sept-40
Ralliement à la France libre des E.F.O.	2-sept-40
Pétain s'adresse à l'Empire	4-sept-40
Chastenet de Gery est déposé	
Appel et circulaire du capitaine Broche pour la création d'un corps expéditionnaire	9-sept-40
Premiers engagements à la caserne Bruat	10-sept-40
Mansard est nommé gouverneur des E.F.O.	10-sept-40

Ralliement à la France libre de la Nouvelle-Calédonie	24-sept-40
Appel pour la constitution d'un corps expéditionnaire	27-sept-40
Émile de Curton devient gouverneur des E.F.O.	6-nov-40
Placard de l'affiche de l'appel à la poste	oct-40

1941

Départ d'un premier contingent de 65 marins pour l'Angleterre sur le *Hauraki*	14-janv-41
Départ d'un second contingent de 44 volontaires de la base E.8.1 sur le *Wairuna*	31-mars-41
Départ du corps expéditionnaire tahitien composé de 300 *Tamari'i Volontaires* sur le *Monowai*	21-avr-41
Escale à Suva aux Fidji Charles Spitz visite son épouse.	27-avr-41
Le corps expéditionnaire tahitien arrive à Nouméa	29-avr-41
Le Pacifi ue avec les volontaires calédoniens quittent Nouméa sur le Zélandia	5-mai-41
Le bataillon est à l'entrainement à Liverpool Camp près de Sydney Australie	9-mai-41
E. de Curton est emprisonné par Brunot	15-juin-41
Brunot devient gouverneurs des E.F.O.	16-juin-41
Le bataillon quitte Liverpool pour le Moyen-Orient *Queen Elisabeth*	29-juin-41
Thie ry d'Argenlieu devient Haut- Commissaire pour le Pacifi ue	9-juil-41
Arrivée du bataillon à Suez	31-juil.-41
Quastina (Palestine) le bataillon est à l'entraînement	
Camp de Catana (Syrie)	mi-août 1941
Orselli devient gouverneur des E.F.O.	1er octobre 1941
Alep	8-oct-41
Pearl Harbor	7-déc-41
Égypte	Fin décembre 1941

1942

Halfaya (le BP1 au feu)	16-janv-42
La 1ère brigade française libre s'installe à Bir Hacheim	15-févr-42
Kararo Tainui premier tué tahitien en *jock column*	4-avr-42
Pau Tehaamoana disparaît en patrouille	28-avr-42
Mort accidentelle de Tama Tehotu frère de Matahi (Tabu). Accident de tir	4-mai-42
Mort d'Eugène Aubry et d'Ernest Gournac du groupe Lorraine en Angleterre	21-mai-42

Rommel engage l'offensive sur Bir Hakeim assaut de la division italienne Ariete	27-mai-42
Le bataillon reçoit l'ordre de couper la route de l'ennemi à Rotonda Signali. Robert Asmus blessé évacué sur Alexandrie	31-mai-42
Le Pacifi ue revient dans la position de Bir Hacheim.	1-juin-42
Début du siège de Bir Hakeim	1-juin-42
Mort de Félix Broche	9-juin-42
Sortie de vive force	11-juin-42
Le *B.I.M.P.* gagne le camp de Tahag (Égypte)	14-juin-42
Le BIM et le BP1 fusionnent pour créer le *B.I.M.P.*	1-juil-42
Torpillage du *Nino Bixio* : treize prisonniers tahitiens disparaissent en Méditerranée	17-août-42
El Alamein : le *B.I.M.P.* prend position à Himeimat	13-oct-42
Assaut de la 13ème demi-brigade de légion : mort de Dimitri Amilakvari	23-oct-42
Le *B.I.M.P.* prend position face à la cote 92	27-28 oct-42
Assaut de la cote 92 tenue par la division parachutiste italienne Folgore	31-oct-42
Débarquement des américains en Afrique du Nord (Opération Torch)	8-nov-42
Le *B.I.M.P.* détaché à la 12ème brigade antiaérienne britannique pour la défense des aérodromes	déc-42

1943

Campagne de Tripolitaine : Le *B.I.M.P.* marche sur Tripoli	14-janv-43
Castel Benito : le *B.I.M.P.* fait la jonction avec la colonne Leclerc venue du Tchad à travers le Pessan italien.	28-janv-43
La 1ère Division française libre est créée à Gambut	1-fev-43
Campagne de Tunisie : le *B.I.M.P.* pénètre en Tunisie et prend position autour de l'aérodrome de Medenine.	23-fev-43
Départ de Tahiti des 10 parachutistes tahitiens sur le Trianza	23-mars-43
Relève des unités écossaises positionnées face à la 90ème division légère allemande et la division italienne Trieste :	2-mai-43
La 1ère *D.F.L.* récupère le *B.I.M.P.* et attaque les Djebel Ain Garci et le Djebel Takrouna.	3-mai-43
Chute de Tunis	6-7-mai-43
Rédition générale des forces de l'Axe.	13-mai-43

1944

Station du *B.I.M.P.* à Nabeul	avr-44
Embarquement à Bône (Annaba)	18-avr-44
Débarquement du *B.I.M.P.* à Naples	21-avr-44
Attaque du *Garigliano*	11-mai-44
La ligne Gustav est rompue	13-mai-44
Mort du commandant Magny	14-mai-44
Chute de Rome	4-juin-44
Les alliés débarquent en Normandie	6-juin-44
Parachutage des *sticks* Julliard (SAS tahitiens) en Bretagne	12-juin-44
Les dix SAS tahitiens participent au combat de Saint-Marcel	18-juin-44
À la dispersion de Saint-Marcel, huit SAS tahitiens sont pris et envoyés en *stalag* en Allemagne.	21-juin-44
Embuscades du maquis Joël (frères Coppenrath)	juin-sept. 1944
Vercors (mort du FFI André Vernier)	21-juil.-44
Mort de Tavi Kainuku radio mitrailleur du groupe Lorraine	5-août-44
Cavalaire	16-août-44
Hôtel du Golf	21-août-44
Hyères	22-août-44
La Mauranne, La Garde	23-août-44
Les 2 SAS tahitiens Colombani et Fateata combattent dans la Loire avec le 4ème SAS (opération Spencer)	fin a ût 1944
Nîmes	30-août-44
La 1ère *D.F.L.* (B.I.M.P.) entre dans Lyon	4-sept.-44
Dijon	15-sept.-44

1945

Ronchamp (Belfort)	26-sept-45
Les Tahitiens du *B.I.M.P.* sont relevés du front des Vosges	Fin octobre 1945
Station à Paris (La Tour-Maubourg)	8-nov.-44
Offensive allemande des Ardennes. Des éléments tahitiens participent à la campagne d'Alsace	fin décembre 1944
Le *B.I.M.P.* avec la 1ère *D.F.L.* est sur le front des Alpes.	début mars 1945
2 SAS tahitiens participent à l'opération aéroportée d'Amherst en Hollande	7-avr.-45
Albert Vernier est tué dans le massif d'Authion	11-avr.-45
Armistice	8-mai-45

1946

Marseille (départ des Tamari'i Volontaires sur le *Sagittaire*)	14-mars-46
Guadeloupe	29-mars-46
Martinique	14-avr-46
Canal de Panama	18-avr-46
Tahiti	5-mai-46

SOURCES

Journal de Marche et des Opérations, bataillon Mixte du Pacifique, 4 juin 1916-10 mai 1919, JMO. 26 N 875 Service Historique de l'Armée de Terre, Vincennes.

Jean-Roy bambridge : *Journal de route du caporal-chef Bambridge Jean-Roy, matricule 133.*

Broche François : *Notes dactylographiés 1969*

Favreau Benjamin : *Notes dactylographiés Septembre 1973*

Carnet de route du sergent Adolphe Unger *Mai 1941 - Janvier 1944* Archives de Nouvelle-Calédonie.

Journal de Guerre d'Édouard Magnier Archives de Nouvelle-Calédonie.

Raoul Michel Villaz : Archives de Nouvelle-Calédonie.

Amicale de la 1ère D.F.L. : *Au jour le jour à Bir Hacheim Carnets et récits Juin - 2012*

Revue de la fondation de la France libre : *70ème anniversaire de Bir Hacheim Juin 2012*

Service Historique de la Marine nationale : *Les batiments de Surface des F.N.F.L. Hervé Gras Médecin en chef de 1ère classe Xavier Mangin d'Ouince Capitaine de Frégate, Philippe Masson Agrégé*

D. Ignatieff : *Notes personnelles : un ancien du Cap des Palmes*

Mac Corkell : *soixante mois à bord de l'Aviso F.N.F.L. Savorgnan de Brazza*

Michel Bertrand : *Les Forces navales françaises libres*

Les Forces navales françaises libres du Pacifique 1940-1945 *Édition 1999*

Aubry Maxime, *Témoignage d'un quartier-maître fusilier du Chevreuil. Notes personnelles*

Guy Brault, *Le Cap des Palmes. Notes personnelles*

Peter Brothers, *Témoignage d'un quartier-maître mécanicien du Chevreuil Notes personnelles*

Gaston Dubois, *Mémoires d'un ancien marin des F.N.F.L. Notes personnelles*

Louis Lecaill, *Témoignage d'un timonier du Chevreuil. Notes personnelles*

Gérald Coppenrath, *Le chemin de notre ville 6 Juin-6 septembre 1944*

Fonds Gouverneur48 W, *Archives du patrimoine archivistique et audiovisuel de la Polynésie française*

Auckland Memorial War Museum
Wellington Archives New Zealand

BIBLIOGRAPHIE

Bulletin de l'Association des Historiens et Géographes de Polynésie française, Papeete 2005 : *1914-1918. Les Établissements français d'Océanie et la Nouvelle-Calédonie dans la Première Guerre mondiale :*
- Marie Noëlle Fremy : *Héros de la Grande Guerre dans les Établissements français d'Océanie*
- Anne-Lise Pasturel - Shigetomi : *Les Établissements français d'Océanie dans la première Guerre mondiale*

Le Mémorial polynésien : *Tome V* Papeete Hibiscus Éditions 1977

Corinne Raybaud : *Les E.F.O. pendant la Première Guerre mondiale* Collection Mémoire du Pacifique Papeete 1988

Archipol : le Cahier des archives de la Polynésie n° 5 : *la guerre de 14-18 vue de Tahiti*

Icare Revue de l'aviation française : *Bir Hakeim* Tome 1 – Tome 2 1982

Roger Ludeau : *Les Carnets de route d'un combattant du Bataillon du Pacifique*

Yves Gras : *La 1ère D.F.L. : les Français libres au combat.* Presses de la Cité 1983

Pierre Koenig *Bir Hakeim 10 juin 1942* Robert Laff nt 1971

Gaston Rabot : *Le Journal de guerre d'un caporal du bataillon des guitaristes*

Jean-Marc Regnault-Catherine Vannier : *Le Metua et le Général : un combat inégal* Les Éditions de Tahiti 2009

Bruno Saura : *Pouvanaa a Oopa Père de la culture politique polynésienne* - Au vent des îles 2013

Le Mémorial polynésien : *Tome VI* Hibiscus Éditions 1977

Henri Weill : *Tahiti-France libre Le ralliement des E.F.O. au général de Gaulle* Lavauzelle 2002

Jean Paul Faivre : *le ralliement à la France libre des colonies du Pacifique* Journal de la Société des Océanistes Tome 1. 1945

Claude Lestrade : *Le ralliement de Wallis à la France libre* Journal de la Société des Océanistes 1997
Aime Vielzeuf : *Compagnons de la liberté III*

Un rallié du Pacifique le Médecin-capitaine Marcel Henric le résident des îles Marquises (ou genèse du ralliement d'une colonie (Tahiti à la « France Combattante ») Journal de la Société des Océanistes

François Broche : *Le bataillon des guitaristes* Fayard 1970

François Broche : *Bir Hakeim Mai-juin 1942* Perrin 2008

François Broche : *La France renaissante* Éditions italiques

Emile de Curton : *Tahiti 40* Société des Océanistes n° 31 Musée de l'Homme Paris 1973

La 1ère D.F.L. : *Épopée d'une reconquête* Éditions Arts et Métiers Graphiques 1946

Edmond Magendie : *La prise de Golf Hôtel* Témoignage

Édouard Bergé : *les Volontaires du Pacifique à Paris* - Journal de la Société des Océanistes

Patrick O'Reilly : *André Ropiteau 1904-1940* Journal de la société des Océanistes

Jean-Paul Faivre : *Le ralliement à la France libre des colonies du Pacifique* Journal de la société des Océanistes

Frogier Odette : *Les histoires d'Odette Tahiti belle époque* - Au vent des îles 2008

François Luizet : *Il y a 54 ans, Bir Hacheim*

Erwin Rommel : *La Guerre sans haine* Les Presses de la cité - 1962

Benjamin Favreau : *Compagnon de la libération.* Témoignage - Geste Éditions 2011

Chastenet de Géry : *Les derniers jours de la troisième République à Tahiti 1938-1940.* Bulletin de la Société des Études océaniennes 1974.

Jean-Louis Saquet : *Moana, de Tahiti, des îles, des hommes et de la mer* - Polymages 2006

André-Paul Comor : *L'épopée de la 13ème demi-brigade de Légion Étrangère 1940-1954* Nouvelles Éditions latines 1988

Jean-Claude Guil-Pierre Cherel : Témoignages *Saint- Marcel dans la tourmente 18 juin 1944-2011*
François Broche : *Les Bombardiers de la France libre Groupe Lorraine* - Presses de la Cité 1979

Frédéric Bruyelle : *Gusto Le Groupe Île de France 340 Sqn. de la RAF* - Artipresse2012

Pierre Clostermann : *Le Grand Cirque Souvenirs d'un pilote de chasse français dans la RAF* - Éditions J'ai lu

Collectif : *Silence, on Vole* - Arthaud 1946

Jacques Maurice Cler : *Un Calédonien de choc Paul Klein J'ai choisi la tourmente et la bagarre* Imprimeries réunies de Nouméa 1999

Jean Appriou : *J'ai sauté en terre de France* - Mémoires Tome 3

Joseph Kessel : *Le bataillon du ciel* Librairie Arthème - Fayard - Paris 1951

Henry de Corta : *Les Bérets rouges* Edition de l'Amicale des anciens parachutistes SAS - Paris 1952

Paul Bonnecarrère : *Qui ose vaincra* Éditions Fayard Paris 1971

Henri Deplante : *La Liberté tombée du ciel* Éditions Ramsay - Paris 1977

Henri Deplante : *Les Compagnons du clair de Lune* - Édition d'auteur 1984

Roger Flamand : *Paras de la France libre* Presses de la Cité - Paris 1976

Jack Quillet : *Du maquis aux parachutistes SAS* Atlante Éditions - Saint-Cloud 2008

Paul Robineau : *Paras calédoniens de la France libre* - Les éditions du Cagou, Nouméa 1989

David Portier : *Les Parachutistes SAS de la France libre 1940-1945*

Raymond Muelle : *Bérets rouges en Indochine, la demi-brigade SAS* - février 1946-1948

Paul Dreyfus : *Vercors, citadelle de liberté* Artaud 1969

Remerciements

Mes pensées vont tout particulièrement à Monsieur John Martin qui pendant plus de deux années m'a accompagné sans relâche dans cette entreprise de mémoire afin de me permettre de vous transmettre l'héritage de ses frères d'armes Tamari'i Volontaires.

Merci a Corinne pour son amour, sa patience et son soutien au quotidien.

Mes remerciements vont aussi à MM. Joël Allain, le lieutenant-colonel Yvan Apochere, Maire Asmus, Jean-Baptiste Atiu, Maxime Aubry, Rose Aubry, André Bailles, Maiana Bambridge, Marcel Bauer, Yacine Benhalima, Christian Beslu, Jean-Raymond Bodin, Michel Bonnard, Blandine Bongrand Saint Hillier, Guy Brault, François Broche, Peter Brothers, Frédéric Bruyelle, Georges Buisson, Yves Buhagiar, Bjorn Buxbaum-Conradi, Alain Carminati, Louise et Jean-Michel Carlson, Jean-François Cauvin, Danielle Challier, Matthew Turner Chapman, Thierry Chauvet, Michèle de Chazeaux, Richard et Brenda Chin Foo, Jean-Claude, Jean-Pierre, Léon et Maeva Colombani, Monseigneur Hubert Coppenrath, Dominique Courtin Taoa, Roberto Cowan, Yvane Creveau, Père Christophe, Stanley Cross, Éric de Cugnac, Véronique de France, Lovika de Koninck Allain, Alex du Prel, John Doom, Franck Devendeville, Gérard Doucet, Michel Etilage, Gérard Fardègue, Jean-Pierre Fitamen, Gabrielle Fortune, Josette Frogier, Michel et Marie-Anne Galtier née Bambridge, Haines Garet, Christophe Gasse, Éric et Stacy Graffe, Philippe Hervé, Serge Hintze, Max Holozet, Véronique Hugon, Bert et Cheyla Jouette, Louis Kasni Warti, Vaitua Juventin, Marie-Hélène Juventin, Gilles Juventin, Bernard Lafargue, Félix J. Lagarde Acosta, Liline Laille, Guy Le Citol, Philippe Leclerc, Jean-Moe Léonidas, Teoronui Lichte, Corinne Mac Kittrick, Gaetan Maiotui, Sophie Malexis, Hiro et Esther Mara, Nicola Marae Allain, Pascal Martin, Philippe Maunier, Kairina Mapakoi, Armelle Merceron Coppenrath, René Rocky Meuel, Sylvana et Rarahu Neri, Gérald et Josianne Lucas Paaeho, Fanny Pascual, Brigitte Pefferkorn, Bella Perez Hugon, Jean-Luc Piart, Yan Piersegaele, Raymond Pietri, Éric et Tamatoa Pommier, David Portier, Jean-Marc Regnault, Hiro Teissier, Vairea Teissier, Thérèse et Nancy Teiti, Teddy Tehei, Vairea Tehei, Jean-Claude Teriierooiterai, Jean Teore, Katia et Wilhelm Thieme, Pita Tihoni, Céline et Olivia Tillier, Laurence Tracqui, Jean Tracqui, Jean Tranape, Jean-Claude Tran Ape, Philippe, Ronald et Joëlle Tumahai, Thierry et Claudine Roche née Martin, Florence Roumeguere, André Salvat, Tiare Sanford, Bruno Saura, Marcelle Schenck, Aline Seveno, Jim Shutts, Philippe Siu, Mila et Tikita Spitz, Auguste Vaki, Heikura Vaxellaire, le lieutenant-colonel Laurent Vrignaud, Ari Wong Kim.

Enfin, merci à Jean-Louis pour sa collaboration et pour ses pages magnifiquement illustrées.

Infographie ARLISIMO - contact@arlisimo.com - www.arlisimo.com
Relecture Jean-Pierre Duponchel

ISBN 13 : 978-1516844289
ISBN 10: 1516844289
Dépôt légal quatrième trimestre 2014

Distribution internationale
'API TAHITI - B.P. 3495, 98713 PAPEETE
TAHITI - POLYNÉSIE FRANÇAISE
Email : contact@apitahiti.com

Printed in Poland
by Amazon Fulfillment
Poland Sp. z o.o., Wrocław

24925694R00083